名古屋大学の歴史

1871～2019 下

名古屋大学 編

History of Nagoya University 1871-2019

名古屋大学出版会

1　東山キャンパス
（2020 年 8 月）

2　東山キャンパス（1991 年度撮影）

3　鶴舞キャンパス（1990 年頃）

4　鶴舞キャンパス
（2020 年 8 月）

野依記念学術交流館（2003 年竣工）

5　野依良治特別教授のノーベル化学賞受賞（2001 年，共同通信社提供）

ES 総合館（2011 年竣工，2008 年のノーベル賞受賞を記念して新築）

7　小林誠特別教授（左），益川敏英特別教授（中）のノーベル物理学賞，下村脩特別教授（右）のノーベル化学賞受賞（2008 年，共同通信社提供）

10　赤﨑記念研究館（2006 年竣工，赤﨑勇特別教授の青色 LED 特許料寄附による）

9　赤﨑勇特別教授（右），天野浩特別教授（左）のノーベル物理学賞受賞（共同通信社提供）

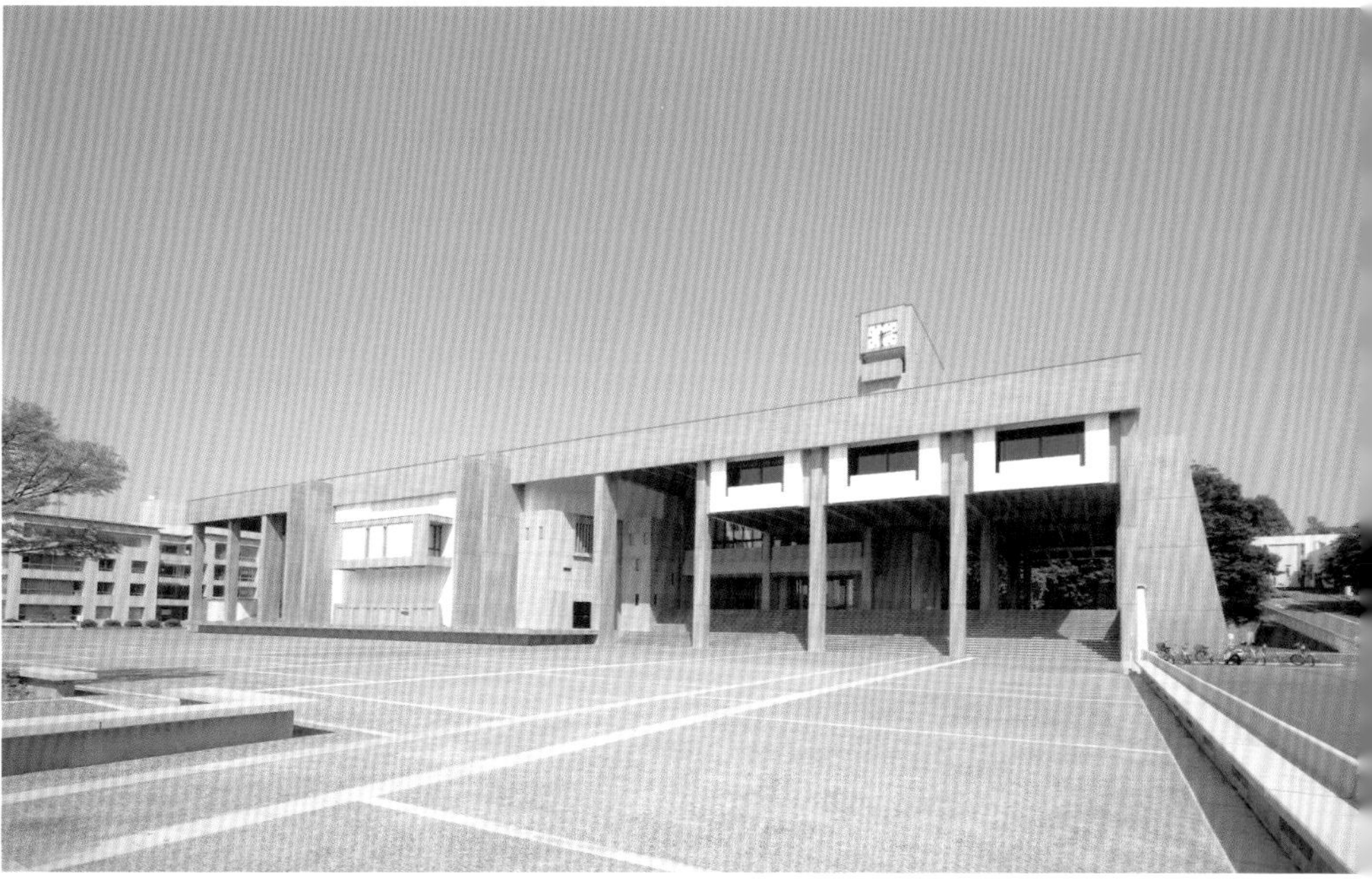

11　増築・全面改修工事（2007 年竣工，トヨタ自動車及びトヨタグループ各社寄附による）後の豊田講堂

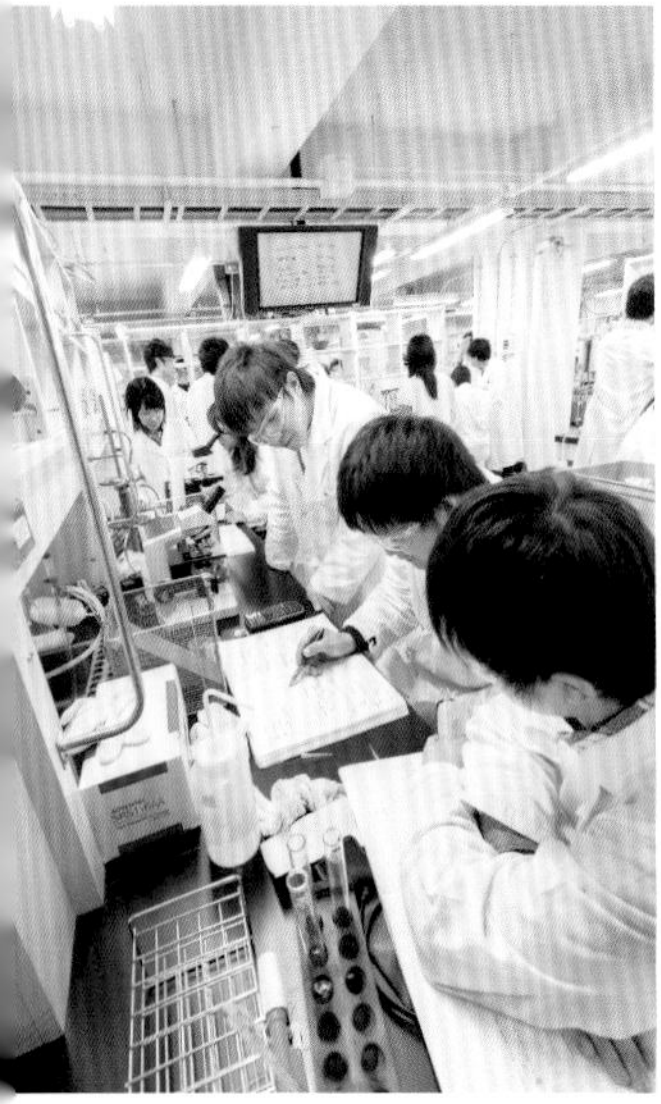

授業における実験風景（2012 年）

12　大学院秋季入学式（2010 年）

第 60 回名大祭（2019 年）

14　中央図書館ラーニングコモンズのグループラーニングエリアで学習する学生たち（2013 年）

名古屋大学の歴史　一八七一～二〇一九　下——目　次

第16章　最近の学生生活とキャンパス ―― 505

（上巻目次）

凡例

一、本文の記述には、原則として常用漢字、現代仮名遣いを用いた。ただし、歴史的用語や固有名詞、学術用語についてはこの限りではない。
二、学校名・機関名等については、必要に応じて（　）内に、現在もしくは後身の学校・機関等の名称を記した。また、企業・会社名については、株式会社等を省略した箇所がある。
三、「名古屋大学」は、組織名や規則名、引用資料中の言葉等以外は、「名大」と表記した。
四、名古屋大学の長の表記は原則として、学内規程で「総長」が用いられるようになった一九九二〔平成四〕年四月以降は「総長」と記し、それよりも前は「学長」とした。
五、名古屋大学もしくはその前身学校内の役職名については、原則として校名は省略した。
六、敬称は省略した。
七、引用資料中の前略・中略・後略には、「……」を用いた。
八、地名については、その当時の名称を記し、必要に応じて現行の名称（二〇二一〔令和三〕年十二月三十一日現在）を（　）で補った。
九、年月日については、次のように表記した。
・年号表記は西暦を用い、（　）で適宜元号を補った。
・西暦の千の位と百の位は、適宜省略した。
十、引用した、もしくは根拠・参考とした史・資料の注記は最小限にとどめ、巻末に一覧として示した。

第三編　変貌する名古屋大学　一九九〇〜二〇〇三

一九九〇年代に入ると、バブル経済の崩壊やその後の不況という社会情勢のなかで、国立大学への改革圧力が強まり、名大も抜本的な組織改革を迫られた。九〇年代前半は、大学設置基準の大綱化をうけての、教養部の廃止と四年一貫教育の実施である。後半は、大講座化を伴う学部の大学院重点化、大学院の新設を中心とするものであった。研究のあり方についても、競争的資金の拡充、国際研究の進展、産学官連携への注目、研究成果の情報発信など、次の時代の主役となる動向が顕著になっていった。

同時に、キャンパスの整備も急速に進み始めた。これは、戦後に建てられた施設の老朽化への対応でもあったが、限られたキャンパスを長期的な計画のもとに開発する視点が登場したことも重要であった。

留学生の受け入れが急増し、海外の大学等との学術交流協定の締結が積極的に行われるなど、国際交流が本格化し、国際性豊かな学風が確立したことも大きな変貌の一つである。経済不況のなか、名大生の置かれた環境も大きく変わった。

そして二〇〇〇年代に入る頃から、国立大学法人化の動きがにわかに現実化し、名大も対応を余儀なくされた。二〇〇〇年に名古屋大学学術憲章を制定して長期的なビジョンを掲げた名大は、法人化を見据えつつ、これを具体化するための組織改革に取り組み、さらに変貌していくのであった。

第8章　教育・研究体制の大改革

1　教養部の廃止と四年一貫教育の開始

大学設置基準の大綱化

第三編では、一九九〇（平成二）年頃から、国立大学が法人化される二〇〇三年までを扱う。この時期、日本はいわゆるバブル経済の終焉を迎え、長い停滞の時代に入っていた。そのなかで国立大学は、戦後改革以来の巨大な変革の波に洗われることになった。もちろん名大も例外ではなかった。教育・研究の体制が大きく改革され、法人化に対処するための準備に追われたのである。

改革への号砲となったのは、一九九一年六月になされた大学設置基準の改正だった。一般教育科目と専門教育科目との科目区分が撤廃され、各大学は独自に科目区分を設定するように求められることになった。いわゆる「大綱化」である。だが、その影響は教育科目の再編にとどまらなかった。大学設置基準には「幅広く深い教養及び総合的な判断力を培い、豊かな人間性を涵養するよう適切に配慮しなければならない」という教養教育を重視する文言が入ったものの、それまで教養教育に相当する一般教育科目を担当してきた教養部の見直しが急速に進められたのである。その結果、国立大学の教養部は九七年までに東京医科歯科大学を除いてすべて廃止された。

名大でも、一九九三年に教養部が廃止され、情報文化学部という新しい学部の設置へとつながっていく。教養部の廃止に伴う新学部の立ち上げは、国立大学では神戸大学、京都大学に次いで三例目だった。しかし、名大における教養部改革は、大綱化という外部からの唐突な刺激だけによるものではなく、二〇年以上前から続けられてきた、四年一貫教育を追求する全学的な取り組みの延長線上にあったことに注目しなければならない。まずはその発端に立ち戻ってみよう。

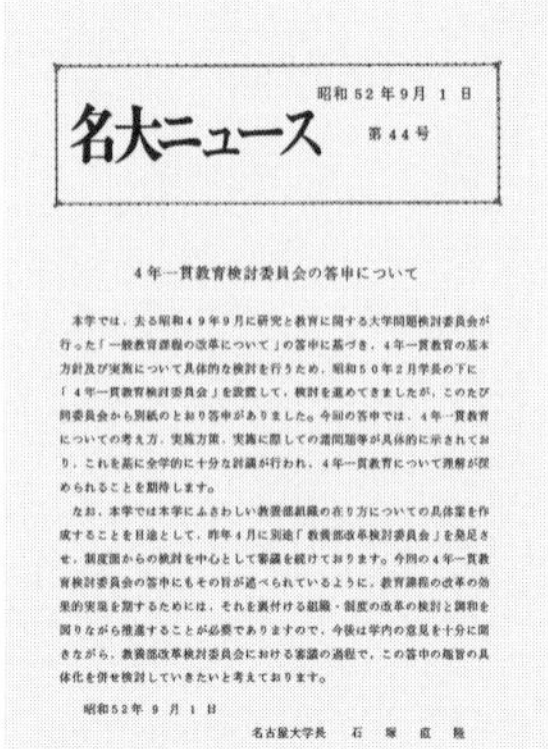
名大ニュース　昭和52年9月1日　第44号

4年一貫教育検討委員会の答申について

本学では，去る昭和49年9月に研究と教育に関する大学問題検討委員会が行った「一般教育課程の改革について」の答申に基づき，4年一貫教育の基本方針及び実施について具体的な検討を行うため，昭和50年2月学長の下に「4年一貫教育検討委員会」を設置して，検討を進めてきましたが，このたび同委員会から別紙のとおり答申がありました。今回の答申では，4年一貫教育についての考え方，実施方策，実施に際しての諸問題等が具体的に示されており，これを基に全学的に十分な討議が行われ，4年一貫教育について理解が深められることを期待します。

なお，本学では本学にふさわしい教養部組織の在り方についての具体案を作成することを目途として，昨年4月に別途「教養部改革検討委員会」を発足させ，制度面からの検討を中心として審議を続けております。今回の4年一貫教育検討委員会の答申にもその旨が述べられているように，教育課程の改革の効果的実現を期するためには，それを裏付ける組織・制度の改革の検討と調和を図りながら推進することが必要でありますので，今後は学内の意見を十分に聞きながら，教養部改革検討委員会における審議の過程で，この答申の趣旨の具体化を併せ検討していきたいと考えております。

昭和52年9月1日

名古屋大学長　石塚直隆

図 8-1　4年一貫教育検討委員会の答申についての石塚直隆学長のコメントを載せる『名大ニュース』(1977年9月)

全学的な教養部改革の開始

大学のあり方を根本から揺さぶった大学紛争の嵐が最終局面を迎えつつあった一九六九(昭和四十四)年十一月、当時の芦田淳学長の私的諮問機関として設置された名古屋大学改革試案研究委員会は、七〇年一月に中間報告を出し、一般教育改革の基本方針を示した(第5章3節参照)。それは、四年一貫教育の考え方を示すと同時に、組織改革の面では教養部を廃止し、現教官は各学部、あるいは「語学教育部」・「保健体育部」・「教職課程部」といった組織を作って分属させるという、ラディカルな提案を含んでいた。

しかし、教養部の改組はそのまま進んだわけでなかった。一九七二年十一月に評議会に設置された「研究と教育に関する大学問題検討委員会」が七四年九月に出した答申は、四年一貫教育の導入を初めて全学レベルで承認した画期的なものだったが、教養部の組織改革については「今後に残された最大の課題」と記すにとどまった。また、この

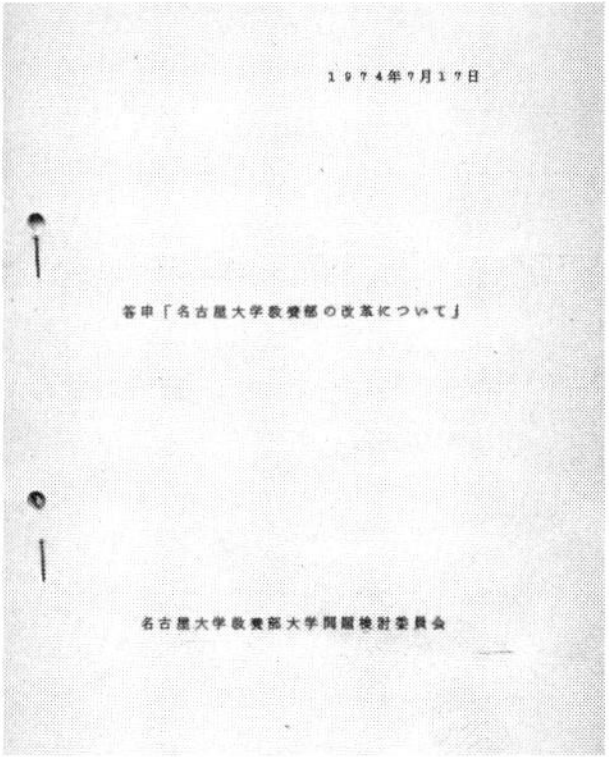
1974年7月17日

答申「名古屋大学教養部の改革について」

名古屋大学教養部大学問題検討委員会

図8–2　答申「名古屋大学教養部の改革について」

答申に基づいて四年一貫教育の基本方針と実施方法を具体的に検討するため、学長の下に四年一貫教育検討委員会が設置され、七七年七月に答申を取りまとめたが（図8−1）、そこでも一般教育科目は主として教養部教官が担当するとの前提に立ち、組織改革には言及がなかった。四年一貫教育の実施に向けての全学的な合意は形成されたものの、教養部の組織改革は棚上げされた形となった。

　こうしたなか、教養部は独自に組織改革の検討に着手した。評議会に「研究と教育に関する大学問題検討委員会」が設置されると、二か月後の一九七二年九月に教養部大学問題検討委員会を設置した。同委員会は、七四年七月に「名古屋大学教養部の改革について」という答申を出した（図8−2）。答申は、一般教育の抱える課題を整理したうえで、①四年一貫教育の実施、②教養部制度の廃止、③専門教育との有機的連関のもとでの一般教育の再編、④全学的な「一般教育委員会」による責任体制の形成、そして⑤教養部の「教官はすべて、研究と教育とを制度的に統一した組織（学部および大学院）の構成員として構成される」とした。さらには、教養部の具体的な改組案として、「人間科学部・大学院人間科学研究科」、「総合科学部・大学院総合科学研究科」、「言語文化学部・大学院言語文化研究科」という三学部三研究科及び「総合保健体育科学センター」の創設案を提示した。このうち総合保健体育科学センターについては、スムーズにことが運び、七五年一月に設置が内定する。

　教養部は、右のような教養部大学問題検討委員会の答申をさらに具体化するため、一九七四年十一月に「とりまとめ委員会」を設置した。同委員会は、七五年十一月に、「総合科学部」、「総合言語文化部（仮称）」、「大学院総合学術研究科」の創設を内容とす

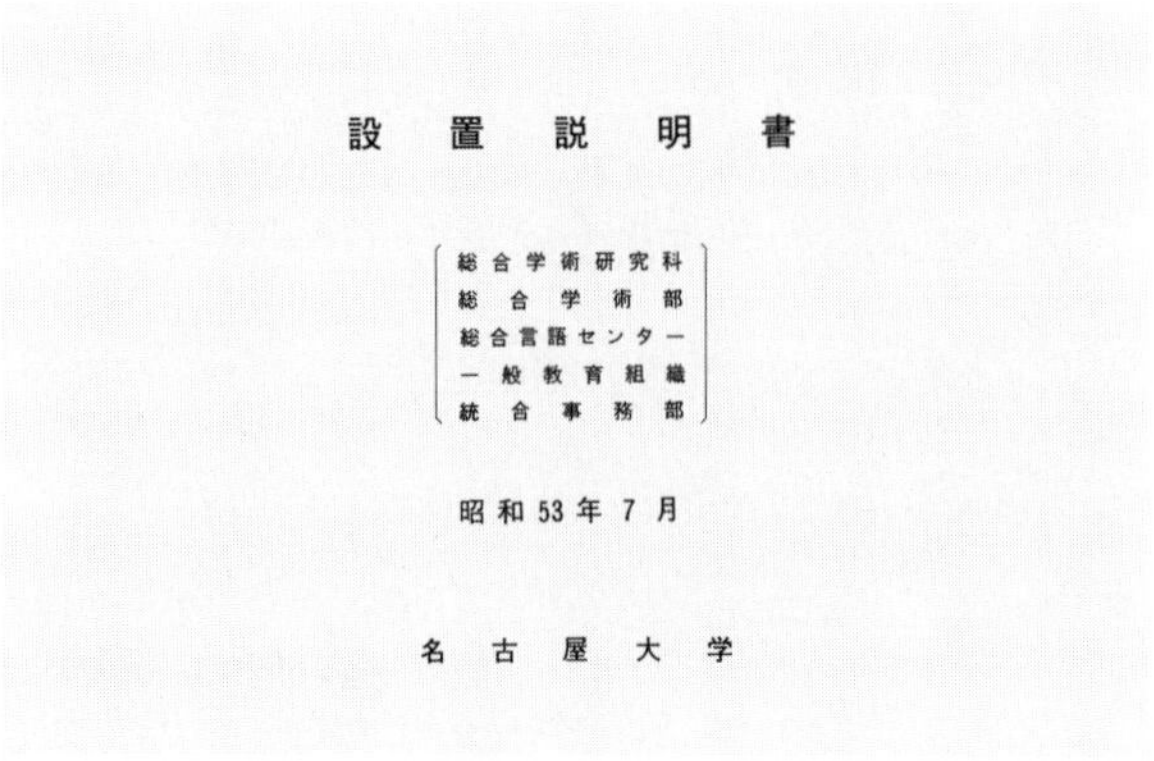
設　置　説　明　書

総合学術研究科
総　合　学　術　部
総合言語センター
一　般　教　育　組　織
統　合　事　務　部

昭和53年7月

名　古　屋　大　学

図 8-3　1978年7月の設置説明書

る「討議資料」をまとめ、教養部教授会で承認を得た。「討議資料」は学長に提出され、七六年三月の評議会で、学長を委員長とする教養部改革検討委員会（第一次）の設置が了承された。こうして、教養部の組織改革に向けて全学的な検討が始まったのである。

「総合学術部・総合学術研究科」案

　教養部改革検討委員会（第一次）は、検討の結果を一九七七（昭和五十二）年十月に「教養部改革のための素案（大綱）」としてまとめた。そこでは、教養部を廃止して、「総合学術部」及び「総合言語文化部（又は総合言語文化センター）」、「大学院総合学術研究科」を設置することが提案された。「総合学術部」は、①地域環境科学に関する学際的研究の推進、②基礎諸科学の総合的研究の実施、③以上による一般教育の質的向上と教育職員の養成への寄与、という三点を設置目的とした。教育組織から研究中心の組織への転換を図るものだったが、学部ではなく「部」となっていることが示すように、「総合学術部」が学生定員を持つことは想定していなかった。一般教育は、「総合学術部」が「総合言語文化部」と総合保健体育科学センターとともに責任を負い、「総合学術研究科」の教員はその実施に参加するものとされた。

　一九七八年三月の評議会では、右の「素案（大綱）」の方向で概算要求事項作成作業を進めることが承認された。そして、同年七月、「昭和五十四年度概算要求事項」として、「総合学術部」、「大学院総合学術研究科」、「総合言語センター」、「一般教育組織」（右の三組織と総合保健体育科学センターで構成されるもので、一般教育の統一的実施を保障し、低学年次の学生〔所属は各学部〕の指導に責任を負う独自の教育組織）、「統合事務部」

（既存の教養部・語学センター・総合保健体育科学センターの事務部を再編整備したもの）の設置に向けての「設置説明書」が作成された（図8-3）。

しかし、文部省の反応は芳しくなく、結局、総合言語センターの設置が認められただけだった。とはいえ、この間の取り組みから生まれた総合保健体育科学センターと総合言語センターは、国立大学協会の教養課程に関する特別委員会から教養部改革の「一つの有力なパターンと見なしうる」と高く評価された。

大学院兼担講座の設置

翌一九七九（昭和五十四）年二月の評議会において、教養部改革第二次検討委員会の設置が了承された（図8-4）。同委員会は、要求の認められた総合言語センター創設の手続き及び教養部改革の実現に向けての概算要求の取りまとめを課題とした。委員会では、後者に関して、文部省も教養部問題の重要性を認識しており、その解決には教養部を学科目制から講座制に転換させることが必要で、そのためには、旧帝国大学であるからこそ可能だと考えられるものや、他大学が真似できない名大固有の方式が求められている、との説明がなされた。そしてそれらの事情を勘案すると、考えられるのは教養部の教官が大学院で指導する条件を整えることではないか、といった議論がなされた。

同年十二月、教養部改革第二次検討委員会は、前年度に概算要求として提出された「総合学術部・総合学術研究科」創設案は現時点では実現困難と判断した。代わりに、先の議論を踏まえ、教養部改革実現への「バイパス」として、既設の大学院研究科のなかに講座を新設し、教養部教官が大学院学生の指導を兼担するという大学院兼担講座の

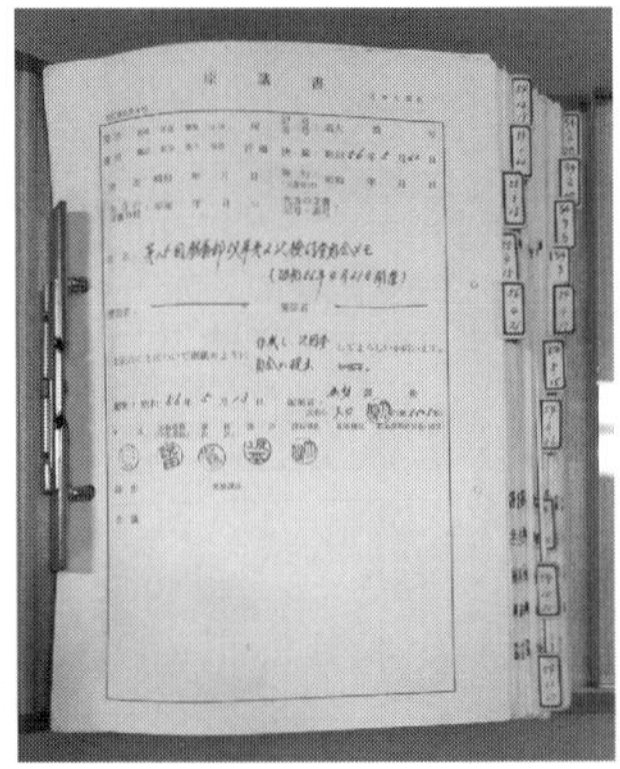
図 8–4　「教養部改革第 2 次検討委員会綴」

設置を進めてはどうか、という提案がなされた。この提案は、八〇年一月の教養部改革第二次検討委員会で認められ、二月の評議会で了承された。

大学院兼担講座の設置は、一九八一年度の概算要求に位置づけられた。要求にあたっては、教養部教官を大学院課程の研究・教育に積極的に関与させることにより、大学院の一層の充実、教養部教官の士気の高揚、研究と一般教育に対する意欲と熱意の増大、それによる教養部学生の学習態度や学習効果への好影響が目的とされた。兼担講座の設置は、八一年度に文学研究科社会学専攻の人間環境論講座と理学研究科数学専攻の位相構造講座の二講座として初めて実現した。翌年度以降も継続的に予算要求がなされ、九一（平成三）年度までに一二講座が措置された。

「学部・研究科構想」

右の「バイパス」戦略は一定の成果をあげ、教養部教官の大学院兼担講座は次第に増えていった。しかし、一方で教養部の抜本的な組織改革については先の見通せない状況が続いた。そこで教養部教授会は、一九八四（昭和五十九）年三月、あらためて将来構想委員会を設置した。将来構想委員会は、同年九月までに、日本学科・環境科学科・基礎科学科からなる「教養学部」と、日本学・環境科学・基礎科学の三専攻及び総合保健体育科学センターと総合言語センターを改組する二専攻からなる「総合学術研究科」を創設するという「学部・研究科構想」を策定した。

この「学部・研究科構想」は教養部教授会で大筋での了解を得たうえで、一九八四年十一月の評議会で設置された教養部改革第三次検討委員会に諮られた。検討委員会は、翌八五年三月、この構想を基礎に概算要求作成に着手することを承認した。これをうけて教養部は、同月の教授会で将来構想委員会を教養部改革委員会に改組し、組織改革の概算要求化に取り組んだ。改革案では、一般教育は「教養学部」が担当するが、五〇名の学生定員を有し、「教養学士」の称号を与えるとされていた。それまで全学レベルでは、学生定員を持たない改組案しか認められてこなかったが、学生定員を持つ新学部構想が大学全体の方針として、ここで初めて承認されたことになる。

一九八七年に提出された概算要求書では、二十一世紀に向けての様々な課題に対応するため、個別専門学科を基礎とした学部に加えて、新たな総合的・学際的視点からの多様な教育研究機関を創設する必要があるとして、①日本の社会・文化に対する根本的再認識を通じて、国際化のなかで日本が果たすべき役割の解明、②危機的様相を示す自然的・人間的環境の構造と動態を総合的に解明し、その保全の道をさぐること、③自然科学で本来重視されるべき基礎的諸分野での教育研究の総合化・学際化によりその創造的発展を図ること、という課題が示された。「教養学部」の設置は、これらの課題に応えることを目的としていた。

しかしながら、「教養学部」創設のための概算要求は、一九八九年度まで継続的になされたものの、一向に認められなかった。背景には国の財政状況の悪化があった。第二次臨時行政調査会の第三次答申（八二年）は、国立大学の新設、学部・学科の新増設・定員増は全体的に抑制し、転換・再編成を推進する方針を示した。この時期以降、教養部の学部化の実現はきわめて厳しい状況になっていたのである。

図 8–5　江藤恭二

揺れ動く改革構想

一九八九（平成元）年七月の教養部改革第三次検討委員会で、学長提案により専門委員会が設置された。同年十月に専門委員会（委員長は江藤恭二〔教育学部教授〕）は、新学部・新研究科の構想について、各学科・専攻の相互関連を明確にするなど、目指す学際性・総合性にふさわしい名称と構成にする必要がある、などとする答申を出した。この方針を踏まえて検討が進められ、九一年度の概算要求には、比較社会文化学科・人間環境学科・基礎科学科の三学科からなる「科学文化学部」、及び比較社会文化専攻・人間環境学専攻・基礎科学専攻からなる「科学文化研究科」が盛り込まれた。一般教育については、新学部が担うが、総合保健体育科学センターと総合言語センターが協力し、既設学部・研究所等の協力も得て全学的な実施体制を確立するとされた。しかし、この概算要求も文部省の壁を突き崩すことはできなかった。なお、九一年二月の評議会で、総合言語センターを言語及び言語文化に関する教育研究を目的とする言語文化部と改称し、応用言語科学・地域言語文化・比較言語文化・日本言語文化という四つの研究系を置くことが承認された。

教養部はさらに、一九九一年二月の教養部改革第三次検討委員会に「教養部改革構想の骨子（案）」を提出した。そこには、教養部を「比較社会文化学部・比較社会文化研究科」に改組するという新提案が盛り込まれた。同学部・研究科は、一部に自然科学領域を含む学際的分野を対象とするが、自然科学分野の教員の一部は理学部ないし工学部に異動することを前提とした、文系に比重を置く学部構成案となっていた。「比較社会文化学部」は比較社会文化学科と比較人間環境学科からなり、学生定員を八〇名とし、

図 8-6　早川幸男学長
（1987年7月–92年2月）

一般教育の実施に責任を負うものとされていた。「骨子（案）」は持ち帰り議題となり、三月の教養部改革第三次検討委員会と同専門委員会との合同会議で議論された。

しかし「骨子（案）」に対しては、文系学部から難色が示された。自然科学系科目の担当教官が理学部に異動し、人文・社会科学系中心のメンバーからなる新学部が一般教育を担当することで、文系・理系を総合した東京大学教養学部や、京都大学に設置予定の新学部（一九九二年に総合人間学部として実現）とは異なる一般教育のありかたとなるし、新学部での研究は文系に偏り、一般教育における理系科目が自前のものでなくなってしまうのではないか、というのである。こうした疑義などもあって、同案は全学的合意には至らなかった。教養部改革はいよいよ行き詰まりをみせていた。

独立研究科人間情報学研究科の創設

ところが、一九九一（平成三）年度に入ると事態は急転した。例年、概算要求案が提出される五月の評議会で早川幸男《さちお》学長は「独立研究科の新設及び教養部の学部化の事項については、現在、流動的なところもあり、「検討中」となっているが、案が固まった段階で各部局に通知したい」との異例の発言を行った。何が起きていたのだろうか。

じつは、前述した大学設置基準の改正（大綱化）を背景に、五月上旬の時点で名大の教養部関係者と文部省との協議が複数回行われていた。そのなかで教養部改組に絡めて「情報」系の独立研究科を設置する構想がにわかに浮上してきたのである。五月二日の協議では「（人間）情報システム学研究科（仮称）」の設置計画が取り上げられ、十三日にはそれを手直しした「情報学研究科（仮称）」の設置計画についてやりとりがなされ

図 8-7　大学院人間情報学研究科創設記念講演・祝賀会（ノーベル賞受賞者の福井謙一博士が講演）

た。その翌日、教養部での会議で教養部長は、文部省から、たんなる「情報学」では広すぎるのではないか、何か「冠」が必要ではないかとの指摘や、具体的な教員の配置や卒業生の進路についての詰めなどの要請がなされたものの、「事実上のゴーサイン」が出されたとみてよい、と報告した。独立研究科が先行する形であったが、とにもかくにも「情報」をキーワードに教養部改革がついに動き始めたのである。

文部省との協議は六月三日と十九日にも行われ、そのなかで「人間情報学研究科」という研究科名称に「人間」が付いている点が、三月に設置された京都大学の人間・環境学研究科と重複すると指摘されたものの、あえて付けるなら客観的・合理的な根拠づけが必要とのコメントがなされ、また教官定員の純増は難しいとの反応だったとされる。協議内容は、教養部改革第三次検討委員会で報告された。研究科名称の問題については教養部で協議した結果、「人間」を付けたままでいくことになったとの説明がなされた。また、独立研究科創設計画の進め方について事後報告のような形になったことへの理解を求める発言もなされた。

こうして物質・生命情報学と社会情報学の二専攻からなる人間情報学研究科の設置が決まり、一九九一年十二月の評議会で人間情報学研究科創設委員会の設置が承認された。その後、同委員会が最終的な制度設計を行い、文部省に申請がなされた。九二年四月一日付で大学院人間情報学研究科の物質・生命情報学専攻が設置され、学生の受け入れを開始した。翌年十月には社会情報学専攻が設置され、九四年四月より学生の受け入れを開始した。

情報文化学部の創設

このようにして人間情報学研究科の創設計画は動き始めたが、そこに異動する教養部教官は半数にも満たない見込みだった。このこともあって、教養部を基にする新学部の設置に目途をつけることが喫緊の課題となった。先にふれた一九九一（平成三）年六月十九日の文部省との協議では、学部新設についての意見交換もなされた。名大側からは先行する人間情報学研究科と関連を持った学部案を打診したとみられ、文部省側からは「情報を中心にした学部」として「一般教育」を担当できるのか、卒業生の進路はどうか、十八歳人口の減少期に入るなかで新学部の必要性を立証できるか、といった疑問が示された。また文部省は、教官定員について他学部との振替が必要となることや、九三年度以降は学生定員の増加は難しいとの見通しも述べたとされる。

九月の教養部改革第三次検討委員会では、自然情報学科と社会情報学科からなる「人間情報学部」を設置する構想についての「骨子（案）」が提出された。この案では、「人間情報学部」は情報科学を軸に各学問分野を学際的に統合し、自然科学・社会科学・人文科学の枠を越えた「人間情報学」の創造的展開を推進することを目指すものとされ、先行して設置される独立研究科の人間情報学研究科とも連携し、また四年一貫教育の統一的実施に責任を負うものとされた。委員会では、一九九三年度の実現を目指すが、学生定員については同年度以降、増員が見込まれないため既設学部からの振替が必要となるので、その調整は学長のもとで進めるよう希望がなされた。

文部省との協議は、十一月二十日と十二月十日にも行われ、十二月十日には、名大側は「名古屋大学人間情報学部設置構想骨子（案）」を示して説明したが、学部名称中の

図 8-8　加藤延夫総長
（1992 年 4 月-98 年 3 月）

「人間」について、人間情報学研究科創設の際と同様に文部省から難色が示された模様である。そこで指摘を踏まえて、一九九二年一月六日付で「名古屋大学（総合）情報学部設置構想骨子（案）」が作成された。「人間」を削除し、場合によっては「総合」を加えようとしたとみられる。

一九九二年三月十三日には学部化案について文部省との協議が行われた。三月二十四日に開かれた教養部改革第三次検討委員会でなされた教養部長の説明によると、最終的に「情報文化学部」としてその骨格だけを文部省側に提示したという。文部省からは「情報科学部」との違いを明確にすることが求められたとされるが、ここで初めて「情報文化学部」という学部名称で文部省から基本的な承認が得られたことになる。

学部名称とともに大きな問題となったのは、学生定員と教官定員の振替だった。すでに文部省が両定員の純増に厳しい見通しを示している以上、全学的な理解と協力が不可欠だった。学長のリーダーシップに期待する声もあったが、この時期、早川学長は体調が急速に悪化しつつあった。そこで、これまで教養部改革案の策定にあたって実質的な協議の場となってきた教養部改革第三次検討委員会専門委員会を全面的に改組し、併せて委員長が江藤恭二（教育学部教授）から松尾稔（工学部教授）へと交代した。

松尾新委員長のもと、一九九二年一月に開催された専門委員会で検討事項の精査と分掌の検討がなされた。四年一貫教育の実施体制を検討するためのワーキンググループを設置することになり、学生定員・教官定員・部局間交流の問題は、専門委員会の「幹事会」で検討し、学長を中心とした「懇談会」で調整されることとなった。しかし、二月五日、教養部改革が最終段階を迎えるなか早川学長が死去した。学長事務取扱は松尾委

図 8-9　森正夫

員長が務めたが、三月十七日に加藤延夫（医学部教授）が新しい学長に選出され、四月一日に就任した。学長の交代をうけて、松尾委員長は三月をもって専門委員会委員長を辞し、後任は森正夫（文学部教授）が務めることになった。

学生定員と教官定員の振替について協議するため、名古屋大学記念日（休日）である五月一日に「懇談会」が開催された。そこでは、先行する「京都大学方式」（学生定員純増）及び「神戸大学方式」（学生定員をすべて振替）とは異なる「第三の方式」（純増と振替のミックス）を文部省が強く求めているとの説明がなされた。そして、学生定員には一定の純増が見込まれることになったが、その純増分に、十八歳人口の増加に伴って措置されてきた各学部の臨時的定員（第10章1節参照）ではなく恒常定員からの振替を加えて学生定員を設定すること、また各学部はその特色に応じて「一般教育」の全学的展開に分担協力していくものとするが、教養部から各学部への教官の移籍に際しては当該学部の「一般教育」への分担協力の度合いについても考慮する、などの方針が示された。

一九九二年五月の評議会に提出された九三年度概算要求には、二学科一二大講座からなる情報文化学部の創設案が盛り込まれた。そして、文部省予算の成立の見通しが立った同年九月の評議会で情報文化学部創設準備委員会の設置が了承された。九三年四月の「国立学校設置法の一部を改正する法律」（十月一日施行）により情報文化学部が設置され、教養部は廃止された。情報文化学部は、高度情報社会の提起する学術的・社会的要請に応えるため、情報に関する科学のハードサイエンスからソフトサイエンスへの転換を図りながら高度情報社会における文化創造の基盤となる学問分野を開拓する学部として設置するものとされた。自然情報学科と社会システム情報学科の二学科からなり、学生定員は一〇〇名とされた。

四年一貫教育実施体制の構築

少し時間を戻す。情報文化学部創設に目途が立ちつつあった一九九二（平成四）年一月以降、教養部改革第三次検討委員会専門委員会は、松尾委員長のイニシアティブのもとで、①誰が四年一貫教育を企画・運営し、②どのように授業科目を編成し、③誰がどの授業科目を担当するのか、といった四年一貫教育実施上の諸問題についてワーキンググループを組織して検討を進め、松尾委員長が辞任する三月までに報告書をまとめた。

この『教養部改革調査報告書』は、①について、学長を委員長とし、学部長・言語文化部長・総合保健体育科学センター長・研究所長・学生部長を委員とする全学四年一貫教育委員会と、新学部・言語文化部・総合保健体育科学センターの教授各二名、既設学部の教授各一名、研究所の教授一名によって構成される四年一貫教育計画委員会、さらにその下部委員会としてカリキュラム編成委員会、総合科目企画委員会、基礎科目・主題科目実施委員会をそれぞれ設置するとした。

②については、従来の専門教育科目と一般教育科目という科目区分を「専攻科目」と「主題科目」に二分し、「専攻科目」には「専門科目」と「基礎科目」が、「主題科目」には「主題別科目」と「総合科目」が含まれるという科目区分が提案された。ただし、「専攻科目」と「主題科目」という対はわかりにくく、「専攻」が「専門」の上位にあることも混乱をまねくのではないか、といった異論も併記された。

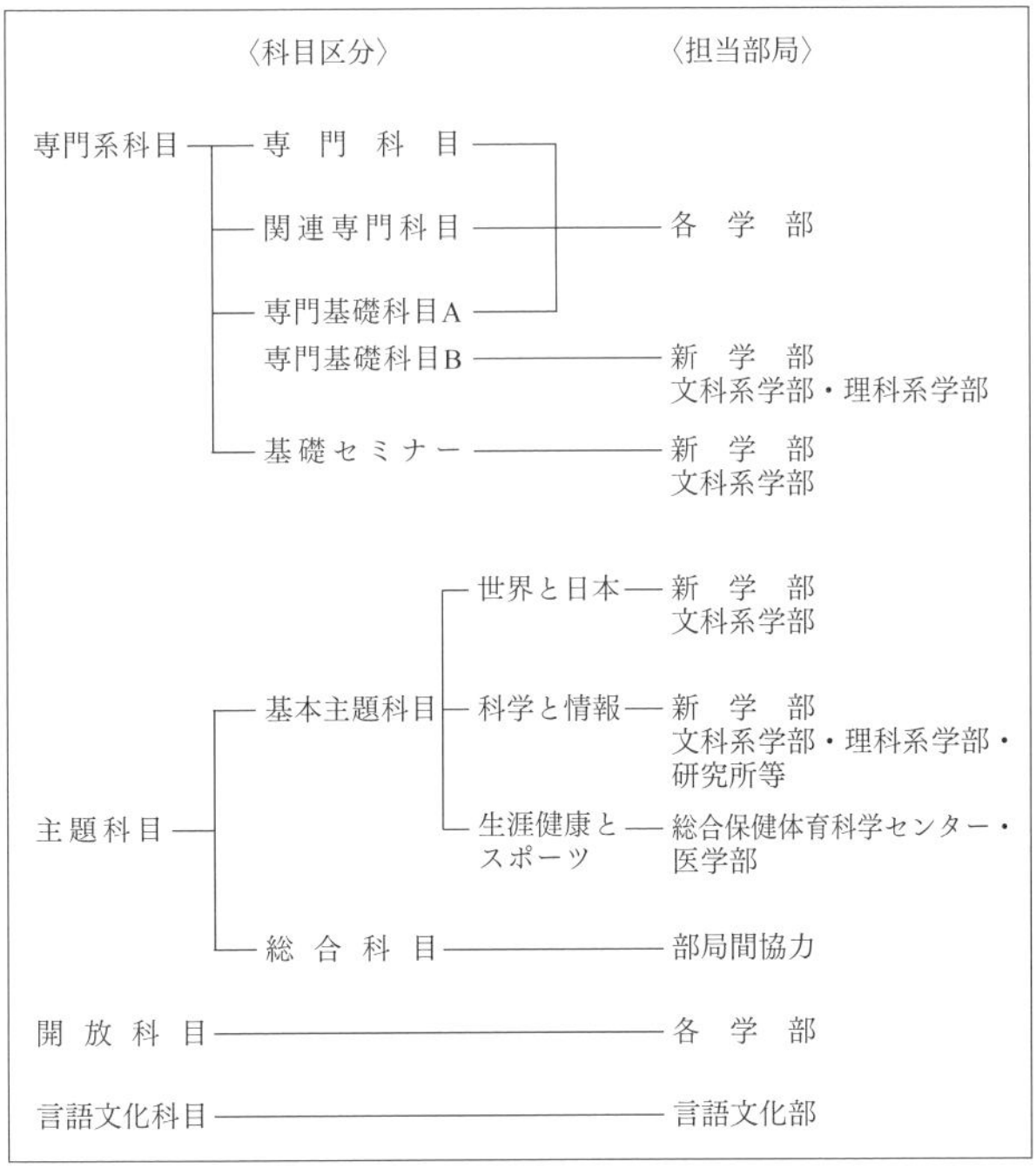

図 8–10　新しい科目区分と担当部局

③については、「基本的な考え方」として、新学部が「一般教育」の相当部分を担当すること、その教育はこれまでどおり主として教養部棟で行うことを前提とするとされ、その条件のもとで、四年一貫教育、とりわけ全学共通の基礎科目・主題科目の実施について継続性・一貫性を保障する組織体制を考えるとしていた。この考え方のもとで、「専門科目」は各学部が実施し、「基礎科目」と「主題科目」は新学部・言語文化部・総合保健体育科学センターが「全学の協力を得て」実施するとされた。

一九九二年四月以降、森正夫委員長のもとで教養部改革第三次検討委員会専門委員会は、前年度の報告を踏まえて検討を進め、六月までに『名古屋大学における教育改革〈四年一貫教育を目指して〉』を取りまとめた。そこでは、①については下部委員会の名称変更以外に大きな変更はなかったが、②に関しては、原案の科目区分を大きく組み替え、「専門系科目」（専門科目・関連専門科目・専門基礎科目〔A・B〕・基礎セミナーからなる）、「主題科目」（基本主題科目・総合科目からなる）、「開放科目」、「言語文化科目」の四つに区分することになった。また③に関わって、科目区分ごとに担当部局が割り振られた（図8–10）。この資料をもとに六月二十九日に文部省との協議が行われ、協議内容は六月三十日の教養部改革第三次検討委員会でも報

表 8–1　部局による共通教育の授業担当数[1)]

担当部局	実施前 （1992 年度）	実施後 （1994 年度）
文学部	1（1）[2)]	22（1）
教育学部	1（1）	8（1）
法学部	0	14
経済学部	1（1）	14
情報文化学部[3)]	663（2）	266（3）
理学部	1（1）	89（2）
医学部	1（1）	3（1）
工学部	1（1）	38（5）
農学部	1（1）	13（1）
言語文化部	662（1）	653（1）
総合保健体育科学センター	147（1）	151（1）
大学院人間情報学研究科	–	63
環境医学研究所	0	1（1）
太陽地球環境研究所	1（1）	1（1）
大気水圏科学研究所	1（1）	1（1）
情報処理教育センター	0	4
先端技術共同研究センター	1（1）	1（1）
生物分子応答研究センター	0	1（1）
全　体	1,428（14）	1,343（21）

注 1）非常勤講師の担当による講義と「開放科目」は含まない。
注 2）（　）内は「総合科目」の開講数で内数。「総合科目」は主たる担当部局を示す。
注 3）実施前の教養部担当分は，情報文化学部の欄にまとめて示してある。

告された。ここで四年一貫教育実施体制の骨格がほぼ定まった。

教養部改革第三次検討委員会専門委員会は、さらに検討を続け、一九九三年二月二十三日付で『名古屋大学における四年一貫教育—教養部改革第三次検討委員会専門委員会検討結果報告書—』をまとめた。そこでは、専門基礎科目B・基礎セミナー・基本主題科目・総合科目・言語文化科目を「全学共通科目」として括り、そのうち、総合科目（複数学部の教官が協力して開講）、開放科目（学部の専門系授業科目のうち他学部の学生の受講が可能であり、かつ有意義と認められる科目）、言語文化科目（言語文化部が担当）を除いた三つの科目区分のなかで開講される授業について、新設される情報文化学部と既設学部がどのように分担するかが示された。その際、前述の五月一日の「懇談会」で示された方針に従って、廃止される教養部から各学部に移籍する教官ポスト数に応じて三つの科目区分のなかの担当授業コマ数が算出され、各学部に示された（表8–1）。こうして四年一貫教育実施上の難題であった授業負担の分配がなされ、いよいよ四年一貫教育の実施に目途が立った。

表 8-2　1994 年度の主題・副主題・授業科目

主題	副主題	授業科目
世界と日本	近代世界のあゆみ	日本の資本主義の展開，日本の政治構造，近代世界の成立と展開，近代アジア社会の展開
	世界の中の日本	日本の社会と歴史，東洋の社会と歴史，西洋の社会と歴史，美術の展開，日本と世界の憲法，現代社会と法，民主主義の理念と現実，国際化と経済活動，都市と農村
	文化の接触と交流	東洋文化の受容と変容，西洋文化の受容と変容，日韓の比較考古学，現代思想の展開，少数民族と現代文明
科学と情報	情報と数理	数理解析とコンピュータ，線形性と情報数理，不規則性と情報数理，計算機基礎数理，図情報と計算機
	情報と社会	情報社会とマスコミ，情報化とプライバシー，情報化と企業戦略
	自然の認識	物質世界の認識，物理現象の認識，分子の世界，生命現象の実態と本質，地球の構造と変遷，宇宙進化・物質進化・生物進化，科学史・技術史
	環境と人間	人間と行動，環境問題と社会，自然環境と人間，化学物質と人間生活，放射能
生涯健康とスポーツ	生涯健康と青年期	生涯健康論，青年期からの心と健康，健康と一次予防，成人病の予防と運動，スポーツ医学入門 I，スポーツ医学入門 II
	現代社会と生涯スポーツ	生涯スポーツ論，現代生活とスポーツ，運動と身体の適応，トレーニングの科学，各種スポーツ，野外スポーツ，フィットネス，競技スポーツ，障害者スポーツ

四年一貫教育の開始

一九九三（平成五）年三月の評議会に、総長を委員長とし、学部長、教養部長、言語文化部長、総合保健体育科学センター長、附置研究所長（一名）、学生部長、四年一貫教育計画委員会委員長からなる全学四年一貫教育委員会及び、学部・教養部・言語文化部・総合保健体育科学センターの教授各一名、附置研究所教授からの一名、その他必要と認めた者からなる四年一貫教育計画委員会の設置が提案され、了承された。前者は全学四年一貫教育に関わる全学的な審議機関として設置され、後者は全学四年一貫教育の企画立案を行うことを目的とした。

一九九四年三月には、総長を議長とする全学四年一貫共通教育担当教官会議の設置が決まった。この会議は、全学共通教育を担当する専任教官が一同に会して年二回、各学期の開始前に開催され、全学共通科目の授業計画と授業実施に関わる基本事項の周知を図ることを目的としていた。併せて、全学共通教育実施に関する事項を扱うために共通教育実施運営委員会とその下部委員会である共通教育教務委員会が設置された。

表 8-3　1994 年度の授業科目（総合科目）

授業科目	中心的開講部局
ことばと人間	文学部
日本の教育問題	教育学部
東海地方の構造と特質 情報化社会の光と影 生命と情報のダイナミクス	情報文化学部・人間情報学研究科
放射能から素粒子まで 宇宙科学	理学部
男と女	医学部
資源・エネルギー・環境の工学 先端科学と材料・エネルギー 都市生活の科学 情報社会におけるコンピュータ 宇宙技術の過去・現在・未来	工学部
人間生活と現代分子生物学 食・農・環境を科学する	農学部
苛酷な環境「高所・海底・宇宙」に対する人の適応と破綻	環境医学研究所
太陽地球環境	太陽地球環境研究所
大気水圏の科学	大気水圏科学研究所
情報化社会を支える先端技術	先端技術共同研究センター
情報とコミュニケーション	言語文化部
健康・運動・スポーツ―体力を考える―	総合保健体育科学センター

表 8-4　1994 年度に各学部が開放する授業科目

学部等	授業科目
文学部	国史学特殊研究，国語学概論，国語学講読，英語学概論，ラテン語中級，ラテン語上級，日本文学講読，考古学概説
教育学部	教育学Ⅰ，教育学Ⅱ
法学部	法制基礎講義Ⅰ，法制基礎講義Ⅱ，法制基礎講義Ⅲ，法制基礎講義Ⅳ，憲法Ⅰ，民法Ⅰ，現代日本の政治と行政，西洋法制史，日本法制史，外国法―英米法―，外国法―社会主義法―，法哲学，法社会学，政治学概論，西洋政治思想史，西洋政治史，国際政治史，行政学
経済学部	経済理論Ⅰ，経済理論Ⅱ，経営
情報文化学部	プログラミング序論
工学部	工学概論Ⅰ，工学概論Ⅱ
言語文化部	西洋文学Ⅰ，西洋文学Ⅱ，西洋文学Ⅲ，応用言語科学特殊講義Ⅰ，応用言語科学特殊講義Ⅱ，応用言語科学特殊講義Ⅲ，応用言語科学特殊講義Ⅳ，地域言語文化特殊講義，比較言語文化特殊講義，国際言語文化特殊講義，日本語教授法（Ⅰ），日本語教授法（Ⅱ）

NAGOYA UNIVERSITY TOPICS

名大トピックス

21世紀を目指す名古屋大学の新たな展開

全学協力による4年一貫教育をスタート！

目次

図8–11　四年一貫教育の開始を報じる『名大トピックス』（第13号，1994年7月）

こうして四年一貫教育の実施のための全学的な体制が整えられた。一九九四年四月五日にシンポジオン・ホールで第一回の全学四年一貫共通教育担当教官会議の全体会議が開催され、続いて科目区分ごとの分科会が豊田講堂や本部会議室で開かれた。そして、四月十一日と十二日に学生に向けて九四年度当初ガイダンスが開催され、四年一貫教育がスタートした（図8–11）。初年度に開設された主題科目（表8–2）・総合科目（表8–3）・開放科目（表8–4）はこれらの表の通りとなった（『明日を拓く名古屋大学2』）。

2　部局の再編と大学院重点化

名大の大学院整備充実方針

本節では、学部の大学院重点化や大講座化、大学院・学内共同教育研究施設等の新設・整備など、この時期に大きく再編された部局組織の様相について述べる。

文部省の大学審議会は、経済界等の要請を背景に、「大学院制度の弾力化」（一九八八〔昭和六十三〕年十二月）、「大学院制度の整備充実について」（九一〔平成三〕年六月）を答申した。そこでは、欧米諸国に後れを取っている大学院教育を質量ともに充実させるため、学部中心の教育研究組織を改めることが提言された。その後、文部省は大学院学生の大幅な増員を促進する政策を採り、九一年から二〇〇〇年にかけて、日本の大学院学生数は約二倍へ急増した。しかしその反面、増加した課程博士号取得者が安定した職に就けずに低収入を強いられる、いわゆる高学歴ワーキングプアがのちに社会問題化す

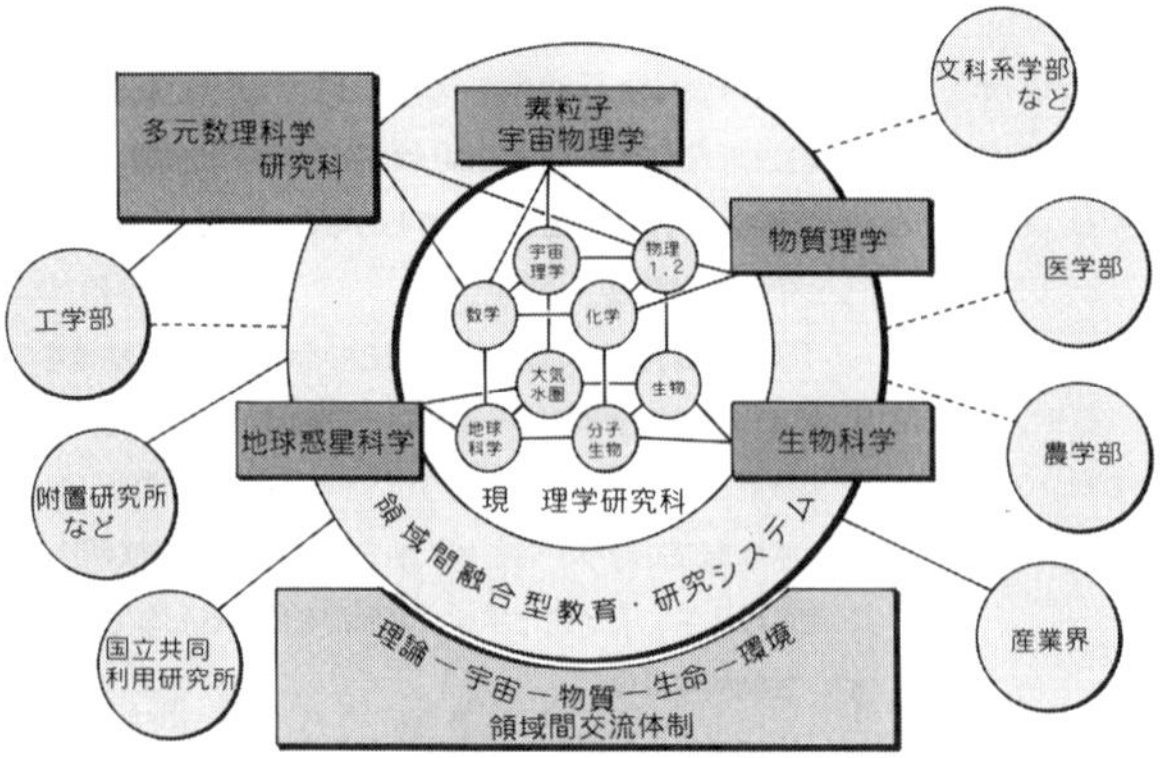

図 8–12　「領域間融合型研究・教育システム」の概念図

ることにもなった。

名大では、一九九一年十二月、評議会の下に大学院整備充実検討委員会を設置し、同委員会の報告書「名古屋大学大学院改革構想」が大学院整備充実の指針となった。この報告書は、①人文・社会・自然の各分野の調和と学際研究の推進、②大学院重点化、③留学生教育の改善充実、④社会人再教育、学位授与の改善、⑤大学院学生の処遇の改善、⑥教育研究支援組織の強化、を整備充実の柱とした。特に重視されたのが、教育研究活動及び管理運営の基本を学部に置く従来の体制を全面的に改め、組織の基本を研究科に置く大学院重点化である。

大学院重点化の方向性としては、①講座制の利点を堅持しながら、学問領域の拡大と深化に対応する柔軟な教育研究体制、②大学院学生の学修目的の多様化に対応した系統的なカリキュラムと、課程博士の授与を促進するなどの適切な指導体制、③学部教育を軽視せず、大学院と学部が相互に好ましい影響を与え合える教育体制、④改組、人員の適正配置、施設・設備の充実など、教育研究環境の整備、を方針とした。

学部の大学院重点化・大講座化

各学部では、これまでの検討を踏まえつつ、それぞれの大学院重点化構想を練った。その実行は、国の財政措置を伴うものであるため、順次行われていくことになった。またこの過程で、文系学部の一部では一九八〇年代から始まっていた、小講座制から大講座制への移行（第5章1節参照）が全学的に進んだ。

理学部の重点化は、一九九五（平成七）年度から始まり、名大では最も早く九六年度

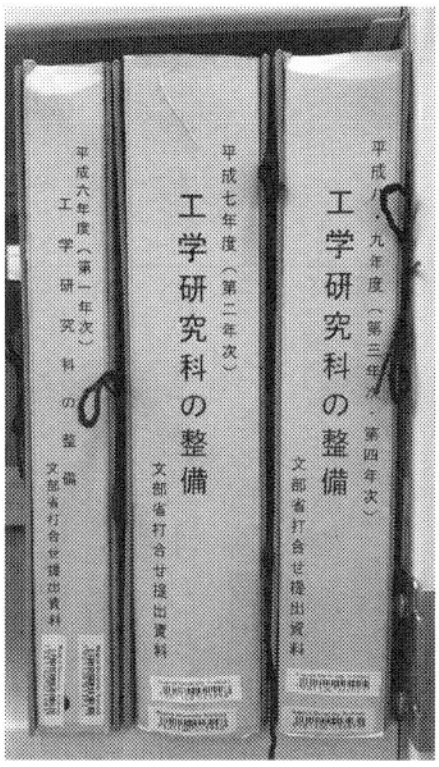

図 8-13　工学部の大学院重点化に関する文部省打合せ資料

に完了（九六年四月に施行したことを指す、以下同じ）した。理学部では、既存隣接分野間の融合を積極的に推し進め、さらに広い分野にわたる異分野間連携や学際領域における研究を促進するため、大講座制に基づく「領域間融合型研究・教育システム」を重点化の理念とした（図8-12）。これにより、研究分野を多元数理科学、素粒子宇宙物理学、物質理学、生命科学、地球惑星科学の五つに再編し、大学院をこれらの五専攻（重点化前は九専攻）で構成するとともに、学部の学科（重点化前は八学科）もそれぞれの専攻に一学科ずつ（物質理学専攻は二学科）対応するよう再編統合した。ただし多元数理科学分野については、九五年四月に大学院多元数理科学研究科を新設した（本節で後述）。

工学部の重点化は、最も早く一九九四年度から開始されたものの、九七年度の完了までに四年を要した。伝統的な学問分野の発展と強化充実を図る一八専攻からなる領域専攻群、学問体系を横断した学際領域の教育研究を推進する七専攻からなる複合専攻群、両専攻群の連携を図るため複合専攻群の教官が領域専攻群を担当する兼担講座から構成される「流動型大学院システム」を導入した。学部には、学生の多様なニーズに対応するため、五学科の下に一三学科目を置いた。

法学部は、一九九九年度に、法学系部局としては東大、京大に次ぐ三番目の大学院重点化を実現した。まず九七年度には、従来の二学科（法律学科・政治学科）七大講座を一学科八大講座に再編し、実験講座を一講座から四講座に拡大した。そのうえで大学院は、従来の二専攻（民刑事法専攻・政治学専攻）を統合して一専攻九大講座とした。講座は、伝統的・原理的・基礎的なものは統合・簡素化し、先端的・応用的・学際的な分野への思い切った再編充実を図った。

農学部は、三年をかけて一九九九年度に重点化が完了した。その前提として、九三年四月、対象・産業別に区分されていた縦断細分型の六学科構成を、横断包括型の二大学科（資源生物環境学科、応用生物化学科）に改組した。大学院は、七専攻を四専攻に再編成し、三七小講座を一六の大講座とした。各専攻には、新しい学際的先端領域の開拓を目指す大学院専任講座を設けた。大学院の名称も、人類の食・環境・健康の質的向上のための新しい生命農学の構築を目指して、九七年度に「生命農学研究科」と改めた。

医学部は、三年計画で二〇〇〇年度に重点化を完了した。従来の生理・病理・社会医学・内科・外科の五専攻を廃止して、基礎医学と臨床医学を統合した分子総合医学・細胞情報医学・機能構築医学・健康社会医学の四専攻を置いた。また、伝統的な小講座の枠組みを撤廃し、三九小講座から一四大講座に移行した。各専攻は、基幹分野と広域連携分野の組み合わせからなり、専攻・大講座内の連携とその枠を超えた広域連携の二つが交差する複合連携型機構とした。さらに、基幹講座を補完するため、附属病院・施設や学内関連部局等の教官による一三協力講座、学外の研究所との四連携講座を置いた。

文学部は、重点化に先立ち、研究方法の多様化、学際的領域の拡大、研究の大規模化・国際化への対応の障害になっていた小講座制から大講座制への移行に着手し、一九九六年度に伝統的な三学科（文学・哲学・史学）二六小講座を一学科一三講座に再編した。そのうえで二〇〇〇年度に、大学院の一一専攻を一専攻に統合し、五コース一三講座二一専門分野に編成した。コースとは、専門分野の一つに属する学生が、各自の課題研究に取り組むとともに、博士課程前期課程ではその専門分野以外のいくつかの分野を

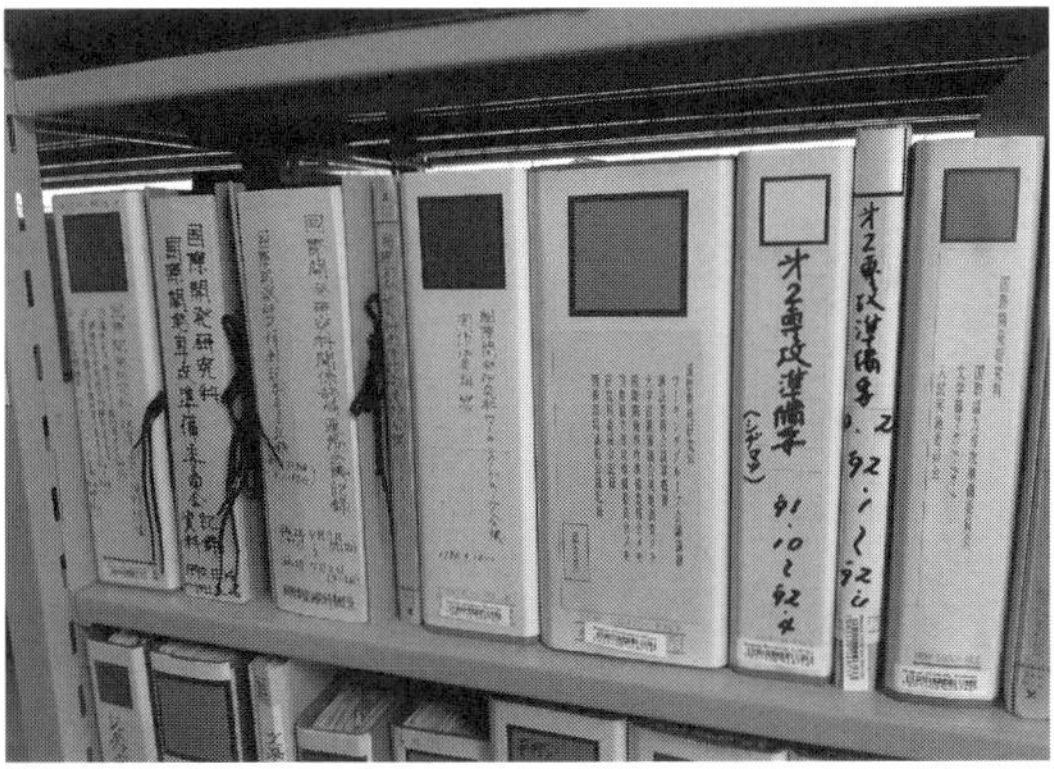

図 8-14　国際開発研究科創設に関わる諸会議の記録

含むコースを履修するものである。

教育学部は、旧来の教育学（科）と教育心理学（科）の境界を取り払い、総合的に一体化させることを方針とした。まず一九九七年度に、二学科一四小講座を一学科（人間発達科学科）五大講座に再編した。そして二〇〇〇年度には、大学院を、生涯発達教育学・学校情報環境学・相関教育科学・心理社会行動科学・精神発達臨床科学の五基幹講座に、新設の三協力講座（高等教育学・生涯スポーツ科学・スポーツ行動学）を加えた八講座とし、これを二専攻（従来は三専攻）のもとに再編した。大学院の名称も、「教育発達科学研究科」と改称した。なお、同年度には附属中学校及び高等学校が、九八年の学校教育法改正により新たに設けられた中等教育学校に準じて中高一貫教育を行う、併設型中高一貫校として認定された。

経済学部は、比較的早く大講座化が進み、一九八八（昭和六十三）年度から九三年度にかけて、二学科（経済学科・経営学科）一八小講座を二学科七大講座に再編した。九六年度の附属国際経済動態研究センター（二〇〇一年から経済学研究科附属）の設置、博士課程前期課程社会人リフレッシュ・コースの設置を経て、〇〇年度には既存の二専攻七講座を再編する形で大学院重点化を行った。

こうして、二〇〇〇年度で大学院重点化は一段落したが、残る情報文化学部については、〇三年度設置の情報科学研究科の設置を待たなければならなかった（第11章2節参照）。なおこの時期、名大のように全学部が予算措置を伴った大学院重点化を行うことができた国立大学は、旧帝国大学等のごく一部に限られた。

図 8-15　国際開発研究科棟
（第１期工事完成時）

環太平洋研究センター構想から国際開発研究科へ

一九九一（平成三）年四月一日、大学院国際開発研究科が設置された。名大では、すでに大学院独立専攻は置かれていたが（第5章1節参照）、学部を持たない独立研究科はこれが初めてであった。

そこに至る道のりは長く、一九八〇年代に入って検討が本格化した文科系研究所設置構想から発展したものであった。全学的な検討を経て、名大が当時としては多数の留学生を受け入れていることや、名古屋市に国際連合地域開発センター（ＵＮＣＲＤ、発展途上国の開発支援を目的とする唯一の国連機関）が所在することを踏まえて、環太平洋における文化・経済・政治の接触・摩擦、交流・協力の実態を調査分析し、政策調整の国際システムのあり方を研究する「環太平洋研究センター」設置案が打ち出された。これが八七年度から概算要求に盛り込まれたが、なかなか認められなかった。

そこで一九八九年五月、文・教育・法・経済学部、総合言語センター、教養部の長からなる文科系六部局長懇談会は環太平洋研究将来構想専門委員会を設置し、構想の練り直しを図った。翌九〇年二月、同専門委員会は、①実現の可能性を考慮して、教育機能を重視した独立研究科「環太平洋総合開発研究科」を設置すること、②経済学部が独自に設置を目指していた、独立専攻「経済開発専攻」を新研究科の第一専攻とすること、③文系六部局は定員の振替や協力講座などの形で新研究科に協力すること、などを答申した。その後、全学委員会での検討、文部省との折衝を経て、九一年度はまず国際開発専攻（第一専攻）のみで「国際開発研究科」を設置することとなった。また、新研究科は関係部局の連携のもとに運営されなければならないことに鑑み、九〇年九月に文

図8–16　竣工した多元数理科学研究科棟（理1号館）を報じる『名大トピックス』（1997年9月）

系五部局（文・教育・法・経済学部、総合言語センター〔九一年度から言語文化部〕）の長による国際開発研究科関係部局連絡会議を設置し、新研究科発足後も国際開発研究科長を議長として継続した。

国際開発研究科は、一九九二年四月に国際協力専攻が、九三年四月に国際コミュニケーション専攻が設置され、二〇一六年度まで続く三専攻体制が完成した。各専攻は、専任教員からなる基幹講座と文系部局の協力教員からなる協力講座から構成され（いずれも大講座制）、基幹講座には一人ずつ、各国の指導的研究者、国際機関の実務家、発展途上国の政策・企画担当者などを客員教授として招聘した。また、文系五部局は、前述の連絡会議のほか、協力講座の教員人事を関係部局が行うなど、引き続き密接な関係を有していた。

施設面では、研究室や講義室が関係部局の校舎に分散している状態が続いたが、一九九四年十二月、教育学部棟と法学部棟の間に、地上八階建ての国際開発研究科棟の第一期工事が完了した（図8–15）。その後、九八年一月に竣工した第二期工事で同棟は完成した。

名大の国際開発研究科は、日本における国際開発分野を専門とする大学院の先駆けとなった。その後、一九九〇年代に、神戸大学、大阪大学、広島大学、横浜国立大学に、相次いで国際開発関連の大学院が設置されている。

多元数理科学研究科の設置

一九九五（平成七）年四月一日、大学院多元数理科学研究科が設置された。当時の理

図 8–17　言語文化部棟（1991 年頃，のちの国際言語文化研究科棟）

学部は、大学院重点化（九六年度完了）を進めており、同研究科の設置はその構想の一環であった。

理学部数理学科は、一九九二年に高次位相講座が新設され、九三年の教養部廃止に伴い同部からの多くの教官が移動して、一一講座に五〇人もの教官を擁するようになっていた。理学部は、数理学科を母体として、理学研究科から独立した大学院を設置することにした。産業の重心がハードからソフトに移る二十一世紀社会における数学は、従来の数量のみを取り扱う数理科学に加えて、自然科学、人文・社会科学などすべての科学を融合し、課題解決型の人材を養成することを期待され、そのためにはまったく新しい分野との相互連携や共同研究が求められると考えられた。新研究科はそれらの要請に応えることを使命とした。

講座の構成は、理学部数理学科一一講座と工学部工業数学第一講座、同第二講座が、新研究科の基幹数理・自然数理・社会数理・数理解析・高次位相の五大講座に再編された。教官の多くは、理学部数理学科を兼務担当した。

名称の「多元」は、研究の対象・方向・方法、教育の対象・方向、教官組織の多元性を指すものとされた。教官組織の多元性とは、多元的な研究と教育を円滑に行うため、従来の大学教官のみによって構成されてきた教官組織に、外部から優秀な人材をマネージングプロフェッサーとして受け入れることを指している。

その後、一九九七年三月、豊田講堂の北側に、鉄筋コンクリート五階建ての多元数理科学研究科棟が新築竣工した（図8–16）。

図 8-18　環境医学研究科棟（1991年頃）

国際言語文化研究科の設置

一九七九（昭和五十四）年に設置された総合言語センターは（第5章1節参照）、その後、外国語に加えて日本語の教育研究機能などを拡充した。八八年には、同センターの教官組織を基盤とする独立専攻として、文学研究科に日本言語文化専攻が設置された（第7章4節）。

一九九〇（平成二）年度には、日本言語文化専攻を母体とする独立研究科として、言語文化研究科の設置が概算要求に盛り込まれたが、実現には至らなかった。九一年四月、総合言語センターは改組され、研究組織として四研究系、教育組織として七学科を持つ言語文化部となった。言語文化部（総合言語センター）の教養部改革や教養部廃止・四年一貫教育開始との関わりについては前節で述べた。言語文化部は、国際開発研究科では基幹講座と協力講座に、人間情報学研究科でも協力講座に教官を配置して、その教育研究に深く関わった。

そして一九九八年四月、学部を持たない独立研究科として、大学院国際言語文化研究科が設置された。同研究科は、日本言語文化専攻（基幹二、協力三講座）と国際多元文化専攻（基幹二、協力三講座）からなり、基幹講座には言語文化部と独立専攻日本言語文化専攻の教官の一部が振り替えられ、協力講座は言語文化部と留学生センターの教官の一部が協力担当した。同研究科は、外国人留学生の積極的受け入れと日本語の表現演習・教育実習、外国語による表現演習や学位論文、帰国子女の積極的受け入れ、中学校・高校教員、官公庁・企業派遣の研修員の受け入れと昼夜開講制、個人指導の徹底、などを特色としていた。

図 8-19　太陽地球環境研究所
（豊川キャンパス，1991 年頃）

二〇〇三年度には、言語文化部の廃止に伴って同研究科の再編拡充が図られ、それまでの六協力講座のうち五講座を基幹講座化した。

附置研究所の改組

一九八九（平成元）年、数少ない全国共同利用研究所として六一（昭和三十六）年に名大へ附置され、核融合研究に不可欠のプラズマ科学を基礎的・体系的に築き上げてきたプラズマ研究所が、全国大学共同利用機関核融合科学研究所（現自然科学研究機構核融合科学研究所）に発展して、組織的には名大の外に編成された（九七年に岐阜県土岐市へ移転）。これにより、名大の附置研究所は三つとなった。

環境医学研究所（一九四六年設置、第3章3節参照）は、五九年度に航空医学方面部門、六七年度に航空心理部門を新設して航空関係の研究が復活した。七〇年代後半からは宇宙医学の研究に力を入れるようになった。九一年度には、第一部門（分子・細胞適応）、第二部門（器官系機能調節）、第三部門（高次神経統御）という三つの大部門への改組が行われた。その後二〇〇六年には、主要なミッションを、近未来がもたらす健康障害のメカニズムの解明と予防法へ移行させるため、大きな組織改編が行われた。

空電研究所（一九四九年設置）は、雷などの狭義の空電の研究を目的として設置されたが、広く自然界に発生する電気・電波現象へと研究が発展し、組織も拡充されていった。その後、大気の科学的研究や太陽地球システムのグローバルな研究が求められるようになったことをうけて、八〇年代から改組の検討が始まった。その結果、空電研究所と理学部附属宇宙線望遠鏡研究施設を統合し、太陽地球間物理学に関する総合的な研究

図 8-20　大幸キャンパス
（1991 年度撮影）

を目的とする全国共同利用型の研究所へ改組することになった。そして九〇年六月、宇宙科学と地球科学にまたがる分野の研究を行う日本唯一の全国共同利用研究所として、太陽地球環境研究所が設置された。

水圏科学研究所（一九七三年設置）は、諸分野の研究者が密接に協力して大気圏環境メカニズムの研究を進め、多くの特色ある研究成果をあげてきた。やがて、大気水圏環境をグローバルな視点で総合的に共同研究することが期待されるようになり、九三年四月、七部門を水循環部門、物質循環部門、総合解析部門という三つの大部門に改組して、大気水圏科学研究所となった。その後、同研究所は二〇〇一年三月に廃止され、所属教官は同年四月新設の地球水循環研究センターと大学院環境学研究科に移った（第11章2節参照）。

大幸キャンパスの組織再編

一九九〇年代の医学部では、大学院重点化以外にも、大幸キャンパスの組織について二つの大きな動きがあった。

大幸キャンパスの医学部附属病院分院（以下、分院）については、一九八〇年代に入り名大の医系機構全体の改革の視点から様々な再編構想が練られたが、最終的には八九（平成元）年に「予防医療センター」構想となった。この構想は、医学部附属病院の本院（鶴舞キャンパス）と分院を統合一元化し、本院は医療の高度化・先端化・専門分化に対応しつつ、臨床医学の教育・研究の場を提供する一方、分院は健康増進・早期発見・再発予防への貢献、在宅医療の進歩拡大を担当するという方針の一環として位置づ

図 8–21　医学部保健学科の看板上掲（1997 年）

けられた。

この予防医療センター構想は、概算要求の過程で修正を余儀なくされ、一九九五年度から九七年度にかけて、分院の教官組織が予防医療部、在宅管理医療部、総合診療部、難治感染症部、周産母子センター、小児外科診療科に転換される形になった。これらをうけて、九六年五月に分院は文部省令のうえでは廃止され、学内的には十一月に本院と統合、十二月に大幸医療センターが設置された。同センターは、予防医療部、在宅管理医療部、総合診療部から構成され、残りの部は本院で活動することになった。

大幸キャンパスの医療技術短期大学部（修業年限三年。以下、短期大学部）は、一九七七（昭和五十二）年に名大に併設する形で設置されていたが、早い時期から学部化（四年制化）の検討を始めた。しかし教官確保の困難や、名大で一般教育を担当する教養部などとの関係もあり、構想はなかなか進展しなかった。その後、九二年に看護婦等人材確保法が制定され、文部省も国立大学併設医療短期大学部の学部化を促進するようになった。九三年には教養部の廃止と情報文化学部の設置が行われ、状況が整ってきた。医学部は、九四年度概算要求に保健学科設置を計上し、その後も要求を続けた。

そして一九九七年十月、医学部に保健学科（一学年定員二〇〇人）が設置された（図8–21）。短期大学部の看護学科・診療放射線技術学科・衛生技術学科・理学療法学科・作業療法学科が、保健学科の看護学専攻・放射線技術科学専攻・検査技術科学専攻・理学療法学専攻・作業療法学専攻に移行した。短期大学部の専攻科助産学特別専攻（八六年設置）は、独立した専攻としては残されず、一八九四（明治二十七）年設置の愛知医学校産婆養成所以来の組織の歴史に終止符が打たれた（保健学科でも助産学を科目選択と

図 8‒22　理工科学総合研究センターの施設として 2000 年に竣工した当時の総合研究実験棟（現未来材料・システム研究所）

して履修し、助産師国家資格を取得することは可能）。短期大学部の教官は、純増定員の教官とともに保健学科の教官となったが、一般教育担当の教官は名大の各部局に分属された。

二〇〇二年度には、大学院医学系研究科に看護学専攻、医療技術学専攻、リハビリテーション療法学専攻が設置された。なおこのとき、「医学研究科」が「医学系研究科」に改称されている。

理工科学総合研究センターの設置

一九九五（平成七）年四月、学内共同教育研究施設として、理工科学総合研究センターが設置された。同センターは、工学部附属人工結晶研究施設、同附属電子工学実験施設などの教官からの振替人員を中心とした、二三名の専任教官を擁する大規模センターで、総合基礎材料科学、総合エネルギー科学、総合環境システム科学の三研究グループに編成された。九六年四月には、名大初の寄附研究部門として、中部電力のエネルギーシステム寄附研究部門が創設された。

これまでの科学技術は、物質的生産性の向上を目的として目覚ましく進歩・発展してきたが、人間・自然との調和や他分野・周辺技術との整合性等には十分な配慮が払われず、環境問題や南北問題、人間疎外といった人類の生存をも脅かしかねない諸問題をもたらした。これらの問題の解決は、細分化が進みすぎた従来の研究手法の延長では難しいため、先端科学技術分野をさらに伸ばしつつ、これらを総合的・学際的に練り上げ、科学技術の動向に柔軟に対応できる弾力的な研究施設として、同センターは設立され

図 8–23　物質科学国際研究センターの拠点となった野依記念物質科学研究館（2003 年竣工）

た。初代センター長には、次の総長となる工学研究科の松尾稔教授が就任した。のちに同センターは、アカデミックプラン（第11章1節参照）の文理融合部局として構想されたエコトピア科学研究所（第13章1節参照）の中核母体となった。

「分子不斉研究ユニット」から物質科学国際研究センターへ

一九九八（平成十）年四月には、日本初の物質科学に関する中核的国際研究拠点として、物質科学国際研究センター（学内共同教育研究施設）が設置された。同センターは、有機物質合成研究分野、無機物質合成研究分野、物質機能研究分野、生命物質研究分野を置き、社会に役立つ未知の物質を創造するための基礎科学研究を推進するものとされた。同センターの教官組織は、理学研究科物質科学専攻（化学系）から移行した専任教官を中心に、学内協力教官、国内外から招聘された客員教官から構成された。

同センター設置の前提となったのが、一九九五年度に中核的研究拠点（ＣＯＥ）形成プログラム（のちの二一世紀ＣＯＥとは異なる）に、物質科学専攻の野依良治教授を研究リーダーとする「分子不斉研究ユニット」が選ばれたことであった。同センターの専任教官はこの研究ユニットのメンバーであり、同センターは同ユニットを発展させたものといえる。野依教授（設置当時理学研究科長）は、当初は協力教官として参加し、二〇〇〇～〇三年度にはセンター長を務め、その在任中にノーベル賞を受賞した（口絵５）。

その他の学内共同利用施設の整備

そのほか、一九九二（平成四）年四月には、省エネルギー研究センターの時限満了に

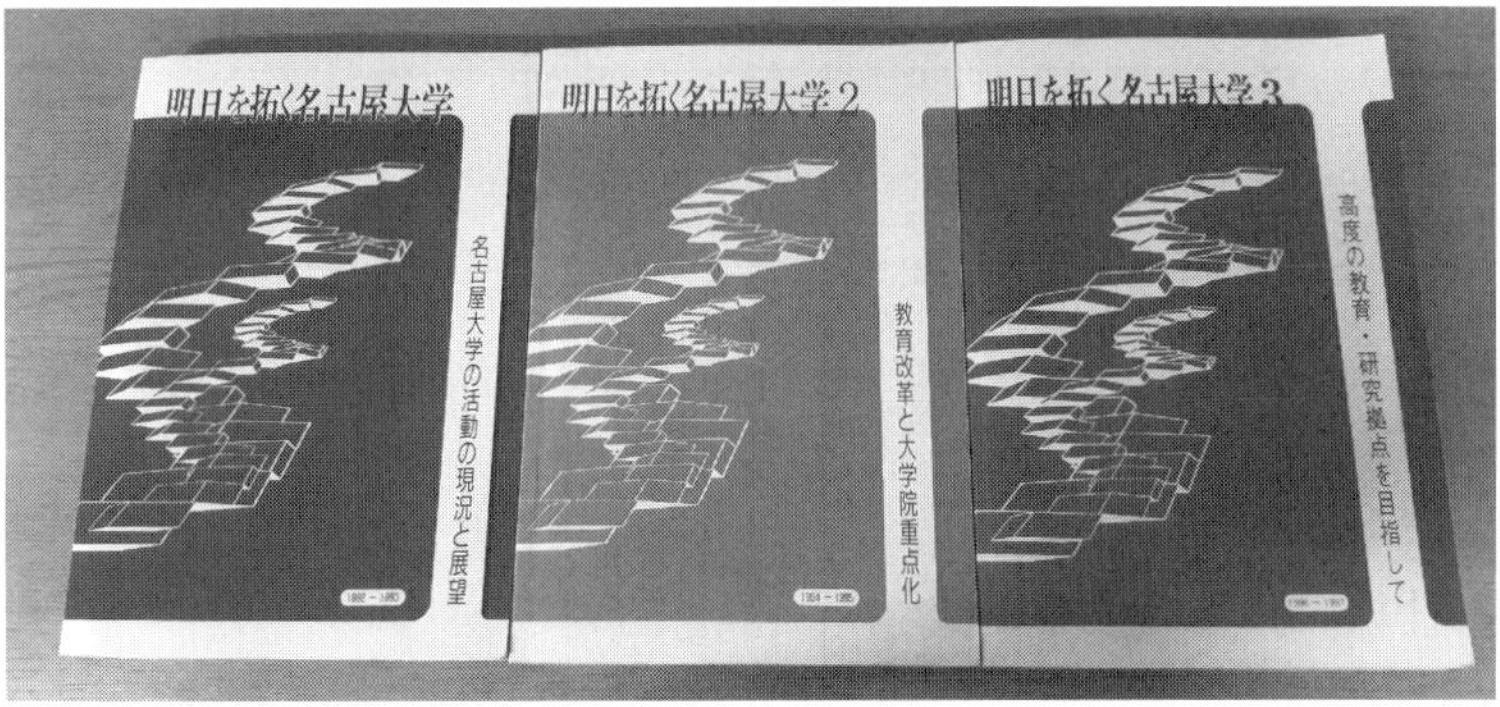

図 8–24　『明日を拓く名古屋大学』

伴い、高温エネルギー変換研究センターが設置された。これは、省資源・省エネルギー技術としての高温高効率エネルギー変換のための燃焼技術開発、耐熱性高温材料の開発に関する教育研究、エネルギー利用及びこれに関係する環境問題に関する教育研究を行う施設とされた。同センターは、二〇〇二年に高効率エネルギー変換研究センターに改組された。

一九九三年四月には、農学部附属生化学制御研究施設と理学部附属淡水魚類系統保存実験施設を基盤として、生物分子応答研究センターが新設された。同センターは、名大における生物科学研究の協力関係をより密にし、高等動植物の機構や生物体の環境への応答の仕組みを解明する研究を行うとともに、名大の生物化学分野関係者が共同利用できる設備を備え、学際的研究を発展させることを目的とした。同センターは、二〇〇三年四月に時限改組され、生物機能開発利用研究センターとなった。

一九九七年四月には、難処理人工物研究センターが新設された。難処理人工物とは、一部の半導体、ニッケル・カドミウム電池などの分離分割の困難な人工物、フロン、廃石綿、一部の廃セラミックス・廃プラスチックなどの有害物質含有の人工物、有害物質の含有率は微量だが多量に存在する人工物などのことである。これらを無害化・処理する技術を、環境を最終的に守る技術（ゴールキーピング技術）として構築する研究を行うのが同センターの目的であった。

一九九八年四月には、情報処理教育センター（八〇〔昭和五五〕年設置）を改組・拡充し、情報メディア教育センターを設置した。同センターは、従来のコンピューター・リテラシー教育から情報ネットワーク・リテラシー教育へ、一方向的・受動的知識吸収型

表 8–5　名古屋大学懇話会委員（1993 年 4 月）

氏　名	現職（設置時）
飯島 宗一	愛知芸術文化センター総長
井内 慶次郎	放送大学教育振興会会長
大﨑　仁	日本学術振興会理事長
大島 宏彦	株式会社中日新聞社代表取締役社長
加藤 隆一	名古屋商工会議所会頭，株式会社東海銀行代表取締役相談役
鈴木 礼治	愛知県知事
アルベルト・デワルト	学校法人南山学園常任理事
豊田 章一郎	経済団体連合会副会長，トヨタ自動車株式会社代表取締役会長
西尾 武喜	名古屋市長
広瀬 道貞	株式会社朝日新聞社名古屋本社代表
松永 亀三郎	中部経済連合会会長，中部電力株式会社代表取締役会長
三浦 朱門	日本芸術文化振興会会長

授業から、情報発信型の能動的教育、自発参加型・双方向的授業への転換のため、情報メディアの基盤整備とそれを利用する教育方法の研究を行うものとされた。

同じ一九九八年四月には、高等教育研究センターを設置した。同センターは、これまでの教育実践を最新の高等教育研究の成果に照らして理論的観点から点検・評価すると同時に、内外の先進的な事例を調査研究し、新たな大学教育革新モデルを開発するものとされた。

自己点検・評価、外部評価の始まり

一九八〇年代の臨時教育審議会と大学審議会は、大学が自己点検・自己評価を行うことを強く求めた。これをうけた一九九一（平成三）年六月の大学設置基準の改正により、大学の自己点検・評価の実施が努力義務化された。

名大では、一九九一年四月から、「名古屋大学の自己評価に関する検討委員会」で検討を開始し、翌九二年三月の最終報告を得た。これをうけて同年四月、総長の下に全学的な委員会として自己評価実施委員会を設置して、全学的な立場からの自己点検・評価を行うことにした。その結果は、『明日を拓く名古屋大学』第一巻（九三年一月）、第二巻（九五年一月）、第三巻（九七年一月）にまとめられ、公表された（図8–24）。

その後、一九九九年の大学設置基準改正により、自己点検・評価の実施義務化とともに、その結果の学外者による検証が努力義務化された。名大では、早くも九三年四月に、産業・自治体・文化・報道等の学外有識者からなる名古屋大学懇話会を設置した。設置時のメンバーは表8–5の通りである。名大は同懇話会を年一回（九三・九四年度は年二回）開催して意見や助言を聴取し、これを報告書にまとめて公表するようになった。

部局でも、それぞれ委員会を設置して取り組み、ほとんどの部局等で自己点検・評価、外部評価を定期的に実施し、それらの報告書を公表した。

第9章　基幹的総合大学の研究

1　競争的研究資金の拡充

科学研究費の変容

本章では、一九九〇年代から二〇〇〇年代初めにかけて進んだ研究基盤・環境の整備・拡充の様相と、そこで展開した国際的研究、研究成果の情報発信についてみていこう。

一九八〇年代の日米摩擦のなかで、日本の「基礎研究ただ乗り」論が取り沙汰された。日本の最先端技術は、元をたどれば欧米の基礎研究の成果であって、自国の成果ではないという指摘である。現代の理解からすれば、このように「基礎―応用―実用」と直線的に進むモデルを各国が前提としていたことに驚くほかない。しかし、当時の日本は、このような批判を避けるべく、基礎研究重視の姿勢を見せることを迫られ、科学技術政策の舵をその方向に切った。いわゆる基礎研究シフトである。さらに一九九〇年代に入って、国際的にナショナルイノベーションシステムの議論が巻き起こった。大雑把にいえば、大学の知的成果をいかにイノベーションに結びつけるかが論点になったので

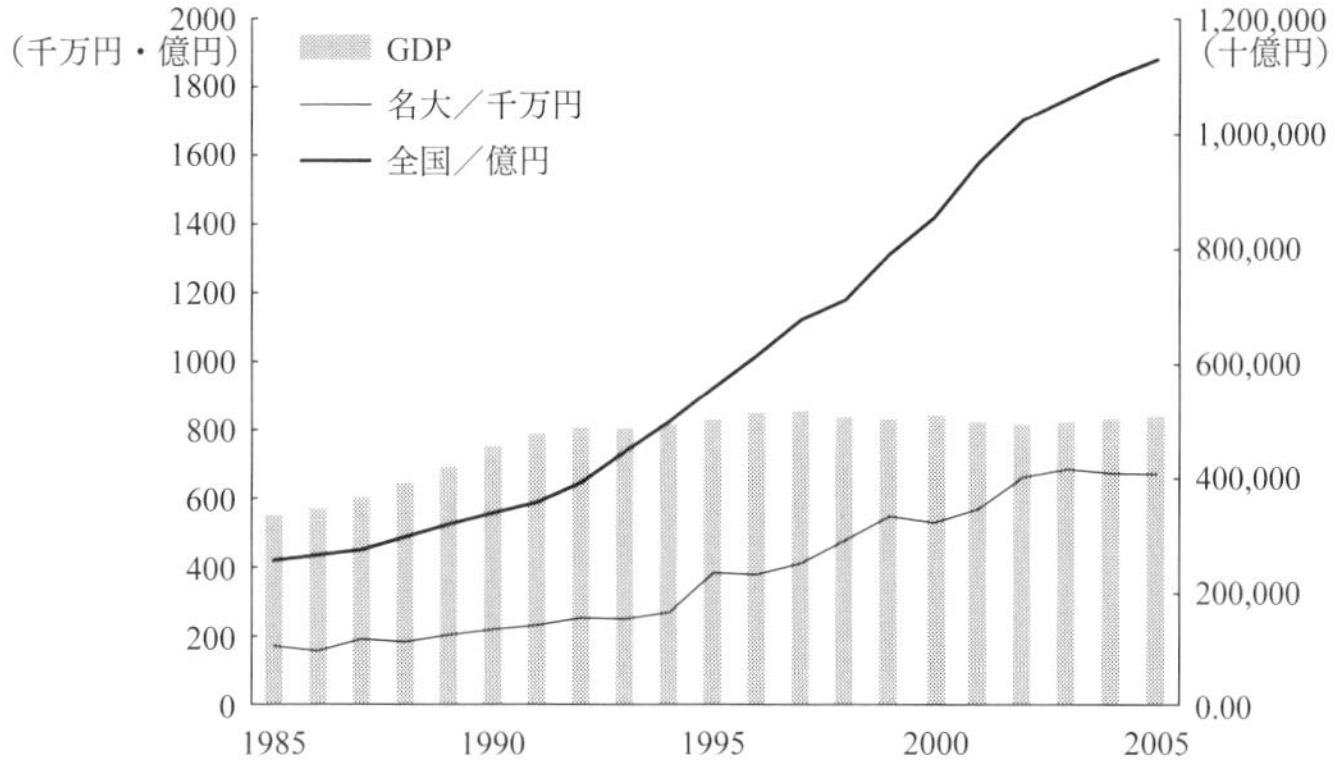

図 9-1　日本の GDP と科研費採択額（1985–2005 年）

ある。こうして、研究開発の制度と投資が強化されることになった。

それまでの研究費は、教官等積算校費（講座費にあたる）の一部と文部省科学研究費補助金（以下、科研費）の二本立てであったが、一九九〇年代に入ると科研費の存在感が増した。科研費について年度当初の予算が一〇〇億円を超えたのは一九七二（昭和四十七）年のことであったが、八九（平成元）年に五〇〇億円、九六年に一〇〇〇億円を突破し、国立大学法人化直前の二〇〇三年には一七六五億円が計上されるまでになったのである（図9－1）。この期間のGDPはそれほど大きく伸びておらず、科学技術への投資がいかに強化されていたかがわかる。なお、科研費には公立大学や私立大学も応募できるが、総額の四分の三程度は国立大学に配分されていた。

名大における科研費獲得も一九九〇年代に順調に増加した。大学院の学生数も増加する中で、研究室は多くの学生を抱えるようになり、研究室に配属された学生に資料整理等を依頼して謝金を支払ったり、学生の学会旅費を支出したりなど、科研費には学生の研究支援、経済支援としての性格も付加されていった。なお、大学院学生をリサーチアシスタント（RA）として任用できる制度は一九九六年に始まったが、これは国立学校特別会計の枠内で運用されるものであった。科研費で研究補助者として雇用することが可能になったのは二〇〇一年であり、のちに他の競争的研究資金にも適用されている。

一九九〇年代当時は、パソコンでの申請書作成に切り替わっていった時代でもあったが、申請書のオンライン提出ができるようになったのはもっと後のことである。審査員の数に保管用を加えた部数をコピーし、審査区分に応じた色塗りと糊付けの作業をするのが、年に一度の申請時期である秋の風物詩であった。

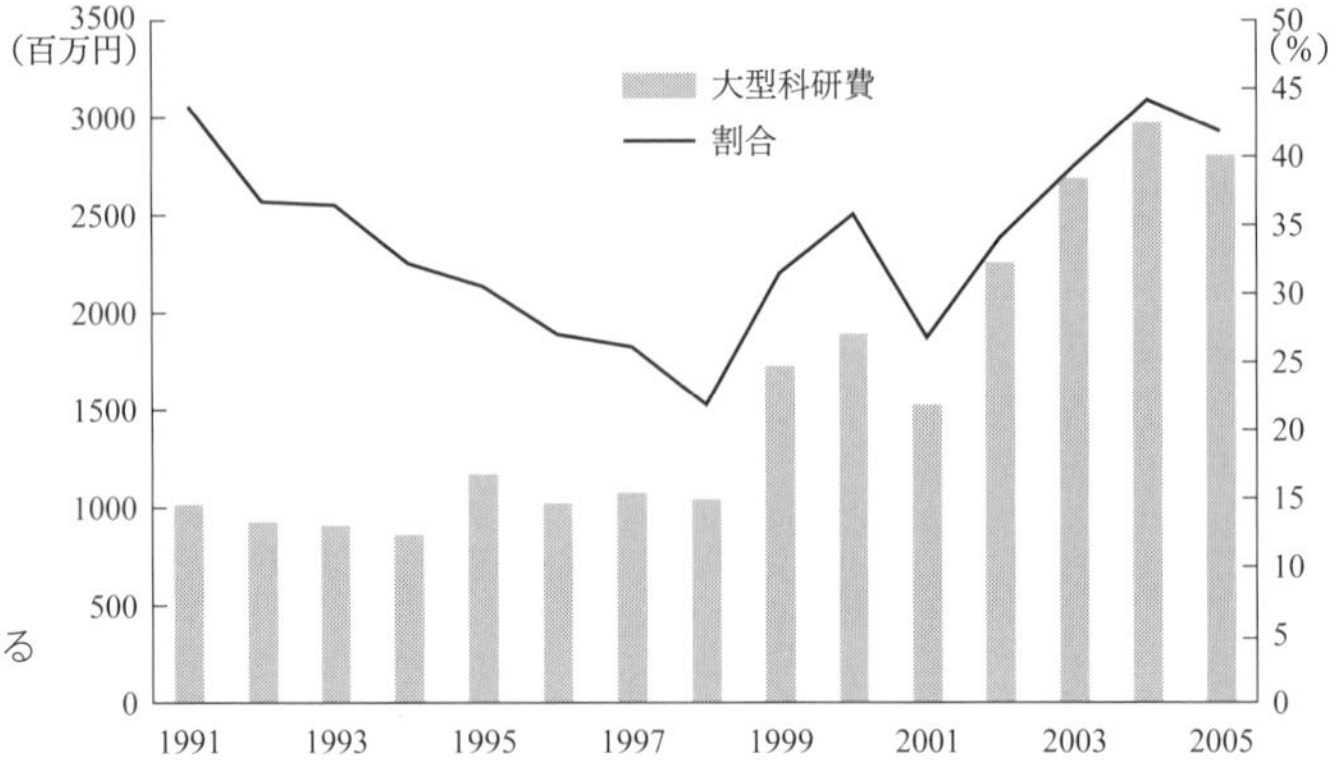

図9–2　名大における大型科研費の推移（1991–2005年）

研究費の大型化

科研費は、いくつかの種目に分かれている。なかでも、特別推進研究や重点領域研究などは一件あたりの配分額が大きい種目であった。これらにおける採択も、国立大学が八割前後を占めた。特に、一九八七（昭和六十二）年に設置された「学術的・社会的要請の強い研究領域」（平成五年度科学研究費補助金公募要項より）を対象とする重点領域研究は、一九九〇年代における配分金額の伸びが大きかった。

名大においても、これらの大型科研費の獲得額は、一九九〇年代を通じて増加した。ただし、国全体での大型科研費の伸びが大きいなかでのことである。また、採択一件あたりの金額が大きいということは、採択数の若干の増減であっても総額に大きく響くということでもあった。特に一件あたりの金額が大きい自然科学系の採択動向は、大型研究費の総額にはもちろんのこと、大学全体の科研費獲得額にも影響を及ぼした（図9－2）。

一九九〇年代は、科研費以外の大型の競争的研究費が続々と名大に入ってきた時代でもあった。その嚆矢となった創造科学技術推進事業（通称ＥＲＡＴＯ、のちに戦略的創造推進事業の一部門に再編）は、一九八一年に科学技術庁が創設し、科学技術振興事業団（現在のＪＳＴ＝科学技術振興機構の前身）が開始したものである。この事業に採択されると、自身の所属大学の研究室とは別に、大きなラボグループを学外に持つことができる。その目的は、今後の科学技術イノベーションの創出を先導する新しい科学技術の潮流の形成を促進することにあった。そのために、これまでにない規模の大きな研究費が各グループに配分され、既存の研究分野を超えた分野融合や新しいアプローチによる挑戦略的な基礎研究が推進された。基礎研究を謳いつつも国が定めた戦略目標の達成を求める事業であった点も、それまでにない特色であった。

名大でＥＲＡＴＯに初めて採択されたのは、一九九一（平成三）〜九六年の野依分子触媒プロジェクトである。野依良治（理学研究科教授）がのちにノーベル賞を受賞した成果は、このプロジェクト以前の発見であり、その礎があっての採択であった。その後、楠見膜組織能プロジェクト（一九九八〜二〇〇三年、代表：楠見明弘理学研究科教授）、八島超構造らせん高分子プロジェクト（〇二〜〇七年、代表：八島栄次工学研究科教授）、前田アクチンフィラメント動態プロジェクト（〇三〜〇八年、代表：前田雄一郎理学研究科教授）が続いた。〇三年までに全国で採択された七七件のうち、四件が名大であった。

一九九五年には、ＪＳＴの前身組織の一つである新技術事業団によりＣＲＥＳＴが創設された（のちにＪＳＴが承継し、先のＥＲＡＴＯと同じく戦略的創造推進事業の一部門に再編）。ＣＲＥＳＴも国が立てた戦略目標に沿って研究提案を募集するという形式であるが、ＥＲＡＴＯの経験を活かし、各研究室をベースにした複数グループを研究チームとして組織させる一方で、研究事務所や技術参事を置くなど、研究ネットワークを機能させるべく手厚い体制が整備されていた（この体制はのちに廃止されている）。名大におけるこの時期の採択状況は、表9-1に示す通りである。

大型研究費の台頭は、折からの大学院重点化と時代を共有し、大型研究費獲得は研究大学のステータスと目されるようになった。この頃、大学の研究力を測るための一つの指標として、大型研究費採択状況を用いる方法も編み出され、分析が続けられた。複数大学の教官からなるこの分析チームの中心となったのは、名大の野村浩康（工学研究科

表 9-1　名大における CREST 採択一覧

索引番号	代表者	課　題
A02 - 03	福井 康雄	超伝導受信器を用いたオゾン等の大気微量分子の高度分布測定装置の開発
A02 - 11	才野 敏郎	衛星利用のための実時間海洋基礎生産計測システム
A05 - 06	中村 健治	湿潤・乾燥大気境界層の降水システムに与える影響の解明と降水予測精度の向上
A05 - 07	太田 岳史	北方林地帯における水循環特性と植物生態生理のパラメータ化
A07 - 05	河本 邦仁	ナノブロックインテグレーションによる層状酸化物熱電材料の創製
B01 - 12	藤澤 肇	神経結合の形成，維持，再編成を制御する分子機構の解明
C01 - 08	松本 邦弘	発生・分化を規定する新規シグナル伝達ネットワーク
C02 - 08	馬場 嘉信	ナノチップテクノロジーの創製とゲノム解析への応用
C03 - 07	松本 邦弘	発生における器官・形態形成と細胞分化の分子機構
C04 - 03	近藤 孝男	光合成生物の生物時計：その分子機構と環境適応
C06 - 03	遠藤 斗志也	タンパク質トランスロケータの作動原理の解明
C08 - 05*	森 郁恵	行動を規定する神経回路システム動態の研究
C08 - 07*	近藤 孝男	シアノバクテリアの概日システム
D06 - 03*	貝淵 弘三	神経発達関連因子を標的とした統合失調症の分子病態解明
E01 - 07	山本 尚	次世代精密分子制御法の開発
E02 - 12	佐藤 正俊	低次元異常金属の開発
E05 - 03	篠原 久典	新世代カーボンナノチューブの創製，評価と応用
E08 - 03*	高井 治	ソリューションプラズマ反応場の自律制御化とナノ合成・加工への応用
E08 - 11*	堀 勝	プラズマナノ科学創成によるプロセスナビゲーション構築とソフト材料加工
F02 - 09	中村 新男	ナノサイズ構造制御金属・半金属材料の超高速光機能
G03 - 02*	生田 幸士	光駆動ナノマシンを用いた新原理バイオ計測ツールの研究
G04 - 06*	天能 精一郎	生体系の高精度計算に適した階層的量子化学計算システムの構築
G04 - 09*	長岡 正隆	凝集反応系マルチスケールシミュレーションの研究開発—大規模原子情報の疎視化・再構成技法・疎視的理論の開発—
H04 - 08	藤巻 朗	単一磁束量子テラヘルツエレクトロニクスの創製
H07 - 03*	佐藤 健一	超低消費電力光ルーティングネットワーク構成技術
H07 - 04*	高田 広章	ソフトウェアとハードウェアの協調による組込みシステムの消費エネルギー最適化
H07 - 07*	高木 直史	単一磁束量子回路による再構成可能な低電力高性能プロセッサ

注）『CREST–12 周年記念誌』（2008 年）より作成。本表には 2004 年以降の採択分（＊印）を含む。

教授）であった。

教育と研究の融合

二一世紀ＣＯＥ（センター・オブ・エクセレンス）プログラム事業が二〇〇二（平成十四）年に募集開始となった。当時の文部科学省職員によれば、「教育研究」プロジェクトとして教育を前面に打ち出すことも模索されたものの、各方面との折衝の結果、最終的には「研究教育」に落ち着いたのだという。いずれにせよ、教育と研究が融合した形での大型競争的資金が成立した。

名大は二〇〇二年度から〇四年度までの三回の申請で、一四件が採択された（表9−2）。当時は複合専攻六を含めて五〇余り（〇三年度で五二）の専攻が設置されていたのであるから、実質的に約三割が採択されたことになる。ちなみに全国では二七四件が採択され、東京大学二八件を筆頭に、京都大学二三件、大阪大学一五件に続く採択件数第四位であった。このことは名大の広報誌『名大トピックス』などでも宣伝されており、より多く採択されることが研究大学としての質の評価であるとの意識が、この時代に醸成されつつあったとみられる。

二一世紀ＣＯＥによって、専攻内の垣根が低くなり隣の研究室を知るようになったのはもちろんのこと、申請段階で他専攻の状況を知ることにより、自専攻の教育研究のあり方を再考する場面もあったという。このような効果は特に、それまでどちらかといえば個人経営的であった専攻において大きかった。また、この事業を契機として、多元数理科学研究科や文学研究科には教育研究支援室が設置された。部局ごとに違いはある

表 9–2　名大における COE 採択一覧

【21 世紀 COE プログラム】

採択年度	拠点リーダー（所属）	拠点のプログラム名称
2002	町田泰則（理学研究科）	システム生命科学：分子シグナル系の統合
2002	水野猛（生命農学研究科）	新世紀の食を担う植物バイオサイエンス
2002	関一彦（物質科学国際研究センター）	物質科学の拠点形成：分子機能の解明と創造
2002	浅井滋生（工学研究科）	自然に学ぶ材料プロセッシングの創成
2002	菅井秀郎（工学研究科）	先端プラズマ科学が拓くナノ情報デバイス
2002	末永康仁（情報科学研究科）	社会情報基盤のための音声映像の知的統合
2002	佐藤彰一（文学研究科）	統合テクスト科学の構築
2003	祖父江元（医学系研究科）	神経疾患・腫瘍の統合分子医学の拠点形成
2003	福井康雄（理学研究科）	宇宙と物質の起源：宇宙史の物理学的解読
2003	宇澤達（多元数理科学研究科）	等式が生む数学の新概念
2003	安成哲三（地球水循環研究センター）	太陽・地球・生命圏相互作用系の変動学
2003	三矢保永（工学研究科）	情報社会を担うマイクロナノメカトロニクス
2003	山本一良（工学研究科）	同位体が拓く未来―同位体科学の基盤から応用まで―
2004	金田行雄（工学研究科）	計算科学フロンティア

【グローバル COE プログラム】

採択年度	拠点リーダー（所属）	拠点のプログラム名称
2007	近藤孝男（理学研究科）	システム生命科学の展開：生命機能の設計
2007	渡辺芳人(物質科学国際研究センター)	分子性機能物質科学の国際教育研究拠点形成
2007	佐藤彰一（文学研究科）	テクスト布置の解釈学的研究と教育
2008	祖父江元（医学系研究科）	機能分子医学への神経疾患・腫瘍の融合拠点
2008	杉山直（理学研究科）	宇宙基礎原理の探求―素粒子から太陽系，宇宙に到る包括的理解―
2008	福田敏男（工学研究科）	マイクロ・ナノメカトロニクス教育研究拠点
2009	安成哲三（地球水循環研究センター）	地球学から基礎・臨床環境学への展開

注）21 世紀 COE，グローバル COE ともに職名はいずれも教授。

が、おおむね、学生の相談、広報、イベントの企画運営、学生の出張の事務管理などを一括して請け負ったのである。

苦い経験もあった。多元数理科学研究科が申請した「等式が生む数学の新概念」（二〇〇三年採択）の実施途上に、申請書の虚偽記載が発覚したのである。プログラム中止時の評価には、「大学として厳しく受けとめるべき」「中止となったことは誠に遺憾」と記された。さらに、拠点活動と中止の経緯を「報告書にまとめるべき」で、成果や連携も生まれつつあったことから、「大学としての改善の努力を続けることが望まれる」とされた。配分されていた予算は返上され、調査報告書がまとめられた（図9–3）。そして、研究科の自助努力によって、予定されていた教育研究の改革を進めることになったのであ

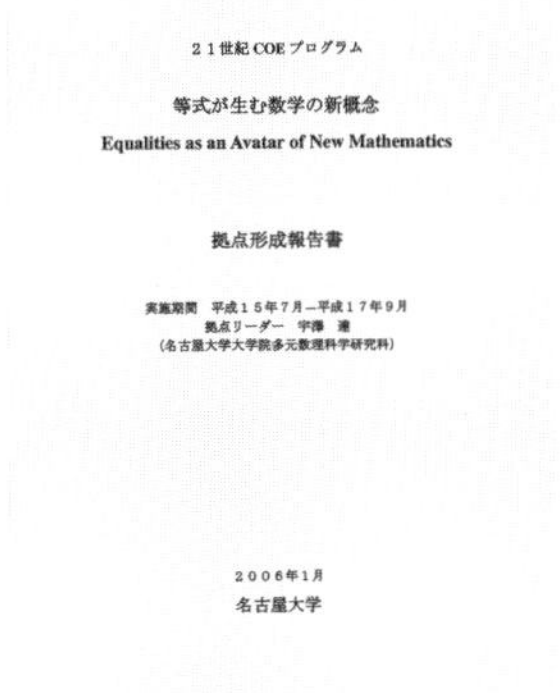
21世紀COEプログラム

等式が生む数学の新概念

Equalities as an Avatar of New Mathematics

拠点形成報告書

実施期間　平成15年7月—平成17年9月
拠点リーダー　宇澤　達
(名古屋大学大学院多元数理科学研究科)

2006年1月
名古屋大学

図9-3　『21世紀COEプログラム　等式が生む数学の新概念　拠点形成報告書』（2006年1月）

る。プロジェクト型の研究指導や、教員とティーチングアシスタント（TA）に自由に質問したり議論したりできるカフェ・ダヴィッド、学生プロジェクトなどが次々と整備された。その結果、革新的な教育が研究科構成員の努力と大学の支援によって実現され、他の研究科に先駆けることになったのであった。

二一世紀COEプログラム事業期間終了後には、グローバルCOE事業、さらにはリーディング大学院事業（第12章2節、第14章2節参照）へと発展したものもあった。

間接経費の導入

大型競争的研究資金の登場は、大学におけるその管理事務の増大を意味した。また、科研費には個人経理と機関経理が共存していて、多くは大学の管轄外の個人経理であったが、機関経理に一元化された。こうして、研究の管理運営に大学が多大な労力を必要とするようになった。このような背景を踏まえて導入されたのが、間接経費である。アメリカに倣って導入されたこの制度は、たとえば科研費であれば、研究に直接使用される経費の三割にあたる額の間接経費が上乗せされて、研究者の所属機関に配分される仕組みである。この制度は、二〇〇一（平成十三）年から順次導入された。

こうした状況をうけて、名大は、事務局のなかに研究協力課を一九九四年に設置し、さらに研究協力課を中心とする事務系の一部門として、科研費事務を一括処理する研究協力支援センターを二〇〇一年に発足させた（図9-4）。このセンターで、各教員からオンライン提出された科研費申請書について、形式面を中心とした事務的チェックを実施するようになった。

図 9-4　研究協力支援センターの看板上掲式（2001 年 10 月）

センターの人員は間接経費を財源に大量に雇用され、通常は各部局に配置されているが科研費申請直前の短期間に招集されて、二〇〇〇件近い申請書を一斉にチェックするという体制が取られた。

なお、不採択となった申請書について学内教員から事後コメントをもらえる制度、さらには申請書への事前コメントの制度が、それぞれ法人化後に開始された。申請者と近しい分野で研究していて、科研費の採択実績や審査経験のある教員とのマッチングを行い、両者のやりとりをつなぐことも、研究協力支援センターの役割の一つであった。資金配分機関と各研究者との間で書類を取り次ぐだけではなく、研究分野や内容を把握する必要が生まれてきたのである。

2　先端研究の基盤環境

国際的な研究交流

一九六四（昭和三十九）年に海外渡航が自由化されたとはいえ、国立大学である名古屋大学の教職員は公務員であり、海外渡航には諸々の障壁があった。総じて、研究には不向きな状況であったといえよう。これが好転したのが、一九九〇年代から二〇〇〇年代初めのことである。

まず手続き上の障壁が減じられた。海外渡航事務の簡素化を図るため、一九九二（平成四）年に、その取り扱いが改正されたのである。私事渡航を除く海外渡航については

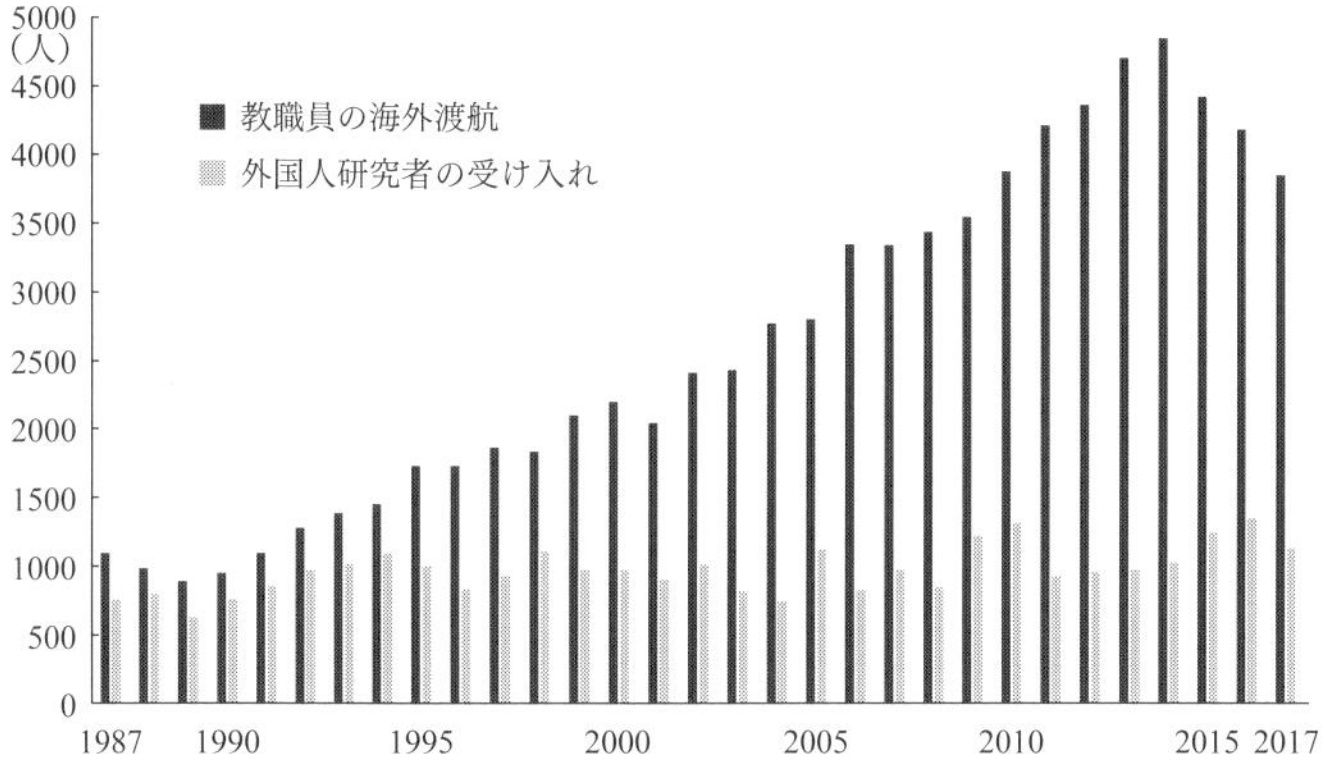

図 9–5　教職員の海外渡航と外国人研究者の受け入れ（1987–2017 年）

文部大臣または機関の長の承認を必要としないことになり、渡航に関する文部省への報告も廃止され、さらに書類提出の際の書式も簡素化されるなどした。

続いては、渡航費用の障壁である。当時の国立大学には、在外研修といって、教員が海外で一年間にわたり研鑽を積むことができる制度があった。教員は国家公務員であるゆえ、費用は国が負担し、生涯に一度きりの研究休暇に相当する形で運用されていたものである。これ自体は大変に恵まれた制度であった一方で、海外の研究者との短期の交流や共同研究、国際会議での研究発表などに利用できる資金は乏しかった。科研費でいえば、「海外学術研究」という種目が一九六三年に設置され（八九年に「国際学術研究」に改組）、これが唯一の海外渡航・滞在の費用源であった。ほかにはわずかに、委任経理金の利用や、政府からの派遣、外国からの招聘などがあった。九九年、科研費の基盤研究種目群を海外渡航に使えるようになり、海外渡航の障壁は一気に低くなった。同時に海外でのフィールド調査に使用できる「海外学術調査」種目も新設され、種目間での役割分担も明確にされた。

名大における教職員の海外渡航も、このような制度の変化をうけて変容している（図9–5）。一九九〇年代前半における渡航費用（私事渡航を除く）としては、そのほぼ三割が私費であったが、二〇〇〇年代には一割強にまで減じ、科研費が三分の一強を占めるようになっている。また、在外研修などの研修旅行と外国出張が半々だったところが、二〇〇〇年頃には外国出張が四分の三を占めるまでに増加したのである。ちなみに在外研修の制度は、〇四年の国立大学法人化とともに消滅している。一方で、海外研究者の受け入れについては、海外渡航ほどには人数の大きな変化はみられない。受け入れ

表 9-3　部局技術部一覧

部局名	発足・改組年月日	名　称
理学部	1992 年 4 月 1 日 1997 年 4 月 1 日	理学部技術部 理学部・理学研究科・多元数理研究科技術部（上を改組）
医学部	1991 年 4 月 1 日	医学部技術部
工学部	1991 年 4 月 1 日 1997 年 4 月 1 日	工学部技術部 工学部・工学研究科技術部（上を改組）
農学部	1991 年 4 月 1 日 1999 年 4 月 1 日	農学部技術部 農学部・生命農学研究科技術部（上を改組）
情報文化学部	1994 年 4 月 1 日 1997 年 4 月 1 日 2003 年 4 月 1 日	情報文化学部技術部 情報文化学部・人間情報学研究科技術部（上を改組） 情報文化学部・情報科学研究科技術部（上を改組）
環境医学研究所	1992 年 4 月 1 日	環境医学研究所技術部
太陽地球環境研究所	1991 年 4 月 1 日	太陽地球環境研究所技術部

目的として、共同研究やセミナー・研究集会等への参加の割合が微増しているといった、わずかな変化である。

西洋の大学を模倣して近代化を図ったのち、これを日本独自のものへと変容させてきた過程は、ときに脱国際化とも呼ばれる。一九九〇年代以降は、この脱国際化を脱して、いよいよ対等な国際化へと歩み始めた時期とされる。名大における研究上の国際交流も、この流れに沿ったものであったといえよう。

部局技術部設置から全学技術センターへ

一九九〇年代に入ると、理工系部局がそれぞれ技術部を設置し、各講座（研究室）に配置されていた技官をこの技術部に集約するようになった（表9-3）。これは、技官の高齢化によって技術継承が困難になったことや、研究に用いられる機器の高度化・高額化、ITに代表されるような新規技術の興隆などに対応するための措置である。各研究室教官の理解を得ながら、部局技術部への配置換えが進められた。また、相互の研鑽のための研修会や技術報告論集の発刊なども始まった。

しかし一九九〇年代後半になると、各技術部ではさらなる人員削減の波と高齢化による技術継承の危機にさらされるようになる。外部評価を受けたり、将来計画を部局へ提出したり、概算要求をしたり、といった努力が各技術部で積み重ねられたが、国立大学法人化が既定路線となると、徐々に全学の技術部を統合する方向へとまとまっていった。最終的には、法人化した二〇〇四（平成十六）年四月に、すべての技術部を統合改組して、全学技術センターが発足することとなった。

研究センターの役割変容

さかのぼって一九六六（昭和四十一）年、国立学校設置法施行規則の改正によって、省令改正のみで設置できる研究施設は、部局附置に限ることなく、全学組織としても設置できることになった。設置と運用に柔軟性があったことから、一九七〇年代から全国的に、センターの設置が増加した。

名大においても、この柔軟な制度が利用され、多くのセンターが設置された（巻末資料2参照）。一九九〇年代には緩やかに増加していたところ、二〇〇〇年代に入って加速し、法人化直前の二〇〇三（平成十五）年には三一の学内共同教育研究施設が存在した。

ただし、この増加は、学問を基盤としたサービスを提供するセンターや「室」が多く設置されたことによる。たとえ研究センターの名称であっても、「研究のための研究」を行うわけではなく、役割が変容していたのである。二〇〇二、〇三年の設置施設を中心に、法人化後には運営支援組織になったところが多くみられる。この時代（一九九〇〜二〇〇三年）に前身を持たずに新設された施設が二五あるうちで、二一年現在も学内共同利用施設として残存するものは、名称変更したものを含めて七施設にとどまっている。

ちなみに、全国共同利用施設は附置研究所が担うことが多いなか、名大では古くから大型計算機センターが全国共同利用を実施していた。二〇〇一年に設置された地球水循環研究センターが、名大で二つ目の全国共同利用のセンターである。これらはのちに、運営支援組織や附置研究所に統合改組されている。

図 9-6　高等研究院研究プロジェクト公募ポスター（2005 年度）

研究専念組織の登場―高等研究院の発足―

名大は、その学術憲章に基づいて、世界最高水準の研究活動を推進し、卓越した研究成果をあげ、さらにそれを社会に還元するため、二〇〇二（平成十四）年に高等研究院を創設した。全国の大学に先駆けて、部局を超えた研究専念組織を設置したのである。前年末に創設された教養教育院と合わせて両輪を成す組織という意味合いもあった。

創設にあたって掲げられたミッションは、学内アカデミーとして、優れた研究を名大の構成員に紹介し、それを共有することで学術の振興を図ることや、特に優れた研究に対して実質的な支援を行い、名大の研究の飛躍的向上を目指すことであった。前者については、名大の誇る研究者を会員とする「高等研究院アカデミー」が組織され、高等研究院の学術活動について助言・提案を行い、名大の学術の振興に寄与するとともに、若手研究者・大学院学生に研究の真髄を伝える活動を行うという方式が取られた。

後者については、特に優れた学内外の研究者を高等研究院教員として選考し、その研究プロジェクトを推進する「高等研究院プロジェクト」が実施された（図9－6）。候補者の推薦はアカデミー会員及び運営推進委員のほか、学内からも随時受け付ける方式であった。高等研究院会議で候補者を調査、審議し、プロジェクト提案を依頼し、ヒアリング、アカデミーの承認を経て採択するという流れであった。高等総合研究館に研究スペースが用意され、協力する特任教員や研究費の提供も行われた。

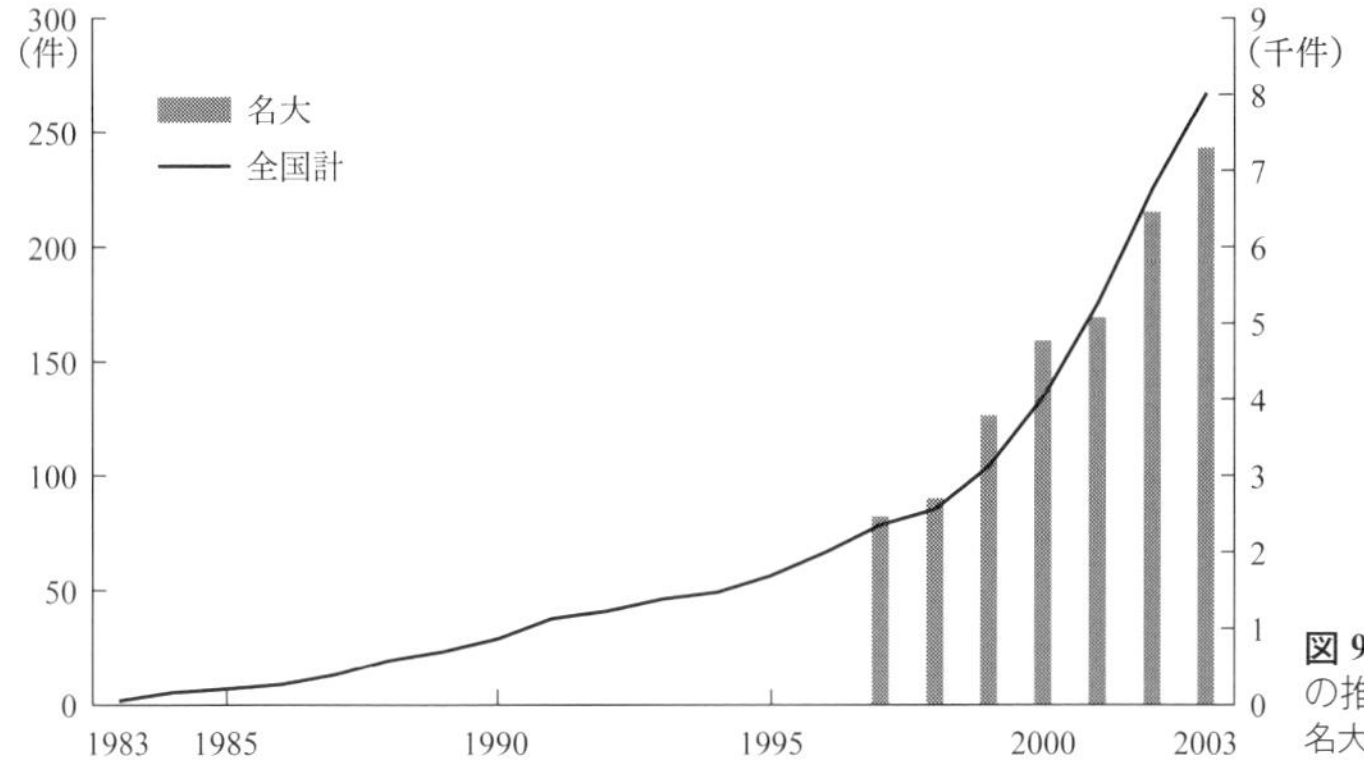

図 9–7　共同研究件数の推移（国立大学合計と名大の比較）

3　産学官連携の強化

産学共同研究の萌芽

今でこそ国立大学において広く行われている産学連携であるが、その昔は、大学の研究が一企業にのみ恩恵を与えるのはいかがなものか、といった否定的な論調が大勢を占めていた。そのようななかで、地元の中小企業の相談に乗ることや地方自治体に協力することなどの活動は、大学教員のボランティアの範疇であり、大学が関知しないのが常であった。

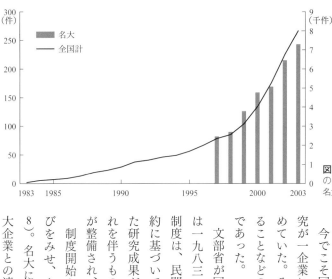

文部省が国立大学等における「民間等との共同研究」や受託研究の制度を開始したのは一九八三（昭和五十八）年のことであった。このうち「民間等との共同研究」という制度は、民間等から研究者や研究経費等を受け入れ、大学教員と民間等の研究者とが契約に基づいて、対等の立場で共通の課題について共同して研究を行うことにより、優れた研究成果が生まれることを促進しようとするものである。研究費及び研究者の受け入れを伴うもの、研究費のみを受け入れて大学教員が本務として研究を実施するものなどが整備され、国立大学は毎年、実績報告を文部省に提出することになった。

制度開始から法人化前年の二〇〇三（平成十五）年まで、その契約件数は一貫して伸びをみせ、名大においても、この制度によって産学連携が順調に増加した（図9–7・8）。名大における産学連携の特徴としては、地元企業や中小企業との連携と、東京の大企業との連携との二つのバランスが取れていることが挙げられる。同様の傾向は、在

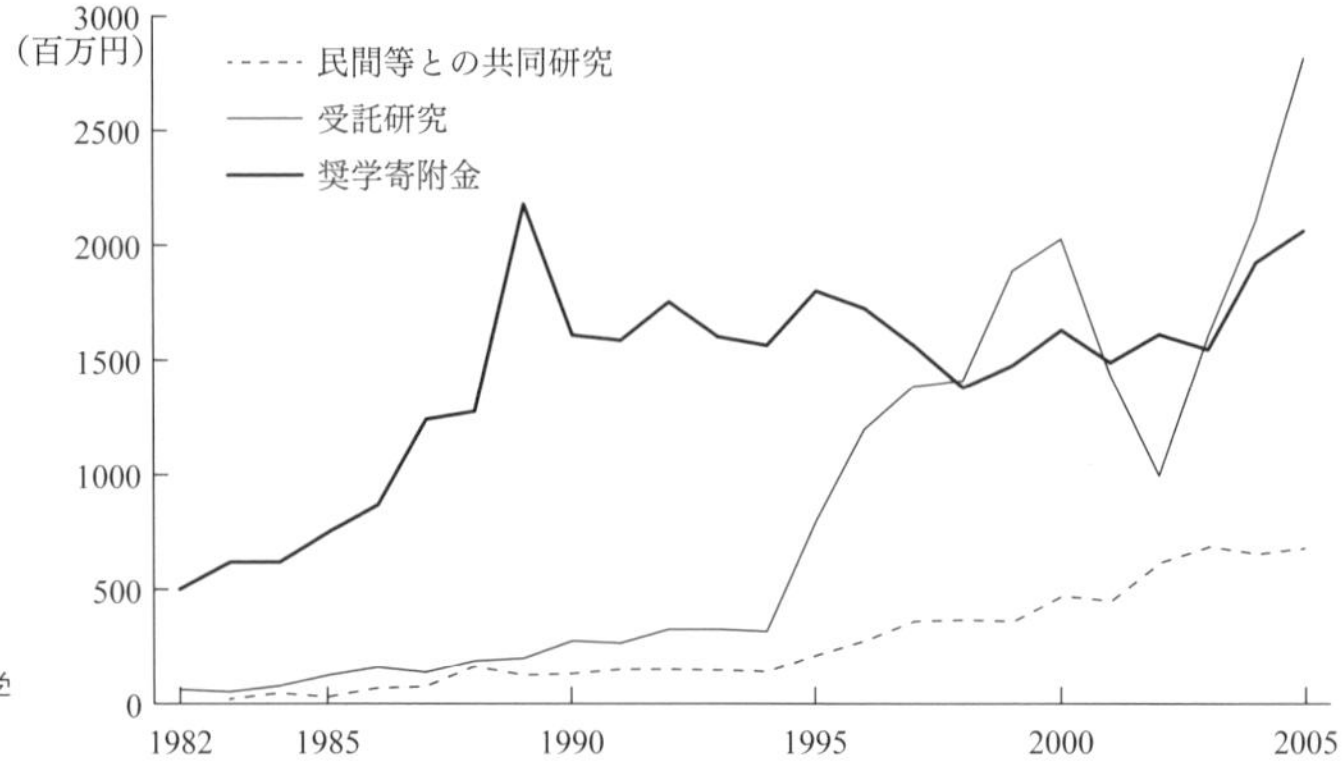

図 9-8　名大の産学連携収入の推移

東京でない旧帝国大学のなかでは大阪大学にも共通しており、両地域の産業が活発であることに加え、地元企業の支援によって建学に至ったことも背景にありそうである。ちなみに近隣の三重大学、名古屋工業大学、静岡大学、岐阜大学においても、当時から産学連携が盛んに行われていた。企業の取り合いにならずに住み分けができたことも、産業集積地ならではといえるだろう。

しかし、すべてが順調だったわけではない。一九九八年に、新薬開発をめぐって医学部教授による収賄事件が起きたのである。民間企業三社から社員を研究生として受け入れて新薬開発に従事させることを通じて成果情報を企業側に提供する見返りに、数億にのぼる現金を架空の会社を通じて受領していたという事案であった。裁判では有罪判決となる一方、判決文のなかには産学協同についての体制整備の不備を指摘する文面が含まれた。製薬という、大学の研究成果が事業に直結しやすく、かつ大きな利権が絡む分野での出来事への反響は大きく、利益相反関連の法整備を求める産業界の声も強まる結果となった。

産学連携を育てる施設

共同研究の受け皿となる施設として、名大が先端技術共同研究センターを設置したのは、一九八八（昭和六十三）年のことである。国立大学におけるこのような共同研究センター設置はその前年の三大学（神戸大学、熊本大学、富山大学）に始まるものであり、名大は翌年に設置された五大学の一つ、しかも旧帝大では初の設置であった。他大学は名称に地域共同研究センターを用いることが多かったが、名大は最先端研究に取り組ん

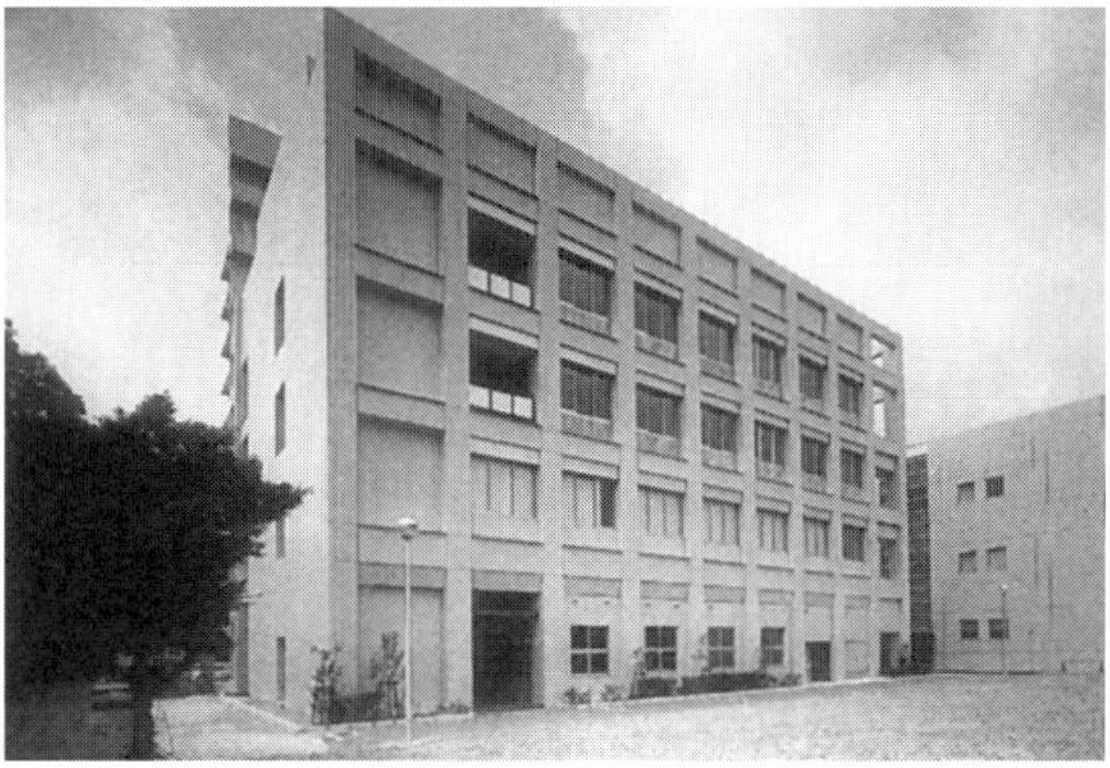

図 9-9　ベンチャー・ビジネス・ラボラトリー棟（1996 年竣工時）

でいるという自負を名称に込めたのであろう。あとに続くセンター設置では、大阪、九州、北海道という旧帝国大学だけが「先端」を名称に用いている。

この先端技術共同研究センターには、一九九一（平成三）年に四〇〇㎡を超える大型クリーンルームが完成して以降、半導体をはじめとする先端的な材料研究とデバイス開発を行うための施設や装置群が順次整備され、産官学との共同研究に供された。

一九九五年には、国の補正予算によって、全国の他の九大学とともに、名大にベンチャー・ビジネス・ラボラトリー（ＶＢＬ）が設置された（図９-９）。すぐにもベンチャー企業を立ち上げようとしているかのような名称だが、将来的にベンチャービジネスに発展するような独創的な研究を行い、そのなかでこれからのベンチャービジネスを担う行動力と能力を持った大学院学生を育成することが目的の施設である。

ＶＢＬの運営は、工学研究科、理学研究科をはじめとする複数部局の教員によって組織された委員会が担う。教育ミッションとして、「高度の専門的職業能力を持ち、起業家精神にあふれる研究者の育成」を掲げ、研究室教育のほかにも、正課として、ベンチャービジネス特論Ⅰ・Ⅱ、最先端理工学実験、最先端理工学特論を開講し、また、課外では、著名な研究者を招聘しての「ＶＢＬセミナー」を開催している。

大学からの技術移転

産学連携に関わる科学技術政策の本格化は、一九九五（平成七）年の科学技術基本法と翌年に始まった科学技術基本計画の制定からである。学校教育法においてはまだ社会貢献が大学のミッションとして取り入れられていなかった時代に、科学技術政策からの

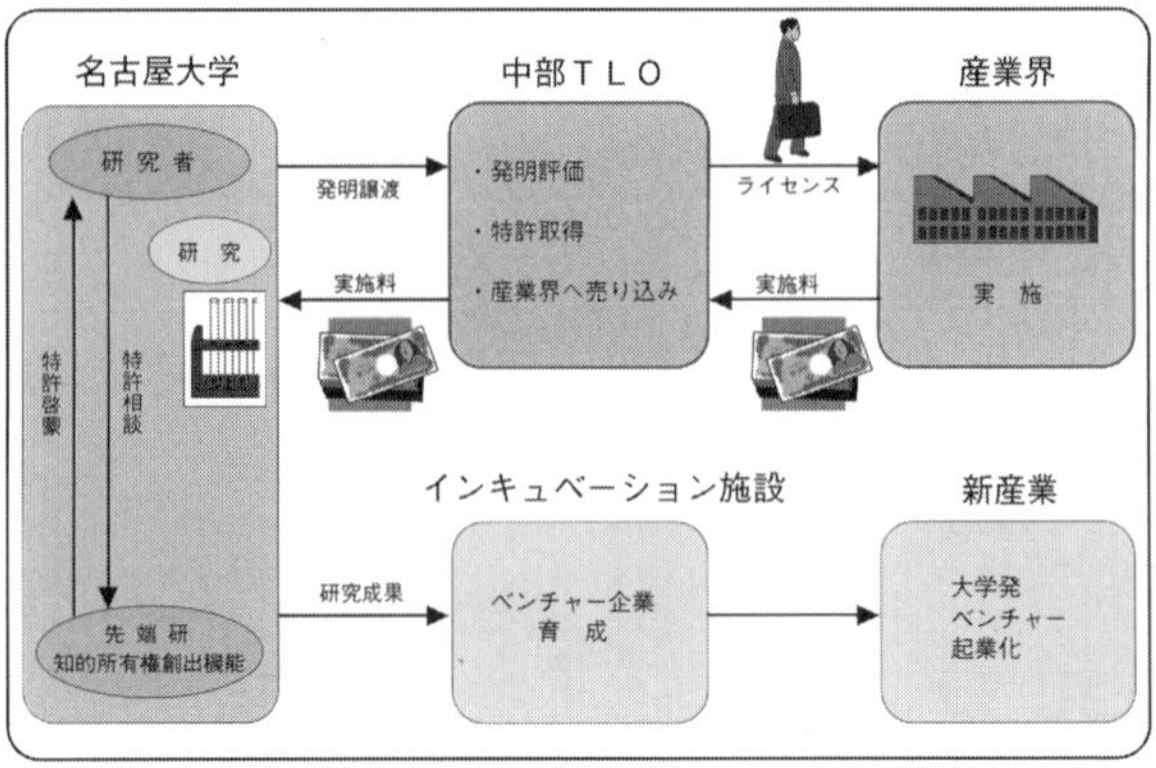

図 9–10　名大の知的財産創出に関するイメージ図（『名大トピックス』研究関連資料特集号，2002 年 10 月）

要請で、大学は社会、特に産業界への貢献を進めていくことになったのである（なお、その後、二〇〇六年の学校教育法改正において、大学は文部科学行政からも教育研究の成果を社会に還元することを求められるようになっている）。

たとえば一九九八年には「大学等技術移転促進法」（TLO法）が制定され、大学の有する技術や研究成果を民間企業に移転させるための組織、いわゆるTLO（Technology Licensing Organization）の設置が文部省によって促進された。

名大に関わるところでは、二〇〇〇年に、財団法人名古屋産業科学研究所の一部門として、中部TLOが設立された。この組織は、大学等技術移転促進法に基づいて、文部科学大臣と経済産業大臣により特定大学技術移転事業（TLO事業）の実施計画の承認を受けた広域型承認TLO、スーパーTLOとして、主に中部地区の大学の技術移転を取り扱っている。

この財団は財団法人名古屋航空研究所を前身とし、一九六〇年代から七〇年代には名大工学部内に所在した。さらに役員にも名大出身者が就くなど、名大との縁が深い。以前より試験研究組織として認知されており、一九八七（昭和六十二）年からは中部ハイテクセンター事業を実施してきた。つまり、この地域の産業界、大学、地方行政とのネットワークがある財団において、中部TLO事業が開始されたのである。学内TLOは出願すべき特許を選別する自由が利かない一方、学外TLOは収益を追わざるを得ない、という状況に陥りやすいとされるなかで、学外の財団の一部門で、しかも単独で収益を追う必要がないという好条件に恵まれたといえる。二〇〇二年には、知的財産基本法が成立し、大学が知的財産権を強く意識する時代に突入していった（図9–10）。

知財の戦略と展開

大学発ベンチャーの下地にもなり、また大学にロイヤリティ収入をもたらすのが、知的財産権（以下、知財）である。従来は大学研究者個人に帰属させていた知財であるが、大学法人化に伴い機関帰属とする議論が活発になり、大学には知財管理の部署を組織する必要が生じた。文部科学省（以下、文科省）は、大学等で生まれた研究成果の効果的な社会還元を図るために、大学等における知的財産の組織的な創出・管理・活用を図るモデルとなる体制を整備することを目的として、二〇〇三（平成十五）年度から〇七年度まで、大学知的財産本部整備事業を実施した。

名大は、二〇〇三年にこの事業に採択され、同年十月に産学官連携推進本部に知的財産部を設置し、知財獲得につながりそうな研究成果や技術（シーズ）の発掘と権利化及び活用、市場や研究に関する情報の収集と提供などの機能を有する知的財産活動の支援基盤組織とした。当時は、青色発光ダイオードにかかる、いわゆる赤﨑特許から、名大に多額の収入があった。これは全国立大学の年間ロイヤリティ収入の九割以上を占めるほどであったが、その期限切れを間近にした名大にとって、知的財産の創出と活用は喫緊かつ重大な案件であった。事業期間の終わりまでに、連携推進部、起業推進部、国際連携部を設置し、その中核的組織として産学官連携推進室を置き、推進体制の機能強化が図られた。これらの各部門には、立ち上げの即戦力として、企業等において実務経験のある学外人材が多く登用された。

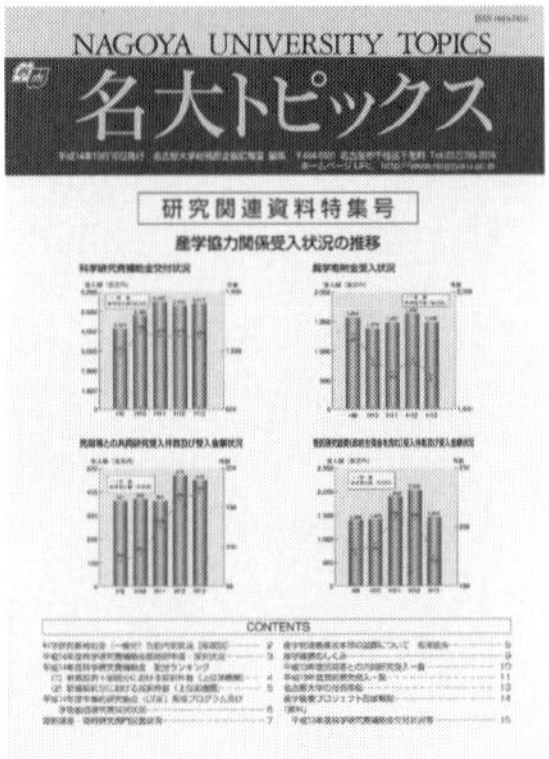

図 9–11　『名大トピックス』研究関連資料特集号（2002 年 10 月）

全学的支援へ

名大は二〇〇二（平成十四）年に、総長直轄の産学官連携推進本部を設置した。産学官連携への効率的かつ迅速な対応と明確な意思決定を可能にするための執行機関という位置づけである。松尾稔総長は「産学官連携を社会的責任の一つ」としており、産学官連携がますます重要性を増しているとの認識と、しかしながら研究者個々人の努力に頼っており、また外部ユーザーの視点に立った対応ができていないとの反省から、その設置に至ったと述べている。産学官連携推進本部の設置と同時に、産学官連携を含む社会連携のためのワンストップ窓口として名古屋大学総合案内も設けられ、情報の一元化・効率化が図られた。これらにより、名大における組織的な産学官連携の体制が初めて整備された。

同じく二〇〇二年に創設された全学同窓会も、名大が社会に開かれた大学になるように大学と連携協力することを謳う組織である（第11章2節参照）。〇四年一月には、産学官連携推進本部と全学同窓会の共同開催により、「世界に羽ばたけ！　わが母校―研究開発（R&D）と日本経済再生の経営課題―」と題する講演会が開催された。開かれた大学への取り組みにおいて、産学官連携は重要な位置を与えられたのである。

4　国際的研究への展開

国際的共同研究の進展

名大のなかで早い時期から国際的な共同研究スキームに部署をあげて参画してきたのが、太陽地球環境研究所（二〇一五〔平成二十七〕年に宇宙地球環境研究所に統合改組）である。この研究所は国際学術連合会議太陽地球系物理学・科学委員会の推進する太陽地球系エネルギー国際協同研究計画（STEP、一九九〇～九七年）において、九四年よりSTEPデータベースカタログの提供を始めた。各研究機関のデータベースをポータルサイトに集約するとともに、ネットワークを通して相互利用に供し、STEP期間中に取得されたデータを有効かつ効率よく解析できるようにする取り組みであった。

STEPで得られたデータに基づく理論解析国際協同研究S-RAMP（STEP-Results, Applications and Modeling Phase, 一九九八～二〇〇二年）においても、同研究所はS-RAMPデータベースを作成し、国内外の研究者に研究基盤を提供した。STEPにより地上と衛星での太陽―地球系空間の観測が進み、STEP終了後も新しい観測が行われ、蓄積データ量は増加の一途をたどったことから、これらのデータを有効利用するとともに、STEPを総括して次期の大規模国際協同観測事業に役立てようと計画されたのである。これらのデータベースは、さらに宇宙天気国際共同研究データベースへと引き継がれていった。

同研究所では、国際共同観測の取り組みも行われた。欧州六か国（イギリス、フラン

図 9–12　新 4m 電波望遠鏡（なんてん）

ス、ドイツ、ノルウェー、スウェーデン、フィンランド）の国際協同により運営されていた欧州非干渉散乱レーダー（EISCAT）の運営に一九九六年から日本も参画することとなり、同研究所もその一翼を担うことになったのである。これにより、北欧の数拠点にレーダーやアンテナを配置し、電離圏や下部磁気圏について広域の観測ができるEISCATの観測データを、自由に分析に用いることが可能になった。

キャンパスで行ってきた観測を海外に移した事例もある。将来、南半球へ移設することを見込んで一九八九年に製作が開始された、理学部天体物理学研究室の新四m電波望遠鏡である（図9–12）。八三（昭和五十八）年に完成した旧四m電波望遠鏡は、四mという小口径望遠鏡の特性を活かし、星間分子雲中での星の誕生の研究において成果をあげていた。九〇年に完成した新四m電波望遠鏡は、主鏡に熱変形の少ない素材を使用し、また気流中でも指向精度が保たれるような機構を採用するなど、旧電波望遠鏡の弱点を克服したものであった。九五年までキャンパスでの観測に使われたのち、同年十二月に、望遠鏡は南米チリに向けて神戸から出港した。

約一か月をかけて太平洋を渡った望遠鏡は、一九九六年一月にチリのバルバライソ港に上陸し、アンデス山脈の中腹、標高二三〇〇mの高地にあるラスカンパナス天文台にて再び稼働した。ここは一年中乾燥した気候で、電波の観測には非常に適した場所である。天文台には、常時、教員一名と大学院学生二名程度が滞在し、二、三か月で交代しながら観測とメンテナンスに携わり、ここから数多くの研究成果が生み出された。なお、この望遠鏡の名称である「なんてん」は、市民からの公募によって名付けられたもので、観測地の南天半球と、福を呼ぶとされる南天の実から着想を得たものだった。

八年の観測を経て「なんてん」はその役目を終え、並行して準備が進められた後継の電波望遠鏡は、困難とされてきたサブミリ波帯での新しい宇宙像の開拓に、先陣をきって挑むことになった。「ＮＡＮＴＥＮ２」と呼ばれるその望遠鏡製作では、チリ北部、標高四八〇〇ｍのアタカマ高地での観測を目指して、サブミリ波を受信できる超高精度鏡面、全天をスピーディに走査するための複眼受信機、繊細な機器を守るドーム機構などが搭載された。実際にアタカマに移設されたのは二〇〇四年で、〇五年の初観測以降、順調に成果をあげている。

「なんてん」がチリを目指していた頃と時を同じくして、立体画像による日米遠隔医療実証実験の準備も進められていた。一九九五年、Ｇ７の情報社会に関する関係閣僚会合において推進が合意されたプロジェクトのうち、日本が幹事国を引き受けたＧＩＢＮプロジェクトの一環である。将来の遠隔医療で必要となるであろう、三次元画像と音声の実時間双方向通信の実験のために白羽の矢が立ったのは、名大医学部放射線医学教室と附属病院医療情報部が愛知医科大学や名古屋工業大学と組んだチームであった。このチームは、同年の日本医学会総会において、三次元画像を用いた在宅医療用双方向通信の実験を展示するところまで研究が進んでいた。米国側の実験場は情報ハイウェイが最も整備されていたノースカロライナ州に決まった。実験に参画することとなったノースカロライナ大学チャペルヒル校は名大の学術交流協定先でもあった。ほかに、デューク大学、ウェイク・フォレスト大学もこの実証実験に参画した。先方との打合せや、国内での試行実験と問題解決とを重ね、いよいよ九七年に日米をつないでの実証実験が行われたのであった。

図 9–13　ICCAE 創設記念式で挨拶する竹谷裕之初代センター長（1999 年 12 月）

国際協力への取り組み

一九九〇年代から、開発途上国における国際協力には、問題解決とそのための人材育成という観点が加わるようになった。このような時代の要請に応じて、文部省は、国際教育協力のあり方についての懇談会を設置し、一九九六（平成八）年六月の報告の中で、大学をはじめとする教育機関の重要な任務として教育協力を位置づけ、効果的な国際教育協力の推進に向けて新たな政策を表明した。

この政策の一環として、分野別の国際教育協力センターを国立大学に新設することとなり、名大には一九九九年に、全国で二つ目のセンターとして農学国際教育協力研究センター（ＩＣＣＡＥ）が設置された（図9－13）。農学領域の開発問題を実践的に解決する人づくりへの協力をリードする拠点となることを目的に、国内外とのネットワーク化による基礎研究及び海外フィールド研究、国内外の人材養成を通じて、現場の問題解決を出口に見据えた研究教育に取り組むこととなったのである。

ＩＣＣＡＥでは、二〇〇九年に農学知的支援ネットワーク（ＪＩＳＮＡＳ）を発足させた。高等教育機関による国際教育協力においては、教員個人の努力と情熱に依存するのではなく、大学、国際研究機関、国際協力機関などが連携し、高度な知と経験を活かせる組織が必要との考えから、関係諸機関の協力を仰ぎ、発足に漕ぎ着けたのである。発足以来、ＩＣＣＡＥは、参画する約三〇機関をまとめるＪＩＳＮＡＳ事務局を務めている。

二〇一八年、ＩＣＣＡＥは農学国際教育研究センター（ＩＣＲＥＡ）に改組され、研究展開部門と実践地域開発部門の二部門体制になるとともに、国内外とのネットワーク

図 9-14　竣工したばかりのアジア法政情報交流センター（CALE）棟（2001年，左手前の建物）

形成と事業運営を担う国際連携室が新たに設けられた。国際農業開発分野における国際共同研究の推進とそれに基づく農学国際教育の機能を先鋭化させ、国内外の機関との連携深化によるグローバルな農業開発への貢献を高めようとしているところである。

研究科独自の取り組みから発展してきた国際協力もある。現在の法政国際教育協力研究センター（ＣＡＬＥ）である。始まりは、法学部設立四〇周年を記念して、各界から寄せられた基金をもとに一九九一年に開始された「アジア・太平洋地域法政研究教育事業」であった。名大は国内の大学のなかでいち早くアジア諸国の法と政治についての教育研究に取り組み、大学院重点化後の九八年には、法学研究科としてベトナム、ラオス、カンボジア、モンゴルを対象とする法整備事業に着手、翌九九年には、アジア諸国の法律家養成のための英語による教育コースを開設した。二〇〇〇年には、法学部創立五〇周年記念の基金により、アジア法政情報交流センターを研究科内に設置した。これがＣＡＬＥの直接の前身組織であり、アジアの法と政治に関する研究と法整備支援事業を行うナショナルセンターとして歩み始めた。

二〇〇二年には、文科省令に基づく学内共同教育研究施設として法学研究科から独立し、法政国際教育協力研究センターに改組された。政府機関や大学、企業との協力関係を築きながら活動を進め、〇四年の国立大学法人化以降の発展へとつながっていった（第14章2節）。

国際的評価の舞台へ

名大教官の研究成果が、学術界の外にもわかりやすい形で国際的評価を獲得し始めた

図 9-15　森重文

のも、この時期である。たとえば、国際的に名だたる賞を授与されるなどである。もちろん、科学技術分野を中心として賞が増えたことも背景となっているが、海外での研究発表や国際共同研究が進展してきたことの成果でもあるだろう。

皮切りは、一九九〇（平成二）年、森重文（元理学部教授）が、フィールズ賞を日本人で三人目に受賞したことであった。当時の数学界において、国際的に有名な賞としてはフィールズ賞しかなく、それゆえに数学のノーベル賞と称される賞である。しかも、四十歳以下の若手数学者を対象とするうえに、四年おきの表彰と決まっており、ノーベル賞よりも難関とも言われている。

森の受賞理由は「三次元代数多様体における極小モデルの存在証明」である。一九五一（昭和二十六）年生まれの森が、京都大学の助手を経て、八〇年に名大に講師として着任し、教授まで昇進したのちに京都大学へ転出した直後のことであった。三十九歳になっていた森にとって、ラストチャンスでの受賞であった。昨今のように受賞者の日常がテレビ等で追いかけられることはなかったものの、新聞で大きく扱われたり、『科学朝日』、『数学』、『数学セミナー』といった科学雑誌に特集が組まれたりしたことからも、社会の関心の高さがうかがえる。また、森は九〇年に文化功労者に選ばれており、二〇二一（令和三）年には文化勲章を受章した。

二〇〇〇年、第一回ロレアル・ヘレナ・ルビンスタイン賞（現ロレアル－ユネスコ女性科学賞）を岡崎恒子名誉教授（現特別教授）が受賞した。一九三三年に愛知県名古屋市に生まれた岡崎（旧姓原）は、名大の理学部生物学科卒業後、同大学院在籍中に岡崎令治と結婚し、共同研究者となった。二人は、短いＤＮＡ鎖が不連続につながってＤＮＡ

図 9–16　名古屋メダル

が複製されていくという新しいモデルを提唱し、国際的に注目された。しかし、その複製の開始機構を明らかにしてモデルを実証しようとするなかで、令治は早逝した。岡崎（恒子）は令治の研究室を引き継いで学生とともにこの研究を続け、七九年に複製のきっかけとなるＲＮＡの構造を解明して発表した。この成果により、岡崎は中日文化賞（八六年）を受賞したほか、のちに紫綬褒章（二〇〇〇年）、文化功労者（一五年）、文化勲章（二一年）にも選ばれた。なお、ＤＮＡ複製の決め手となるＤＮＡ短鎖は、その後「岡崎フラグメント」と呼ばれるようになった。また、一六年には、名大が岡崎令治・恒子賞と名付けた国際賞を創設し、トランスフォーマティブ生命分子研究所（ＩＴｂＭ）がその運営にあたることとなった。

この時代には、国際的な賞の受賞以外にも、国際的な科学団体のフェローや、海外の著名なアカデミーの会員などに選出されたり、国際的な学術誌の編集長を務めたりする名大教員が出現した。たとえば、オーロラ研究で知られる上出洋介名誉教授である。地球周辺の宇宙環境への太陽活動の影響を研究する宇宙天気研究の基礎を築いた人物で、一九九二年から太陽地球環境研究所教授（九九年から二〇〇五年まで同所長）を務めた。二〇〇三年に日本人としては三二年ぶりにイギリス王立天文学士院のプライス・メダルを受賞したのち、アメリカ地球物理学連合フェロー、イギリス王立天文学士院フェロー、国際航空宇宙アカデミー会員などを歴任し、国際的学術誌の編集長も務めた。

名大は、賞を与える側にもなった。一九九五年に創設された名古屋メダルである。野依良治（理学研究科教授）と山本尚（工学研究科教授）の発案により、ＭＳＤ生命科学財団（旧万有生命科学振興国際交流財団）の支援を受けて創設された。日本が国際競争力を

図 9–17　野依良治

維持し、さらに発展するための鍵となる研究領域は「有機合成化学」であるとの強い考えのもとに、将来を担う若人にその可能性と面白さ、奥深さを再認識させたいとの意向があった。ゴールドメダルは、国際的に偉大な業績をあげている合成化学者へ、シルバーメダルは、合成化学分野において優れた業績をあげ今後の発展が期待される国内の若手有望株（rising star）へ、それぞれ贈られている（図9–16）。これまでのゴールドメダル受賞者二四名のうち三名がのちにノーベル賞を受賞している。また二四名のうち日本人の受賞者二名は、理学部出身で農学部助教授を務めた岸義人、理学部出身で理学部助教授を務めた中西香爾の両名（第5章4節参照）であり、いずれも名大関係者であった。受賞者による講演会として名古屋メダルセミナーが開催されており、これは一般にも公開されている。

二〇〇一年ノーベル化学賞に輝く

数ある国際的な栄誉のなかで、ひときわ輝きを放ったのが、二〇〇一（平成十三）年に野依良治（理学研究科教授・物質科学国際研究センター長）がもたらしたノーベル化学賞である（図9–18）。ノーベル賞誕生一〇〇年の節目での、日本人一〇番目の同賞受賞は、名大関係者として初の栄冠であった（口絵5）。

一九三八（昭和十三）年に兵庫県で生まれた野依は、少年時代に日本人初のノーベル賞受賞となった湯川秀樹の報道にふれ、科学者に憧れた。その後、ナイロンが石炭と水と空気からできることを知って化学の力に感動し、研究者の道を志したという。京都大学及び同大学院を経て京大助手に着任し、六八年に名大助教授に異動して、四年後には

図 9–18　『名大トピックス』第 103 号
（野依教授ノーベル賞授賞式特集号）

教授となっている（第5章4節参照）。助教授時代の六九年にはハーバード大学に留学し、のちにノーベル化学賞を受賞するE・J・コーリーのもとで研究に従事した。九七年から九九年には名大理学研究科長、二〇〇〇年からは物質科学国際研究センター長の職にあり、大学運営にも関わる立場になってからのノーベル賞受賞であった。

受賞理由は「不斉水素化反応に関する研究」である。野依が世界で初めて「分子触媒による不斉合成反応」の原理を発見したのは、一九六六年、京大助手当時のことであった。これは、天然有機化合物におけるキラリティー、すなわち右手左手の関係（鏡像関係）にある分子を区別し、選別的に合成する方法のことで、医薬品などの生理活性物質の創成にも大きな意義があると期待された。そして、八〇年には実用的な触媒の開発に成功した。こうした一連の業績があって、八二年中日文化賞、九三年朝日賞、九五年日本学士院賞などの国内の賞に加え、海外でも、イギリス王立協会センテナリーメダル（八九年）、カークウッド賞（九一年）、ウォルフ賞（二〇〇一年）、ロジャー・アダムス賞（同）など、野依の受賞歴は華々しかった。さらに、九八年には文化功労者に選ばれ、二〇〇〇年には文化勲章を受章した。いずれノーベル賞もと予想され、期待されるなかでの、待望の栄冠獲得だったのである。

受賞後は「研究は瑞々しく単純明快に」「学問は、自己の精神の高まりのためにやる」など、学問論に連なる発言も多い。なかでも、ノーベル賞を「狙っていた」と公言したのは過去の日本人受賞者の中で唯一であろう。この頃からノーベル賞が実用重視になったとみる識者が現れるなど、これまでの研究のあり方との違いがクローズアップされた受賞であった。

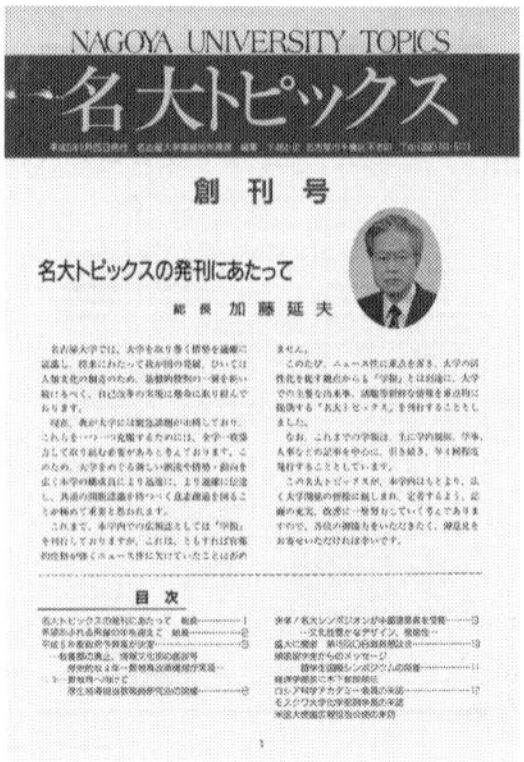
NAGOYA UNIVERSITY TOPICS
名大トピックス
創刊号
名大トピックスの発刊にあたって
総長　加藤延夫
目次

図 9–19　『名大トピックス』創刊号

5　研究成果の発信

名大トピックス発刊

名大が『名大トピックス』を発刊したのは一九九三（平成五）年二月のことである。それまでの全学刊行物としては『名古屋大学学報』が毎月発行されていたが、あくまでも官報的な性格のものであった。内容は規程改正や人事異動等の報告であり、文字のみで構成されて、モノクロ印刷されていたのである。

新たに刊行が始まった『名大トピックス』は、カラー写真を多用した誌面構成で、それまでの学報とは印象の大きく異なるものであった（図9–19）。ニュース性に重点が置かれ、大学をめぐる新しい情勢や動向を迅速かつ的確に伝達することで、学内構成員に共通の問題認識を持ってもらい、意思疎通に役立てることを狙ったものだった。この背景には、教養部の解体や大学院重点化など、大学をあげて取り組むべき課題がこの時期に重大事項となっていたことがある。特集号として、科研費の交付状況が毎年報告されており（二〇〇一年からは研究関連資料特集号）、その初回には「教官各位が申請件数を一層増やすことが望まれる」との文面があることからも、学内広報を意識していた様子がうかがえる。

創刊から第一〇〇号が発行された二〇〇一年までには、十数ページで始まった誌面も時に三十数ページを数えるようになり、学内の主だった研究成果情報や社会との関係記事を掲載するなど、社会への情報発信の冊子という性格を持つものへと変容を遂げつつ

図 9–20　広報プラザ（竣工当時）

あった。その後、法人化も見据え、送付先を学内構成員に限らず、同窓会や企業等に広げるなど、社会への情報発信の性格がより強められていった。二〇二一（令和三）年三月に終刊するまで、全三三三号が毎月発行された。

情報発信体制の全学的整備

同時期には、大学ウェブサイトの充実や、学内の最新の研究成果や情報等を総合的に提供する広報プラザの開設など、大学から社会への情報発信の基盤整備が進められた。

このうち広報プラザは、一九九三（平成五）年に財団法人名古屋大学出版会が建設し、名大に寄附したもので、国立大学初の情報発信専用施設である（図９–20）。豊田講堂の脇に建てられた施設の一階に出版会の事務所が置かれ、二階に情報資料広報室及び進学情報サービス室が並置された。この出版会は、名大の内部組織ではないものの、名大の教員を中心に設立され、刊行する学術書の四割ほどは名大関係者の著作であるなど、特に人文社会科学系の情報発信の大きな基盤となっている。

ちなみに、名古屋大学出版会については、名古屋大学の出版会ではなく、（在）名古屋の大学出版会であり、中部地方の大学の学術書出版センターであるために、名大教員といえども簡単には出版できないという了解が学内に存在する。選りすぐられ練り上げられた一〇〇〇点を超える出版物の評価は高く、二〇〇以上の出版賞・学会賞に輝いていることがこの出版会の大きな特徴であり、名大の研究力を示すものともなっている。出版会自体も、二〇〇六年に「学術分野での先駆的な出版活動」を評価され、中日文化賞を受賞した。

図 9–21　第 1 回名古屋大学科学研究オープンシンポジウムの開催を報じる『名大トピックス』第 10 号

同じく一九九三年には、広く学内研究者の情報をまとめた、『名古屋大学研究者のプロフィール』という分厚い冊子が事務局から発行されるようになった。そもそもは自己点検・評価の一環として作成されたものではあったが、各地の公立図書館などに所蔵されて広報の役割も担った。

一九九四年には、科学研究オープンシンポジウムが創設された（図9－21）。科研費や民間等との共同研究によって実施された最新の科学研究成果を、学内外に広く公開し、研究者、技術者等の意見や情報の交流を深める場とすることがその目的である。第一回は二日間にわたって、先端的な研究成果や地域研究などの特色ある研究の成果が披露された。このシンポジウムは、法人化の後まで毎年一回開催された。

「社会に開かれた大学」を標榜するようになった名大は、さらなる地域社会との連携を推進するために、二〇〇二年に社会連携推進室を設置した。名大の総合案内として機能し、学内の連絡調整にあたるための組織である。社会連携担当の総長補佐も任命されるようになった。

部局広報誌

『名大トピックス』のあとを追うように、工学部・工学研究科がPRESS-eを一九九六（平成八）年に創刊し、各部局による広報誌制作の先鞭をつけた。工学部・工学研究科においては、種々の産学連携への取り組みなど、社会へ発信する内容に富んでいたことから、研究成果発信にとどまらない誌面構成がとられた。

そのあとを追った『理 philosophia』は、理学部・理学研究科が二〇〇一年から刊行し

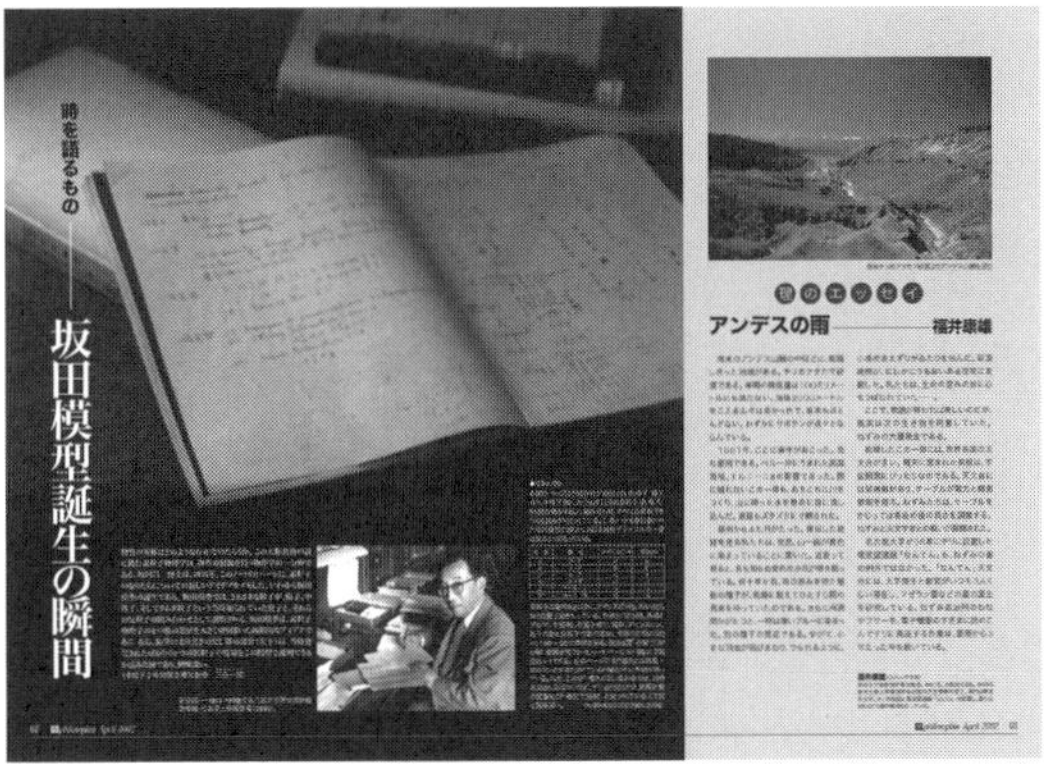

図 9–22　第1回の「時を語るもの」（『理 philosophia』第2号）

た年二回の広報誌である。表紙裏には「時を語るもの」のコーナーがあり、名誉教授にまつわるエピソードを、愛用の品や研究ノートなどの写真とともに紹介しており、歴史資料としての価値を有している（図9―22）。一方、「理の先端をいく」のコーナーでは、理学懇話会における教員の講演をプロの力も借りて編集し、最新の研究成果を伝えている。ほかのコーナーも含めて、読者に楽しんでもらえるよう、担当者やデザイン業者、プロの編集者による幾度もの推敲を経て刊行されている。

続く、環境学研究科の『環』は二〇〇二年の発刊である。創刊号の編集後記には、広報委員会では、環境的にもマイナスではないかと、紙の印刷物を作ることに消極的であったことが記されているのが、なんとも環境学研究科らしい。いずれオンラインだけになるのでは、といった見通しとともに、メディア如何ではなく問題はコンテンツだ、とも述べられている。一研究科の広報誌ではあるが、「社会に開かれた大学」という理念に基づいて、「大学から社会へ」ならびに「社会から大学へ」の双方向のチャンネルを目指そうと、環境をキーワードにした投稿を学内外から受け付けていたこともある。

広報を超えて

広報以外の社会貢献に取り組み始めたのもこの頃である。

なかでも、一九九〇年に創設された日本数学コンクールは斬新であった。主に高校生を対象として始まったこのコンクールは、ノート、参考書持ち込み可であったり、解答時間の使い方が自由で飲食も自由であったり、運営は高校の先生までも巻き込んだものであったりと、それまでの「常識」から外れる様式で行われたのである（図9―23）。

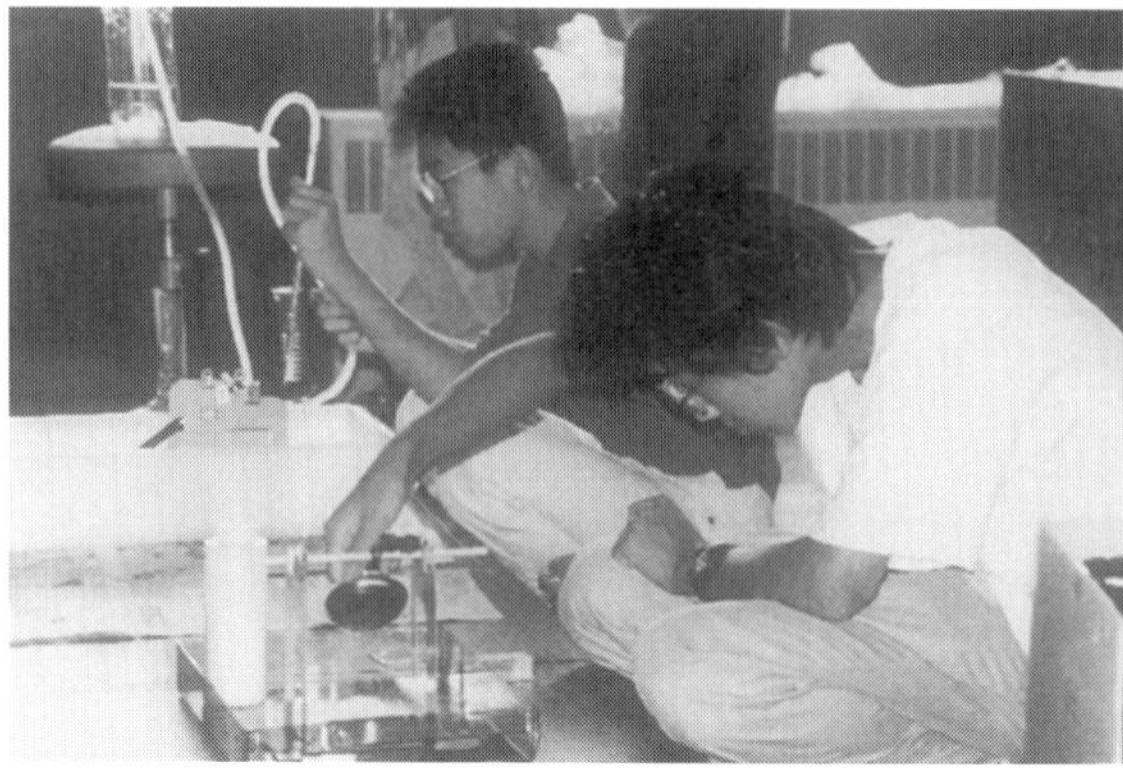

図 9-23　第 7 回数学コンクールで問題に取り組む参加者（1996 年 8 月）

フォローアップセミナーや数学アゴラといったスピンオフイベントを充実させるなど、手間暇をかけて運営されていることも大きな特徴である。しかし、これらは出題の質の高さあってのことでもある。問題講評のなかで「正解はない」と言いきってしまうあたりは、肝が据わっているとでも言おうか。運営の中心人物の異動や、実施の中心であった研究科の組織改編によるあおりなど、様々な困難や危機に直面しつつ、それでも今日まで続いているのは、このコンクールの理念とそれを具現化する様々な取り組みに賛同し、献身した関係者たちの努力の賜物である。

大学と社会をつなぐ取り組みとしては、名古屋大学星の会の活動も挙げられる。この会は、名大における天文学研究を支え、一般市民との架け橋になることを目指して設立された。大学の外にある団体ではあるが、総長の辞が会誌に掲載され、題字も総長の筆になり、名大トピックスにも関連記事が掲載されるなど、大学としても当時この活動を応援していた様子がうかがえる。会の活動の発端は、電波望遠鏡の海外移設に伴う経費に、国の研究費を充てられないという事態であった。星の会会員は、自らが寄附するのみならず、知人の伝手をたどるなどして寄附金集めに参画した。一方、移設計画を推進した福井康雄教授は、支えてくれる市民との交流を欠かすことなく、様々なイベントでもてなした。昨今の科学へのクラウドファンディングが誕生する以前の、科学研究への寄附行為、支援行為の組織化の例として、ユニークな取り組みである。

第10章　学生生活とキャンパスの変容

1　バブル崩壊後の名大生

入試制度と定員・入学者の動向

本章では、一九九〇年代から法人化前までの時期において、様々な面で大きく変わった学生生活とキャンパスについて述べる。まず本節では、バブル経済崩壊後の経済不況や入試制度等の改革など、学生を取り巻く環境が変化するなかの名大生についてみていく。

一九八〇年代には、第二次ベビーブーム世代が大学進学期を迎え、大学進学率も上昇したため、政府は入学定員を拡大した。ただその一方で、十八歳人口が九二（平成四）年度をピークに減少に転じることにも対応するため、八〇年代後半からは臨時的定員（以下、臨定）による定員増が行われた。九〇年代後半以降、予測を上回る進学志願者数の増加に伴い、私立大学では臨定の恒常的定員化が認められたが、国立大学では認められず、二〇〇〇年度には臨定がゼロとなった。国立大学の定員は、九六年度をピークに削減され始め、〇〇年以降はほぼ横這いの状況となった。

表 10–1　名大の学部別入学定員数（1991–2003 年度）

学部＼年度	1991	1992	1993	1994	1995	1996	1997	1998	1999	2000	2001	2002	2003
文学部	160	160	160	145	145	145	145	145	135	135	125	125	125
教育学部	70	80	80	75	65	65	65	65	65	65	65	65	65
法学部	200	200	200	185	185	185	185	185	185	175	175	175	175
経済学部	230	240	240	235	235	235	225	225	215	205	205	205	205
情報文化学部	–	–	–	100	100	100	100	100	100	90	80	80	75
理学部	295	305	305	295	285	285	285	275	270	270	270	270	270
医学部	100	100	100	100	100	100	100	300	300	300	300	300	295
工学部	895	915	915	915	905	885	855	840	805	755	745	745	740
農学部	193	193	193	193	193	193	193	183	170	170	170	170	170
合計（人）	2,143	2,193	2,193	2,243	2,213	2,193	2,153	2,318	2,245	2,165	2,135	2,135	2,120

名大でも、医学部以外の学部では臨定による定員増が行われた。特に工学部は、臨定以外でも定員増が続き、一九八四（昭和五十九）年度の六一〇人が九二年度には九一五人まで増加した結果、名大学部全体の四二・七%を占めるに至った。名大全体の学部定員は、九四年度の情報文化学部の新設（定員一〇〇人）、九八年度の医学部保健学科の新設（定員二〇〇人）もあり、八四年度の一六八五名が九八年には創立後最大の二三一八人まで増員されたが、その後は他学部の臨定分その他の定員減があり、二〇〇三年度には二一二〇人になった。工学部も例外ではなく、〇三年度には七四〇人まで減員した（表10−1）。

入学試験の動向をみると、一九八七年度から二次試験をA日程とB日程に分ける「連続方式」が導入され、これと併行して八九年度から、二次試験を前期日程と後期日程に分けるが、前期日程合格者は後期・B日程の受験前に入学手続きを行わなければならない「分離・分割方式」が始まった（第5章2節参照）。さらに九〇年度からは、大学共通第一次学力試験（共通一次試験）の改革が行われ、大学入試センター試験が始まった。これに伴い、センター試験の利用方法を大学が自由に決められるようになり、入試のあり方はますます複雑になった。

名大では、一九八九年度においては新規導入の分離・分割方式を採用せず、A日程とB日程の両方で行う経済学部以外は、すべて連続方式のA日程で二次試験を実施した。それが翌九〇年度には、文・教育・法・医学部は連続方式のA日程、経済・理・工・農学部は分離・分割方式の前期日程と後期日程で二次試験を行った。その後、九一年度に医学部、九二年度に文学部が分離・分割方式に移行し、九三年度からは全学部が分離・

図 10–1　入試の合格発表
（1995年3月，豊田講堂前）

分割方式の前期日程と後期日程の両方で二次試験を行うようになった。センター試験の利用方法も、後期日程において、五教科の配点を共通一次試験時代（国語・数学・外国語各二〇〇点、社会・理科各一〇〇点）から変更する学部が増え、五教科全部は採用しない学部もみられるようになった。

一九八八年度から二〇〇三年度までの、学部別の入試倍率は表10–2の通りである。八〇年代の終わりから九〇年代の前半にかけては、名大及び他大学の入試方法の変化の具合等により、学部によっては一年できわめて大きな倍率の変化がみられることもあった。

学部の入学者総数は、一九九一年度が二一九六人であったものが、定員が最大となった九八年には二三九四人とこれも創立後最大となった。その後は、定員の減員とともに減少し、二〇〇三年度には二二五四人となっており、この時期の変動はそれほど大きなものではない。大きく変わったのは女子学生の数である。九一年度は四四〇人（全体の二〇・三％）であったものが、〇三年度には七一四人（同三一・七％）にまで増えた。最も大きく増加したのは医学部で、保健学科の設置（九八年度）等により、九一年度の一四人が〇三年度には一七二人にまで増加している。

大学院は、学部とは対照的に、この時期に続いた大学院の新設と一九九〇年代後半に進められた学部の大学院重点化（第8章2節参照）等により、名大全体の入学定員数は毎年増加し続けた。入学者数も、九二年度の博士課程前期課程九七六名・博士課程後期課程二八一人（いずれも医学研究科を除く）が、二〇〇三年度にはそれぞれ一六六七人・六二九人と著増した。前期課程は一貫して定員を大幅に超過していた。

表 10–2　名大の学部別入試倍率（1988–2003 年度）

学部＼年度	1988	1989	1990	1991	1992	1993	1994	1995	1996	1997	1998	1999	2000	2001	2002	2003
文学部	3.5	2.7	2.7	2.5	5.3	5.7	4.5	5.4	4.7	4.7	4.1	3.6	3.9	5.0	4.5	4.4
教育学部	4.2	4.1	3.9	2.7	2.6	4.1	3.6	3.3	3.5	2.7	3.3	3.1	3.4	3.5	3.1	2.9
法学部	4.5	5.1	2.5	2.5	2.7	6.8	4.6	4.7	5.9	3.6	3.7	3.6	3.9	4.4	4.7	4.7
経済学部	8.7	5.8	5.3	4.4	3.7	5.0	3.9	3.2	3.3	4.0	3.4	3.9	3.7	4.1	4.1	4.3
情報文化学部	–	–	–	–	–	–	7.2	6.5	7.9	6.1	4.2	4.4	4.8	5.1	5.5	6.5
理学部	5.0	5.9	3.1	2.9	2.7	3.2	3.3	3.0	3.1	3.3	2.4	2.8	3.3	3.1	3.9	2.8
医学部	3.9	4.6	3.5	4.1	4.1	5.3	4.1	4.2	4.9	4.1	4.3	4.6	5.1	4.6	4.9	4.3
工学部	4.4	4.4	3.0	2.6	3.2	4.3	4.1	3.7	3.7	3.6	3.6	3.9	4.7	4.0	4.0	3.8
農学部	3.7	3.4	3.4	3.0	3.0	3.2	3.5	2.8	3.3	3.1	3.0	3.2	3.5	3.5	3.6	3.8

週休二日制下の名大生

名大の学年暦は、一九五二（昭和二十七）年度以来変わらないままであったが（第6章1節参照）、九三（平成五）年度から週休二日制となり、土曜日が完全休業日となった。九四年度からは、第二学期の開始が十月一日になり、夏季休業が七月二十四日～九月十四日、秋季休業が十月一日～十月七日に変更された。同年度の夏季休業後は、講義そのものは行われず、期末試験のみが実施されている。九五年度からは、夏季休業がさらに短縮され、九月七日までとなった。それに伴って、夏季休業後は補講や集中講義を行ったうえで期末試験を実施するようになった。

ここでは、学部生の学生生活を、名大が隔年で調査を実施し、結果を調査の翌年に公表している『学生生活状況調査報告書』によりながらみていく。なお、特にことわらない限り、この項で示す数値の変化は、一九九二年から二〇〇二年までの一〇年間のことを指している。

大学生活の目的（複数回答可）については、「学問・研究をする」が五・八％上昇して五一・五％、「専門知識・技術を身につける」が九・〇％上昇して五三・三％、「学歴・資格を得る」が四・九％上昇して三一・一％、「いい所に就職する」が三・三％上昇して一五・一％となった。その一方、「良き友人を得る」が八・〇％下降して四二・八％、「サークル活動に力を入れる」が一・九％下降して一五・三％、「特に目的を持たず何となく」が三・九％下降して〇・五％になっている。また、「青春をエンジョイする」は、二〇〇二年でも三七・六％と高くはあるが、一〇年前から三・四％の上昇にとどまっている。劇的な変化ではないが、課外活動などを通じて友人を作ることへの関心が薄れ、就職のた

図 10–2　学生が行列をなす名大生協南部食堂（1990年代）

めに知識や技術、資格を得ることを重視する傾向が強まったといえる。学内・学外を問わずクラブやサークルにまったく加入していない学生も、一九九二年には三四・九%であったものが、〇〇年には四八・二%まで上昇している。

大きな変化がみられたのは、授業への出席状況と満足度である。出席状況は、この一〇年間に、「五〇～七〇%未満」及び「三〇～五〇%未満」が減少し、その分「九〇%以上」が二〇・五%増えて六二・九%に達した。授業（研究指導を含む）への満足度は、「満足している」が一〇・〇%、「まあまあ満足している」が四〇・二%と、この二つの合計が一〇年間で一九・五%上昇した。これらから考えると、授業に熱心に出席し、その内容にもおおむね満足している学生が増えつつあった。授業時間以外を過ごす場所についても、図書館が二一・一%から二九・七%まで増加した代わりに、学内食堂・喫茶室が二八・九%から一七・五%に減少している。一日の授業以外の勉強時間は、一時間未満が六〇・四%から五三・五%に減少し、一時間以上二時間未満が二〇・五%から二六・一%に増加、二時間以上もわずかながら増えている。ただ、依然として全体的には勉強時間は少なく、講義には真面目に出席するがあまり勉強はしないという印象である。

この時期における国立大学の学部の年間授業料は、バブル経済の崩壊以後、日本全体の平均年収の上昇が頭打ちとなり、一九九七年をピークにむしろ下降に向かったにもかかわらず、九〇年の三三万九六〇〇円が二年ごとに増額され、二〇〇三年には五二万八〇〇円になっている。しかし、定期的か臨時的かを問わず、アルバイトに従事する学生は、九〇年から〇二年までの間に八二・九%から七三・四%に減少している。また、アルバイトによる収入額にも大きな変化はみられない。アルバイトの目的についても、生活

図 10‒3　第 38 回名大祭（1997 年）のパンフレット表紙

費等のすべてを賄う者、生活費以外の勉学費用のみ賄う者、勉学費用の不足分を補う者はいずれも減少し、三つの合計は九〇年の二〇・一％が〇二年には一四・九％となっている。旅行・娯楽・課外活動費を賄うことを目的とする者の割合はほとんど変化がなく、むしろ学生生活にアルバイトは必要ないと答えた者が、九〇年の九・九％が〇二年には一五・四％にまで増えている。奨学金の給貸与を受けている者の割合もほとんど変化していない。

その一方で、家庭からの金銭的援助の月額については、一〇万円以上の割合が一九九〇年は一九・八％であったものが、二〇〇〇年には三〇・一％になっており、負担は保護者等にのしかかったといえる。

娯楽化が進む名大祭

一九九〇年代前半の名大祭のテーマは、八〇年代後半からの傾向である主張の希薄化を受け継ぎつつも、自分たちが未熟な存在であると認め、そこから未来を展望するものが多くみられた。

ただ、一九九七（平成九）年の第三八回は、「くさった学生。くさった教授。〜真の大学改革を目指して〜」という、一転して強烈な主張を掲げた（図10‒3）。これは、名大祭本部実行委員会（以下、実行委員会）が学生の投票に基づいて「くさった学生。くさった教授。」をテーマに選んだところ、教官からこれに反発する声があがり、実行委員会と大学側が話し合った結果、副題を付けることになったものであった。このようなテーマが出てきた背景には、いわゆる「就職氷河期」に対する名大生の不満や焦りが考

図 10–4　第 37 回名大祭（1996 年，豊田講堂前特設ステージ）

えられる。この騒動は、新聞各紙にも取り上げられるなど、社会的な話題にもなった。その後も、九八年の「崖っぷち」、九九年の「0からの創造」と、現状をネガティブに捉える傾向が二年続いた。

しかし、二〇〇〇年以降は、テーマからメッセージ性そのものがほぼなくなった。〇二年からは、パンフレットにおけるテーマの説明文（かねてより簡略化が進行していた）に必ず冠せられていた、「テーマアピール」の語が消えた。また、この年から、「テーマキャラクター」（一九年から「マスコットキャラクター」）が毎年選定されるようになった。同年のパンフレットで、実行委員会委員長は、名大祭から当初の理念が消失し、「イベント化」したことを認めつつも、第一回から変わっていない部分として、「〝非日常空間〟の創出」を挙げ、その中で今まで知らなかった自分や従来とは違った考え方・価値観を発見することができる、と述べている。

名大祭で行われる企画の内容は、娯楽化がさらに進展した。一九九〇年には、パンフレットにおける企画のカテゴリーに、「お祭り企画」が登場した。実行委員会委員長は、九一年のパンフレットに「名大祭を考える」という文章を載せた。そこでは、せっかくの休講期間を名大祭のために使わない学生の増加を批判する一方で、名大祭本部が自ら企画を行うことに夢中になるあまり、新しい有志団体の参加を妨げていたことを反省し、今回から本部企画を減らし、有志団体の参加促進を目指した、と述べている。名大祭本部は、娯楽化と有志団体の参加を促進しつつ、名大祭の学生に対する求心力を高めようとした。しかし、その後有志企画は増えたものの、二〇〇四年度から名大祭の期間はさらに一日短縮され、現行の一・五休講（木曜日の午後から金曜日までの休講）による三日半開催となった。

そのほか、一九九九年（第四〇回）のパンフレットには、実行委員会による「名大祭ごみ非常事態宣言」が掲載された。名大祭が大量消費・大量廃棄を繰り返してきたことを反省し、そのスタイルから脱却して新しい大学祭像を構築するため、ごみの減量、リサイクルなどの環境プロジェクトを実施すると宣言したものである。これは、同年二月に名古屋市が発した「名古屋市ごみ非常事態宣言」に触発され、翌年からの名大全体での取り組みに先駆けるものであった。二〇〇〇年からは、普段の名大より細かい分別を求めるごみ箱を会場各地に配置する「リサイクルステーション」を設けた。これは、現在でも「ごみステーション」として続けられている。

スポーツと体育会

この時期のスポーツ活動では、竹中敏（工学部四年）の第三七回全日本学生競技ダンス選手権大会サンバの部優勝（一九九二〔平成四〕年）、村山和裕（経済学部四年）の第四四回京都三十三間堂大的全国大会（弓道）成年男子の部優勝（九四年）、竹本さやか（医学部二年）の第四九回国民体育大会夏季大会ヨット競技優勝（九四年）、大西大紀（理学部四年）の第三一回サバリア国際ダンス選手権大会一〇ダンス世界選手権大会出場（九六年）、野口啓（農学部四年）の第三八回全日本学生競技ダンス選手権大会ラテンの部優勝（二〇〇〇年）、松岡憲昭（工学部四年）の第四〇回全日本学生競技ダンス選手権大会モダンの部優勝（〇二年）、奥村麻友（経済学部一年）の世界ジュニアボート選手権（トラカイ）女子クオドルプル出場（〇二年）などの活躍があった。

図 10–5　七大戦優勝祝賀会で学生に胴上げされる松尾稔総長（2003 年）

団体では、二〇〇二年に舞踏研究会が第四〇回全日本学生競技ダンス選手権大会で優勝した。七大戦（国立七大学総合体育大会）では、一九八九年に待望の初優勝を遂げて以降、名大の活躍が目立つようになった。九〇年から〇三年までの間の成績は、優勝二回（九六年、〇三年〔図10－5〕）、二位六回、三位三回であり、四位以下になったのは三回のみで、六位や七位になった年はなかった。

このように、個人ではダンス競技、団体ではダンス競技と七大戦での健闘は目立ったものの、全体としては名大のスポーツ競技における低迷期は続いた。体育会や団体競技に熱心に取り組む学生はますます少なくなった。

一九六〇（昭和三十五）年から始まった体育会の毎年の恒例行事に、学生部（のち学務部、現在は教育推進部）との共催で冬（十二月か一月）に行われるリーダーズ・アセンブリーがある。これは、各運動部の主将や主務などの幹部部員が集まり、体育会役員及び学生部職員とともに三日間合宿して、運動部の問題点の克服やマネジメントについて研究するものである。当初は様々な場所で行われていたが、七九年度以降は東海地区国立大学共同中津川研修センター（二〇一八年廃止）での開催が定着した。しかしこれも、九〇年代に入って参加者数や参加クラブ数が減少し、三日間とも参加する学生を確保することも難しくなっていった。その結果、二〇〇四年度からは合宿が二日間になり、一六年度からは豊田講堂シンポジオンホールを会場とする一日のみの行事になっている。

そのほか、名大の伝統的なスポーツ大会として、一九六四年から始まった須賀杯争奪駅伝競走大会があるが（第6章1節参照）、九〇年には名大から七五チーム（豊田高専からは五六チーム）の参加があったものが（図10－6）、二〇〇三年には三一チーム（豊田高

図 10-6　須賀杯のスタート風景（1990 年）

専二六チーム）に減少した。最近では、名大と豊田高専を合わせて二十数チームとさらに参加者が減っており、名大から豊田高専までの一般道路を走るというコースも、運動公園の周回コースを走るようになり、距離も大幅に短縮された。

開かれたキャンパスの危機

名大の東山キャンパスは、戦時期にここに移って以来、一貫して正門を持たないことに象徴的に示されるように、他大学に比べて構内への出入りが自由な開かれたキャンパスであることをその特徴としてきた。

しかし、一九九六（平成八）年六月二十日の午前二時頃、中央図書館裏側のいわゆる第三グリーンベルトにおいて、暴走族風の不審な学外者によって名大の学部一年生男女九名が暴行を受け、現金を強奪されるという事件が起こった。その後も、東山キャンパス構内において同様の恐喝・暴行事件が頻発し、届け出のあったものだけで六月に計八件を数えた。その中の一件は、休日の日中に発生したものであり、最初の事件から六月末までの間は、暴走族が白昼堂々、キャンパス内をオートバイで轟音を立てて逆走するという光景が頻繁に見られる異常事態となった。七月に入ると、警備の強化等により事件は発生しなくなったが、深夜の東山キャンパスは不審な若者の溜まり場のような様相を呈した。

新聞報道によれば、名大構内に逃げ込めば警察も追って来ず、学生を脅せば現金を奪えるという誤った認識が、多数の暴走族グループに広まっていたことが、事件多発につながったとされる。また以前から、キャンパス内におけるオートバイの迷惑運転や無秩

図 10–7　工学部1号館から四谷通への出口に設置された進入防止施設

序な駐車・駐輪などの交通マナーの悪さが指摘されており、それが暴走族の進入を許し、事件の誘発につながった面もあった。

名大では、このような事態に対し、夜間の警備巡回体制を強化するとともに、これまで自動車を主な対象としてきた車両の侵入防止施設を、オートバイに対しても徹底して整備したり（図10–7）、要所に門扉を新設するなどの対策をとった。また、同年度中の臨時措置として、平日・土曜日の夜間と日曜日の終日において、二か所の門扉を閉鎖した。その後、学生の自動車通学の原則禁止やオートバイ通学の許可制など、車両の入構規制が強化され、その方針は現在も続いている。

その後しばらくは、東山キャンパス構内の不穏な状況は収まらず、翌一九九七年にも少年グループによる名大生を標的とする事件が多発するようになり、その中の一件では名大生が命に関わりかねない重傷を負った。

現在では、暴走族が全国的に激減したこともあり、名大構内に当時のような危険はなくなった。そして、キャンパスへの徒歩による入構に寛容な方針は維持されている。

「就職氷河期」における卒業生の進路

この時期において、学部生の進路の特徴としてまず挙げられるのは、一九八〇年代から上昇を始めていた大学院等への進学者（九八〔平成十〕年度まで研究生等を含む、以下同じ）の割合がさらに高くなったことである。その背景には、名大における大学院の新設や重点化による定員増がある。

一九九一年度の進学率（医学部医学科を除く、以下この項では同じ）は三五・六％であったが、九九年度には五一・七%と、法人化前のピークとなった。その後はやや下がったが、それでも四五%以上で推移している（九九年度以降の数字からは、研究生等の分は除かれている）。学部別でみると、文系で大きな変化があったのは教育学部で、九一年度に一一・三%であったものが、二〇〇三年度は三一・一%になっている。医学部以外の理系学部は軒並み大きく増加しているが、九一年度に五九・七%とすでに高かった工学部は、さらに大幅に増加して〇三年度には八一・六%となった。増加率が最も高いのは農学部で、九一年度の四〇・一%が〇三年度には六八・七%まで上がっている。文理融合学部として新設された情報文化学部は、九七年度に第一回卒業生を出して以後、二五〜三〇%前後で推移している。

就職した者の割合は、一九九一年度は五四・三%であったものが、九四年度には四五・八%まで下がり、この年度に初めて進学者の割合を下回った。その後も下降傾向が続き、二〇〇三年度には三七・一%となり、その一方で同年度には就職者・進学者以外の者（外国への留学者、留学生のうち帰国者、研究生を含む）が一六・一%に達している。就職率（就職希望者のうちの就職者の割合）は、九一年には九九・五%であったが、九二年度（九三・七%）、九五年度（九四・三%）、九九年度（九四・二%）のように、九五%を割る年度もみられるようになった。学部単位では、文系理系を問わず、稀にではあるが九〇%を割る年度もあった。一般に、この時期は特に女子大学生の就職が厳しくなったとされるが、名大は必ずしもそうとはいえず、逆に女子の就職率が男子より高い年も珍しくない。いずれにしても、名大生であれば就職には困らない時代は過去のものになりつつあった。

図 10–8　就職ガイダンス（1994 年度）

一九九一年度から二〇〇三年度にかけての就職先業種の特徴と変化としては、八〇年代までは圧倒的な割合を占め、九一年でも四三・七％であった製造業が徐々に減少し、〇三年度には二〇・九％まで下がっている。また、法学部と経済学部を中心に九一年度には一六・五％と製造業に次いでいた金融・保険業も、〇三年度には八・一％まで下がっている。これらに代わって増加したのはサービス業である。九一年度の一五・三％から増加傾向にあり、〇〇年度には一九・四％となったが、〇一年度に三三・一％に急増した。これは、同年度に医学部保健学科が初めて卒業生を送り出したことによる。同年度は、同学科の医療・福祉関係サービス業だけで全学部の一八・五％を占めている。公務員は、九二年度に一〇％を超え、以後は一二％から一六％程度で推移し、九七年度以降は製造業とサービス業に次ぐようになった。

学部別の特徴・変化としては、文学部・教育学部は、サービス業が一貫して多く、次第に公務員が多くなること、法学部・経済学部は、製造業及び金融・保険業が一貫して多く、公務員はとりわけ法学部がかなり多くなっていくこと、情報文化学部は、設置当初はサービス業が多かったが、やがて情報通信業がきわめて多くなること、理学部は、製造業が激減した代わりにサービス業の増加が著しいこと、工学部は、製造業がやや減るがそれでも五割をゆうに超え、情報通信業が増えたこと、農学部は、製造業がかなり減ったが、それでも食品・たばこ・飲料を中心に四割を割らず、その一方で公務員が増えていること、などが挙げられる。

このような状況のなか、名大でも大学が学生の就職支援に力を入れ始めた。一九九三年度から、学部三年生を対象とする就職ガイダンスが始まり、九四年度からは、一般に

図 10–9　就職情報検索システムで検索する学生たち

就職が厳しいと言われた女子学生を対象とするガイダンスも開かれるようになった（図10–8）。九七年五月には、学務部厚生課内ホールに就職情報検索システム（図10–9）を設置すると同時に、就職活動に関する専門的な知識・経験を有する学外者を招いて相談に応じる就職相談コーナーを開設した。九九年度には名大総長を会長とする東海地域インターンシップ推進協議会が結成され、名大でもインターンシップが本格的に導入された。本部学生生活委員会（名古屋大学学園だより編集委員会）が発行する『学園だより』には、就職活動の活動プランの一例を一頁にまとめた「就職活動シミュレーション」を九六年度から掲載するなど、就職に関する記事が多くみられるようになった。

2　国際性豊かな学風の確立

外国人留学生の激増

本節では、留学生の受け入れや海外の大学との学術交流協定の増加など、一九八〇年代から始まった国際化の新しい動きが本格化し、名大の国際性豊かな学風が確立するまでをみていく。

名大で学ぶ外国人留学生は、一九八〇年代に急増し、九〇（平成二）年度には、一〇年前の五倍に近い五二二人となった（第7章3節参照）。これに続く九〇年代は、増加率では八〇年代には及ばないものの、増加した留学生数においては八〇年代を上回るものとなった。図10–10は、九二年（五月一日現在、以下この項では同じ）から二〇〇四年ま

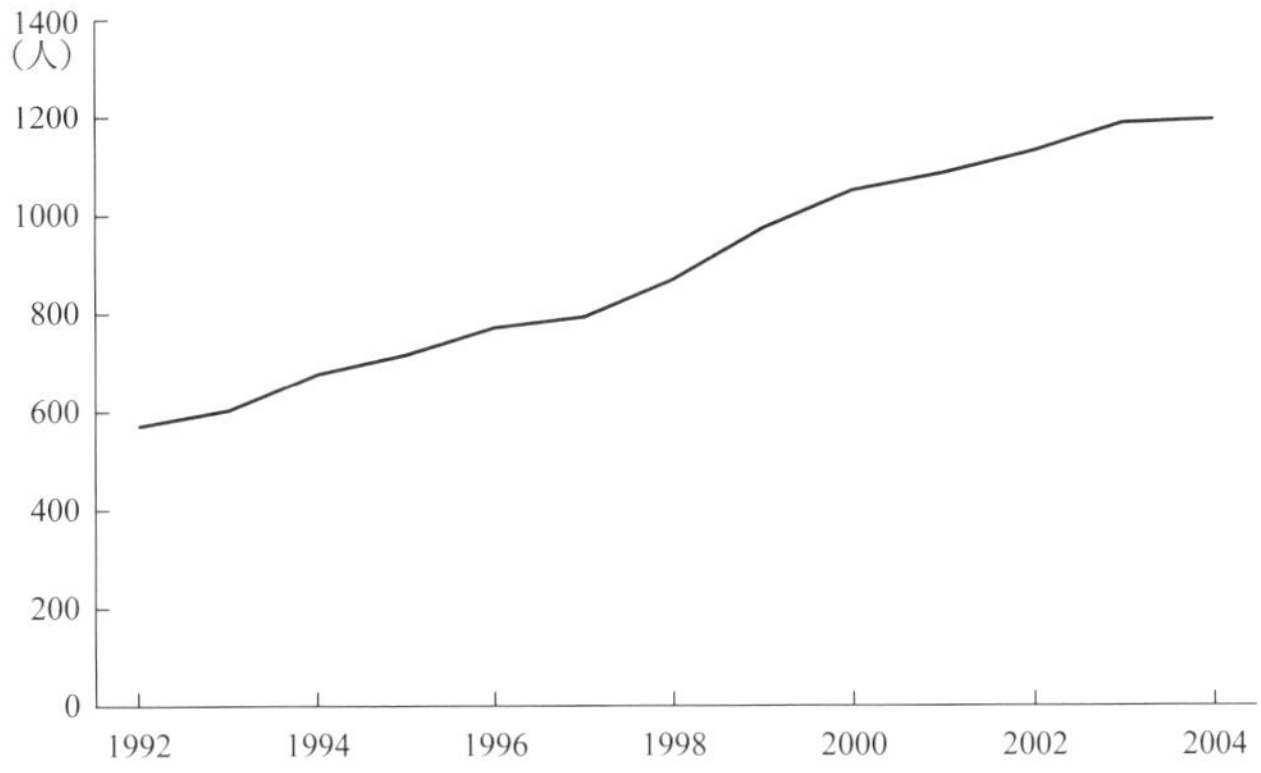

図 10–10　名大に在籍する留学生数の推移（1992–2004 年 5 月 1 日現在）

での、名大に在籍する留学生数の推移である。この間、ほぼ一貫して増加し、九二年に五七一人であったものが、〇〇年には一〇〇〇人を超え（厳密には九九年十一月の集計で超えた）、〇四年には一一九四人となった。

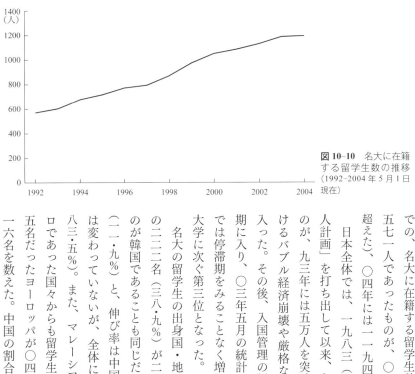

日本全体では、一九八三（昭和五十八）年に政府がいわゆる「留学生受け入れ一〇万人計画」を打ち出して以来、留学生数が順調に増加し、八三年は一万人余りであったものが、九三年には五万人を突破した。しかし、九四年から九九年にかけては、日本におけるバブル経済崩壊や厳格な入国管理、アジア通貨危機などの影響によって停滞期に入った。その後、入国管理の緩和や文部省の取り組みなどによって二〇〇〇年から急増期に入り、〇三年五月の統計では一〇万人を超えるという推移をたどった。他方、名大では停滞期をみることなく増加を続け、〇〇年には在籍留学生数が、東京大学、早稲田大学に次ぐ第三位となった。

名大の留学生の出身国・地域は、中国が抜きん出て多い状況は変わらず、一九九二年の二二二名（三八・九％）が二〇〇四年には五一一名（四二・八％）となった。これに次ぐのが韓国であることも同じだが、九二年の九四名（一六・五％）に対し〇四年は一四二名（一一・九％）と、伸び率は中国ほどではない。アジアからの留学生が圧倒的に多い状況は変わっていないが、全体に占める割合はやや下がっている（九二年八八・三％、〇四年八三・五％）。また、マレーシアやベトナム、カンボジア、モンゴルなど、九二年にはゼロであった国々からも留学生がやって来るようになった。そのほか、九二年はわずか一五名だったヨーロッパが〇四年には八一名、九二年はゼロであった中近東が〇四年には一六名を数えた。中国の割合は高まったものの、多くの国や地域から留学生を受け入れるようになったといえる。

また、国費留学生と私費留学生の別については、国費の伸びは鈍く、減少した時期すらあり、この時期の留学生数増加の多くは私費によるものであった。ただし、日本全国では私費の伸びがさらに著しく、二〇〇四年には私費が国費の一〇倍以上になっているのに対し、名大では二・三五倍に過ぎず、依然として名大は相対的には国費留学生の数が多い大学であった。

受け入れ部局としては、一九九二年においては工学部・工学研究科（一六四名、二八・七％）が圧倒的に多く、これに次ぐのが農学部・農学研究科（六七名、一一・七％）、文学部・文学研究科（六二名、一〇・九％）、経済学部・経済学研究科（五七名、一〇・〇％）であった。それが二〇〇四年になると、工学研究科・工学部（二一八名、一八・三％）が最も多いのは変わらないものの全体に占める割合は下がり、国際開発研究科（一七一名、一四・三％、九一年設置）と国際言語文化研究科（一六八名、一四・一％、九八年設置）の増加が著しい。そのほか、九二年には三五名に過ぎなかった法学研究科・法学部が、アジア諸国への法整備支援事業に力を入れ始めたこと（第9章4節、第14章2節参照）などを背景に大きく伸び、〇四年には九六名となっている。なお、大学院と学部の別でみると、九〇年代に入って大学院の割合がさらに上がり、九二年には大学院が七二・五％、〇四年には七六・三％となっている。このような大学院中心の受け入れは、国立大学の特徴でもあった。

図 10–11　卒業・修了留学生を送る夕べ（1994年2月）

留学生受け入れ体制の整備

留学生を担当する組織としては、大学本部には国際交流委員会の下に留学生専門委員会が置かれ、その事務は学生部国際交流課（一九九三〔平成五〕年度からは留学生課）が担当した。また、九二年度までは、言語文化部（九一年度に総合言語センターを改組）が日本語教育を担当した。ただ、留学生と日常的に接し、個別的な教育・指導を行うのは部局においてであり、部局ごとに委員会や相談室などを設置し、留学生専門教育教官と担当事務官が指導教官と連携して対応した。

一九九三年四月には、学内共同教育研究施設として留学生センター（以下、センター）を設置した。このようなセンターは、九〇年度から国立大学への設置が始まっていたものであった。当初は、留学生に対する日本語及び日本文化・日本事情に関する教育を担当する「日本語・日本文化教育部門」、留学生及び海外留学を希望する名大の学生に対する修学上及び生活上の指導助言を行う「留学生指導相談部門」が置かれた。センターは、各部局で行われる留学生教育を、全学的な立場から総合的に調整する役割を担う組織として位置づけられた。また、学生部（九六年度から学務部）に留学生課が設置され、センターや留学生専門委員会の事務のほか、留学生の受け入れ、出入国、国際交流会館等の宿舎、奨学金、関連行事など、留学生関係事務全般を統括した。

その後、センターは機能の拡張を続け、二〇〇三年度には「日本語・日本文化教育部門」、「教育交流部門」（一九九六年に留学生指導相談部門を名称変更）、「短期留学生部門」（九六年にＮＵＰＡＣＥ〔後述〕の設立に伴い設置）、「日本語教育メディア・システム開発部門」（九九年設置）の四部門となり、所属教官も設置当時の七名から一四名まで増員さ

図 10-12　短期留学生向けフィールド・トリップ「名古屋友禅」にて

れた。

また、当初のセンターは固有の建物を持たず、言語文化部棟の一角と古川総合研究資料館（現古川記念館）の一角（分室、一九九七年設置）、豊田講堂裏側の本部棟（留学生課）と、関係施設が分散しており、設置の翌年から概算要求を続けていた。そしてついに二〇〇一年、念願の留学生センター棟が竣工し、留学生課もここに移転した。〇二年には、留学生と日本人学生が共同生活を営む混住型の居住施設として、国際嚶鳴館が完成した。これに伴い、昭和区高峯町の同じ場所にあり、老朽化が進んでいた嚶鳴寮（一九六一〔昭和三十六〕年建設）は取り壊された。

NUPACEの創設

異なる価値観や視点から勉強や研究を行うことを目的に、母国の大学に在籍しながら一学期間もしくは一学年程度留学する短期留学制度は、日本では古くから私立大学を中心に取り組まれてきた。その後、諸外国でも盛んになってきたことや、受け入れ留学生数が停滞期に入ったことなどをうけて、本格的には一九九五（平成七）年から、財団法人日本国際教育協会が実施する「短期留学推進制度（受入れ）」として、国立大学でも短期留学生の受け入れが進んでいくことになった。これは、外国の大学と、留学生の派遣及び受け入れを相互に行う交換留学制度であり、交換する相手校は大学間もしくは部局間の学術交流協定（授業料不徴収協定）を締結した大学とされていた。

名大では、一九九六年十月から、先行していた三大学に続き、独自の短期交換留学制度としてNagoya University Program for Academic Exchange（通称NUPACE）を本格的に導入した（短期留学生の受け入れは同年二月から始めた）。ＮＵＰＡＣＥは、独立した短期特別プログラムを持つ先行大学とは異なり、全学的に取り組む体制を取っているところに特徴があった。そのため、導入にあたっては、国際交流委員会留学生専門委員会に設置された短期留学調査検討委員会（九四年五月～九五年一月）及び短期交換留学生受入れ実施委員会（九五年三月～、九七年五月以後は短期交換留学生実施委員会）などを通じて全学的な検討を行った。その結果、共通プログラムと専門プログラムから構成され、日本語や日本研究を重視する留学生と専門科目を重視する留学生の両方に対応できる柔軟性の高いカリキュラムが実現した。

ＮＵＰＡＣＥの受け入れ留学生数は、一九九六年度が三一名、九七年度が四七名と、順調に増加していくかにみえたが、九八年度から二〇〇三年度までは、毎年度百数十名の応募者があるにもかかわらず、受け入れ数は停滞した。これは、日本国際教育協会による「短期留学推進制度（受入れ）」の奨学金の割り当て数が伸びないことが原因であった。それでも名大は、全大学の第三位から第四位の数が割り当てられていた。またＮＵＰＡＣＥは短期留学であるため、留学生の六〇％以上が学部学生であること、短期以外の留学生ほど国・地域の偏りがなく、半数近くがアメリカやイギリス、フランスなどの欧米諸国からの受け入れであったことが特徴である。

二〇〇四年度以降は、奨学金の割り当て数こそ減少傾向にあったものの、学術交流協定を締結した大学が増加の一途をたどり、さらに自費での留学希望者が増加したこともあって、受け入れ数が増加に転じた。一八年度は二〇八名を受け入れている。そのほか、医学系研究科では、二〇〇三年度からヤング・リーダーズ・プログラム（ＹＬＰ）

を開設した。ＹＬＰも短期留学プログラムであるが、アジア諸国の指導者となることが期待される者を大学院等に招き、一年程度の短期間で学位を授与するもので、留学生には文科省の奨学金が支給される。同研究科のプログラムは医療行政コース（修士）で、アジア諸国の行政官を対象とした。

また、二〇〇八年からは工学研究科・工学部が、ＮＵＰＡＣＥを通じて学生交流を活発に行っていたミシガン大学（アメリカ）工学部からの要請をきっかけに、英語による六週間の短期集中講座として自動車工学に関するサマープログラム（Nagoya University Summer Intensive Program、通称ＮＵＳＩＰ）を開催するようになった。一六年からは、国際教育交流センター（留学生センターの後身組織の一つ、第14章1節参照）により、スーパーグローバル大学創成支援事業（第14章1節参照）の一環として、日本語の学習とともに日本社会・文化の理解を深め、名大生との交流も行う二週間の短期日本語プログラム（Nagoya University Short-Term Japanese Language Program、通称ＮＵＳＴＥＰ）が始まった。

学術交流協定の増加

この時期は、留学生数とともに、外国の大学との学術交流協定の増加も顕著であった。図10－13は、大学間協定と部局間協定の数の推移である。一九九〇（平成二）年は大学間が一八件、部局間が三〇件であったものが、二〇〇三年（六月二十日現在、以下この項同じ）には大学間四四件、部局間一二八件と、全体では約三・六倍に増えている。このうち、大学間三二件、部局間五五件が、留学生の授業料不徴収を含むものであった。部局間協定はほぼ一貫して増加している。一九九〇年においては、三〇件のうち理学

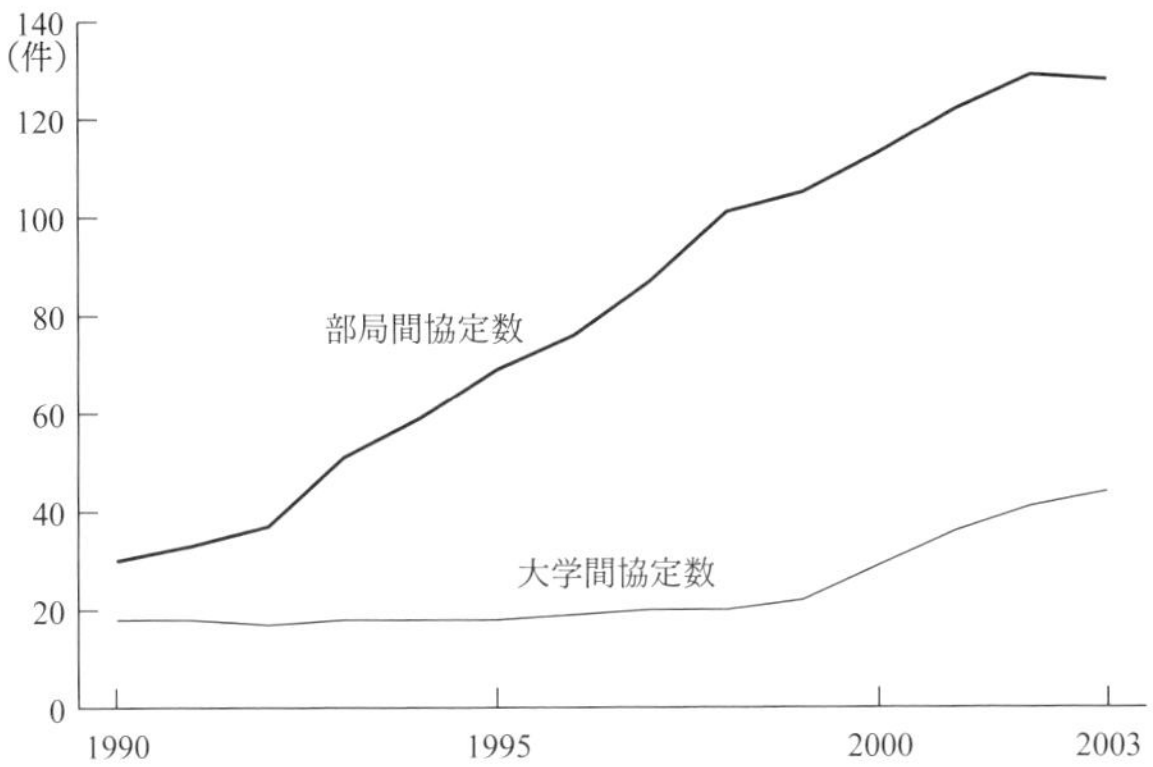

図 10–13　名大が締結した学術交流協定数の推移（1990–2003 年）

部・理学研究科（一五件）が半分を占め、これに工学部・工学研究科（五件）、太陽地球環境研究所（四件）が次いだ。それが二〇〇三年では、理学研究科・理学部（二六件）が最も多いのは変わらないが、全体に占める割合は大きく減った。

この間、締結協定が最も増加した部局は太陽地球環境研究所（二〇〇三年に二五件）であった。同研究所の協定締結は、一九九一年から二〇〇三年の間に締結された二一件のうち、九二年から九八年に一八件が、特に九二年から九四年に一三件が集中している。これは、九〇年に設置された同研究所（第8章2節参照）が、四つの設置理念の一つに「太陽地球系科学に関する国際貢献の進展」を掲げ、学術交流協定の締結や国際共同研究などの国際交流を積極的に推進したためであった（第9章4節参照）。また、九〇年には締結協定がゼロであった法学部・法学研究科が、〇三年には一七件を数えていることが注目される。同学部の協定は、一四件がアジアの大学等とのものであり、しかもそのうちの一二件が九八年から〇一年の間に締結された。これは、同学部が九八年から、市場経済への移行など経済的・社会的改革を進めるアジア諸国に対する法整備支援事業に、全国に先駆けて取り組んだことを背景にしている（第9章4節参照）。このように、戦略的に協定の締結を進める部局もみられるようになった。

一方、大学間協定は、一九九八年まではほぼ横這い状態であり、九九年から増え、特に二〇〇〇年から急激に増加したことが特徴である。

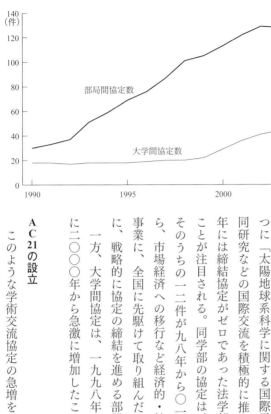

AC21の設立

このような学術交流協定の急増をうけて、二〇〇二（平成十四）年に設立されたのが、

図 10–14　名古屋大学国際フォーラムのポスター

国際学術コンソーシアム（Academic Consortium 21、以下ＡＣ21）である。

ＡＣ21は、「世界の異なる地域社会の架け橋となり、二一世紀においてあらゆる人々が国や地域の境を越えて共存しつつ豊かな生活を送ることができるように、相互に理解し固有の知識や文化の価値を共有する英知を贈り届ける」ことをビジョンとし、会員である大学等が集まって「多様性共存文明の転送装置」となることを目指すものとされた。世界規模での学術コンソーシアムであることに加えて、名大と大学間学術交流協定を締結した大学・研究機関等を原則とするという明確な会員資格があること、事務局を会員の持ち回りや民間委託にするのではなく、名大に本部を置いて大学自らが運営することにも特徴があった。

二〇〇二年一月、中核となるシドニー大学（オーストラリア）、国立土木学校（フランスのグランゼコール、日本では「ポンゼショセ」等とも呼ばれる）、ミシガン大学（アメリカ）の担当者を名大に招いてプレ会議が行われた。そして同年六月二十三日、二十四日に名古屋大学国際フォーラムを開催した（図10–14）。一日目は、学内・学外から約一五〇〇名の参加者を得て、豊田講堂でシンポジウムを行った。二日目には、二五大学・研究機関（中国八、中国以外のアジア八、ヨーロッパ六、アメリカ二、オセアニア一）の参加のもとに総会が行われ、全参加大学等がコミュニケ（共同声明）に署名して、ＡＣ21の設立が決定した（図10–15）。名大を除くこの二四大学等のうち一一大学等は、一九九八年以降に名大と大学間協定を締結した機関であった。

コミュニケでは、基本活動として、学生及び教職員の活発な交流、研究上の関心及び学術上の活動に関する情報の共有、連携教育プログラムの開発、が掲げられた。これを

図 10–15　AC21 創立総会で，成立したコミュニケを掲げる松尾総長

うけて名大では、ＡＣ21の推進体制の整備を図るため、国際交流委員会に国際学術コンソーシアム専門委員会を設置するとともに、国際学術コンソーシアム推進室（ＡＣ21推進室）を置いた。

ＡＣ21の設立は、当時の松尾稔総長が、理念やビジョン、国際組織作りの枠組みの提示から、活動プロジェクトの具体化に至るまで、強いリーダーシップによって推進した事業であり、名大の国際交流の基軸となることが構想されていた。松尾総長は名古屋大学国際フォーラムの挨拶で、一過性に終わるものではなく、一〇年をマイルストーンにし、少なくとも三〇年は続くような継続性のある事業にしたいと述べた。

国際性豊かな学風へ

そのほか、研究者の交流についても、外国人研究者の受け入れはそれほど伸びなかったものの、教職員（ほとんどは教員）の海外渡航数は一九九〇（平成二）年度の九五一名がほぼ一貫して増加し、二〇〇三年度には二四三四名になっている（第9章2節参照）。

このように、この時期の名大では、一九八〇年代から始まった国際交流の顕著な進展が、留学生の受け入れと学術交流協定を中心にいよいよ本格化した。松尾総長は、二〇〇〇年四月の学部入学式において、名大の学風を「自由闊達で国際性が豊かである」と述べた。それまでも、名大の学風を「自由闊達」と表現した例は八〇年代からみられるが、これに加えて「国際性」が挙げられたのは、総長の公式な発言としてはこれが初めてのことと思われる。

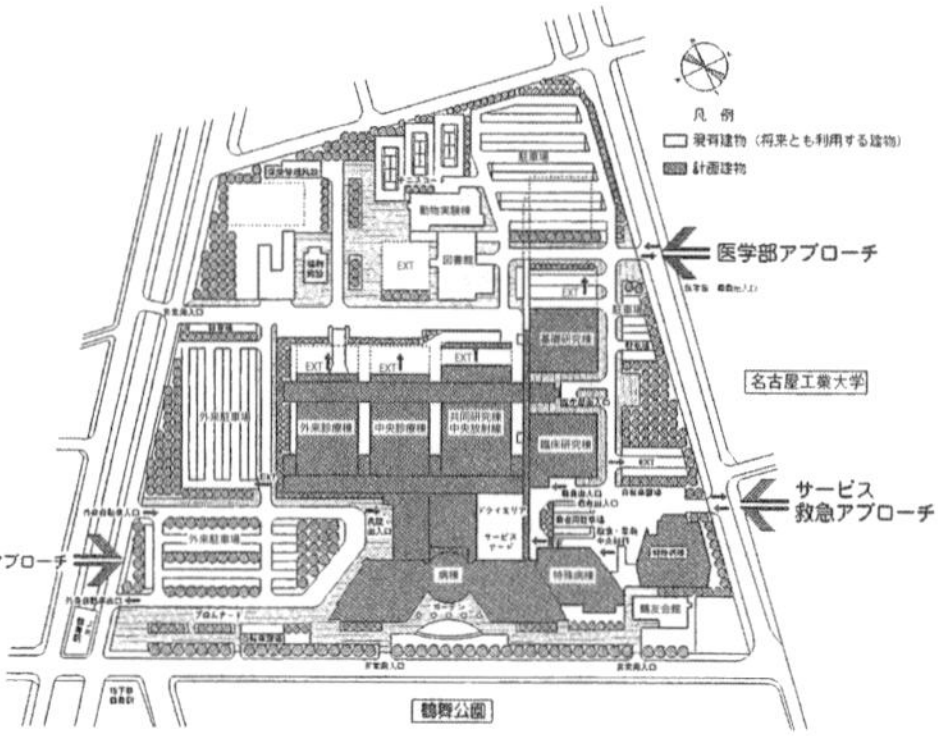

図 10–16　鶴舞団地施設整備計画図（文部省承認の計画）

3　キャンパスの再開発

鶴舞キャンパスの再開発

本節では目を転じて、一九九〇年代に進められた鶴舞キャンパスの再開発、及びこの時期から作成されるようになった「キャンパスマスタープラン」とそれに基づく施設の整備状況をみていこう（口絵1〜4も参照）。

一九八〇（昭和五十五）年頃には、医学部及び附属病院の施設や設備は、日進月歩の医学の進歩を反映した講座や診療科の増加、診療中央化の進展に即応できないままに狭隘化・老朽化の速度を増していた。さらに、当初の整備計画にはなかったアイソトープ棟や附属図書館分館が狭いキャンパスのわずかな空き地に建設され、大幸地区整備計画の縮小の余波を含めて、「どうにもならない状態にまで追い込まれつつ」あった（加藤延夫「医学部長の就任にあたって」一九八一年）。このため医学部では八二年七月、鶴舞地区将来構想委員会を発足させ議論を積み重ねた。八三年一月、同委員会に再開発の原案ともいうべき「基礎・臨床研究棟構想案」が提出された。この原案について審議が重ねられる過程で、文部省に概算要求中であった動物実験施設の認可条件として、鶴舞地区の将来計画を明示することが要請された。

その後、医学部・附属病院は、病院建築を専門とする柳澤忠研究室（工学部）に再開発計画の立案を打診、一九八九（平成元）年に医学部施設計画推進室が設置され、基本計画の検討が始まった。文部省との度重なる折衝と並行して部局内での具体的な計画の

図10–17　医学部附属病院の新病棟

検討が行われ、「医学部附属病院再整備計画」が策定された。九三年、文部省によってこの計画に基づく施設長期計画案が了承されたことから、念願の再開発が実施の運びとなった（図10–16）。空いた場所に新たな建物を建設し、古い建物からの移動を繰り返す再整備計画は、南側に病棟を配置し、その北東側からキャンパスの軸となるホスピタルストリートが南北を貫き、ストリートの西側に病院の外来や診療部門、東側に医学部の校舎が並ぶものだった。

再開発の第一段階として、一九九四年に看護婦宿舎、九五年にエネルギーセンター、九六年に病棟一期、九九年には病棟二期の建設と整備が進められた。一四階建ての高層棟として整備された新病棟は、患者の生活や看護の効率性から提案された菱形の平面形が東西に並べられ、その間を円筒状のデイルームが結ぶ形態が特徴的であり、鶴舞公園に向けて羽を広げた鶴のような姿は、キャンパスの新たなシンボルとなった（図10–17）。

東山キャンパス再開発の必要性

敷地に比較的余裕があり、グリーンベルトを中心に整然と整備が実施されてきた東山キャンパスも、一九九〇（平成二）年頃には、度重なる増築による建て詰まりや施設の老朽化が深刻な状況となった。こうした状況が、教育研究の高度化・国際化・情報化への対応や、四年一貫教育及び大学院重点化の実現に支障をきたしており、施設の抜本的改善が緊急の課題となっていた。さらに東山キャンパス東部にあったプラズマ研究所が八九年五月に核融合科学研究所（国立大学共同利用機関）に改組されて、九七年七月に岐阜県土岐市に移転することとなり、その跡地の活用も課題となっていた。

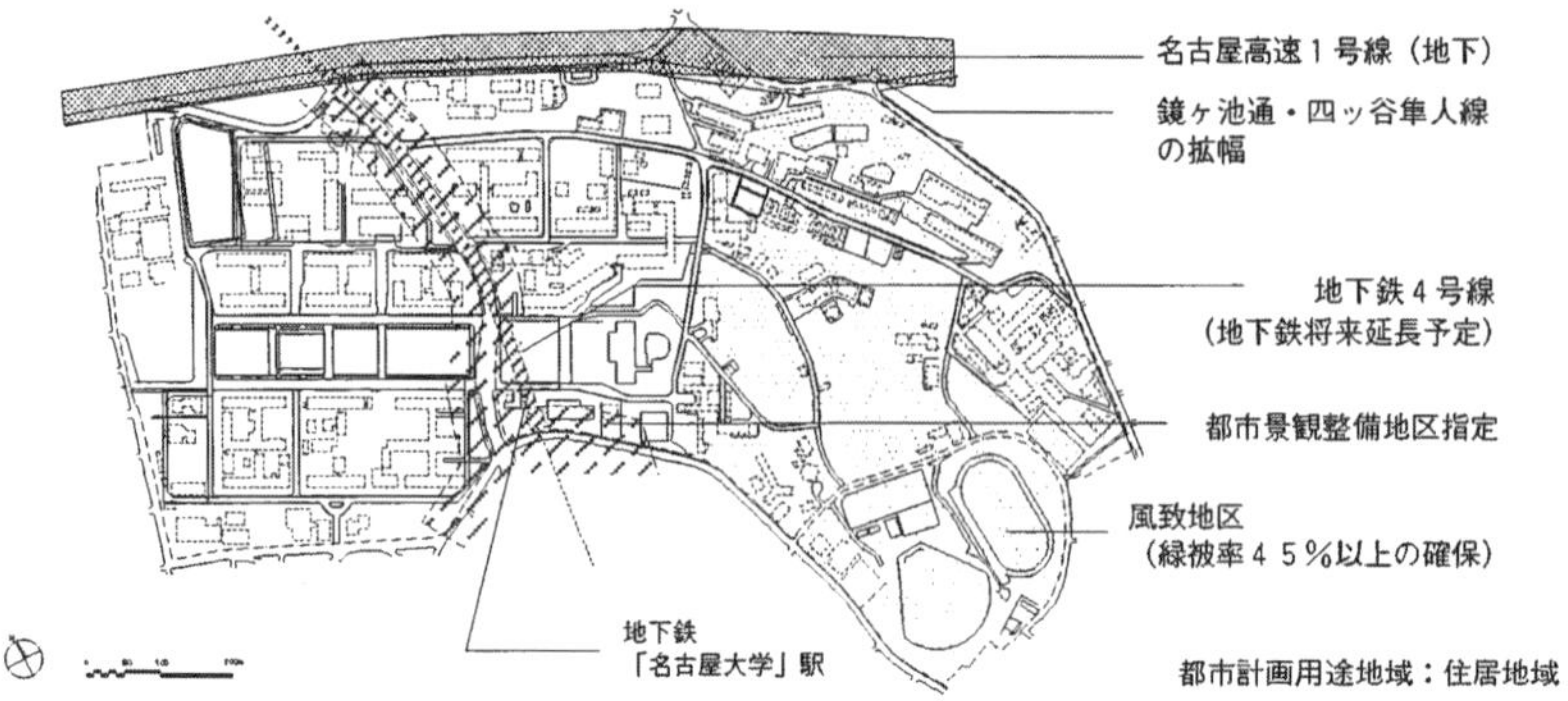

図 10–18　東山キャンパス・周辺交通の変化（キャンパスマスタープラン 1997 より）

キャンパスをとりまく地域の様子も大きく変化した。一九六〇年代、各学部が東山への統合を果たした当時の東山キャンパスは、門や塀がない典型的な郊外型のキャンパスであった。しかし、その後、周辺は商業地や住宅地として開発され、地下鉄四号線（大曽根―名古屋大学間）や都市高速一号線（吹上―高針）の工事も進み、周囲は急速に都市的様相に変化し、地域と共生する都市型のキャンパスへの変貌を余儀なくされていた（図10–18）。

この頃までの国立大学の施設整備は、一九六二（昭和三十七）年の「国立大学施設整備計画指針」を基本とする量的整備が中心となっていた。しかし施設の老朽化・狭溢化の進展も著しく、その改善が叫ばれるようになったことから、九四年に同指針が改訂されるとともに、これに基づいた「国立大学施設長期計画書」の作成が、各大学に要請された。新たな指針では、経済成長を経て豊かになった日本にふさわしい大学として、施設の質の重視への転換が求められている。また、大学の実情に応じて長期的展望に立つ施設整備計画を策定する必要性が指摘された。

先行して再開発計画が策定された鶴舞キャンパスでの成果もあり、一九九一年には本部に建築学を専門とする教官による施設計画推進室（二〇〇四年に全学共通組織として改組）、九二年には工学部施設整備推進室が相次いで設置され、東山キャンパスの工学部や文系の各ゾーンについても、個別に再開発計画が検討された。さらに、全学的な教育研究の状況や将来構想を反映し、東山・鶴舞・大幸・豊川の四キャンパスを総合的に活用する計画が求められるようになった。

以上のような背景から、東山を中心とする四キャンパスがその特色を活かし、社会的

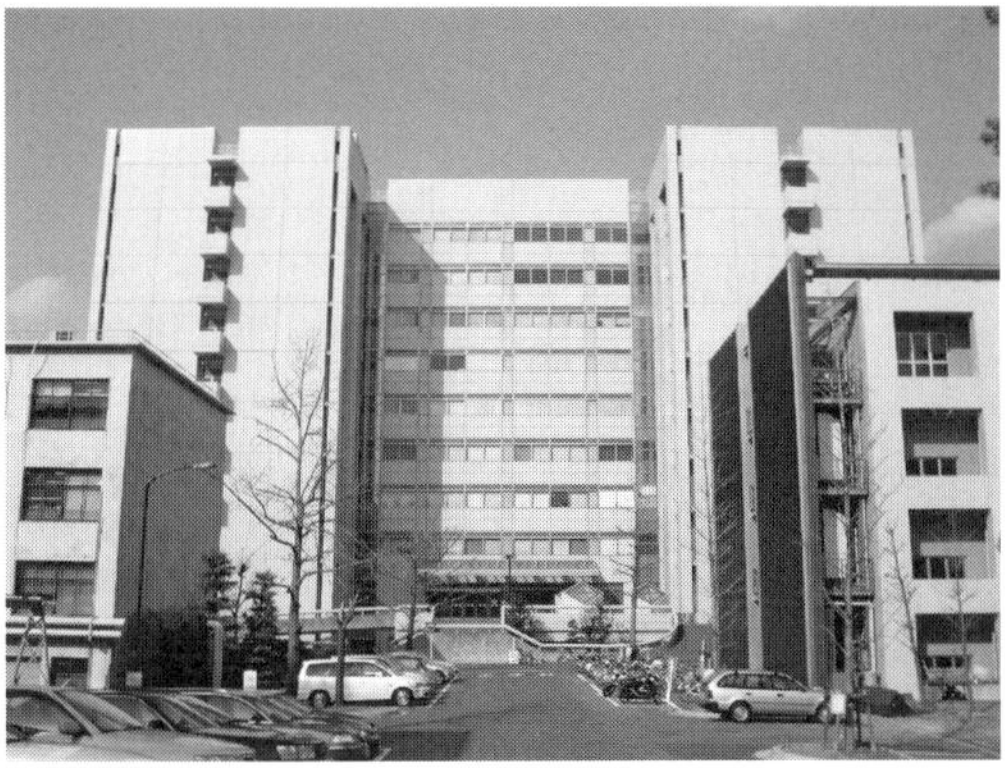

図 10–19　工学研究科 1 号館（写真は 2001 年生協入学アルバムより）

ニーズに対応できる柔軟性を備え、有機的に連携した総合的な再開発構想としてキャンパスマスタープランを策定することとなった。

初めてのキャンパスマスタープラン

一九九五（平成七）年に施設計画推進室が中心となって作成した「東山キャンパスデザインガイドライン（第一次マスタープラン）」では、東山キャンパスの空間の骨格を活かしながら、施設の全面的な建て替えによる将来像が描かれた。そこでは、豊田講堂などの建築的特徴やオープンスペースのあり方から、施設整備における「デザインガイドライン」を定めている。このガイドラインは現在まで修正を加えながら継承され、キャンパスの景観形成において重要な役割を果たしている。

工学研究科一号館（第一期一九九五年、第二期九九年、図10–19）、国際開発校舎（九四年、前掲図8–15）、人間情報学研究科棟（九七年、後掲図11–14）、多元数理科学棟（九七年、前掲図8–16）など、大学院重点化に伴ってこの時期に建設された建物は、それまでに比べ高層化が図られるとともに、デザインガイドラインに則り、白色タイル貼による外観を特徴とし、キャンパス景観の変化の端緒となった。

一九九七年、「キャンパス再開発検討WG」によって策定された「キャンパスマスタープラン一九九七」は、整備委員会や評議会での承認を経て、初めて全学合意を得たマスタープランとなった。四キャンパスの位置づけを明確にするとともに、都市や地域との共生を掲げ、各キャンパスの特色を尊重し、将来の変化に適応可能で合理的なキャンパス計画とすることを基本理念とした。東山キャンパスについては、あらためてグ

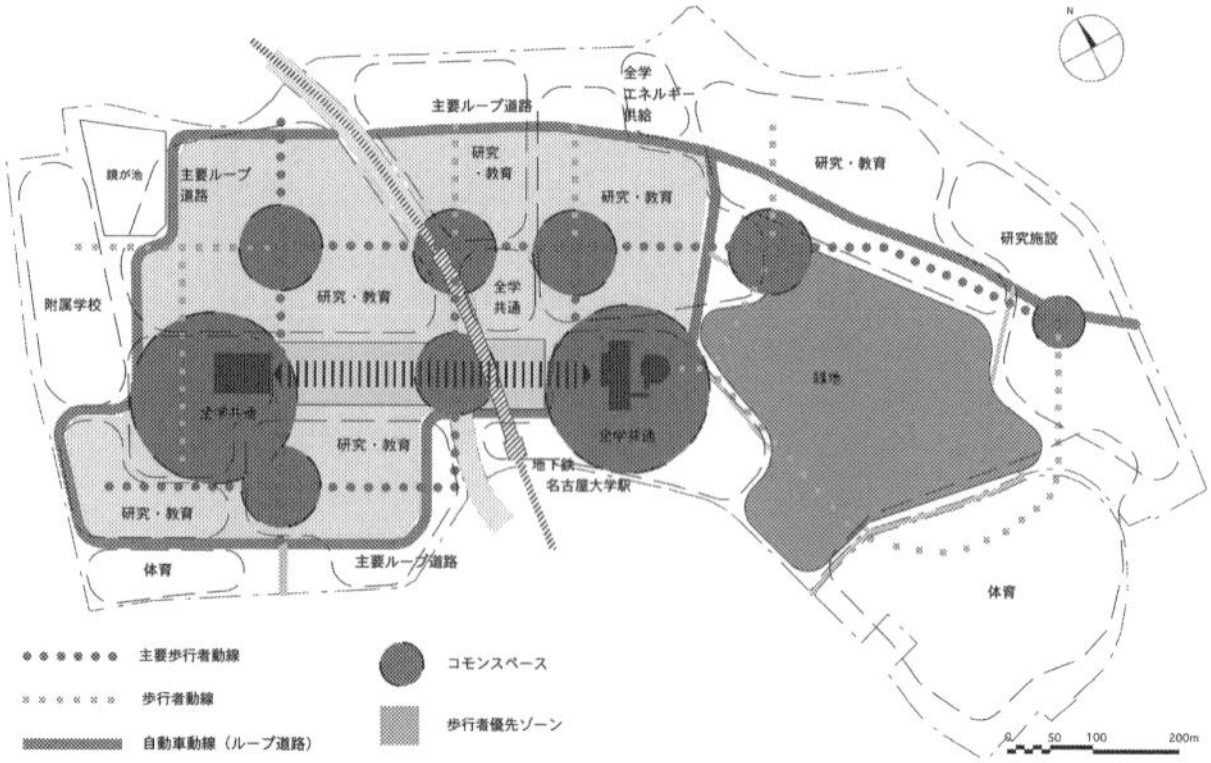

図 10–20　キャンパスマスタープラン 1997　キャンパス内交通とコモンスペース

リーンベルトと豊田講堂背後の緑地を空間構成上の基盤として継承するとともに、文系、工学、理学等の地区ごとに再開発に向けたゾーニングの考え方を示した（図10–20）。

キャンパスマスタープランとは、大学の運営理念に基づき合意形成したキャンパスの計画目標であり、継続的に実施される施設・環境整備の指針である。東山キャンパスにおいては、門のない開かれたキャンパスの理念や、豊田講堂から西方へ連なるキャンパスの軸となるグリーンベルト、及び、豊田講堂の東に広がる緑地という空間の骨格を継承するということがキャンパスマスタープランで明確に位置づけられた。

国立大学等施設緊急整備五か年計画とキャンパスマスタープラン二〇〇一

一九九五（平成七）年に起こった阪神・淡路大震災では、一九八一（昭和五十六）年の建築基準法改正前に建てられた旧耐震基準の建物の被害が甚大であったことから、全国的にそうした建物の耐震補強が急務となっていた。また、文科省では、二〇〇〇年の科学技術基本計画や「国立大学等施設の整備充実に向けて（有馬レポート）」をうけ、大学院の狭隘化の解消、卓越した教育研究の実績がある拠点の整備、既存施設の活性化等の観点から、「国立大学等施設緊急整備五か年計画」を策定し、国の財源不足が深刻化するなか予算確保に努め、整備の取り組みを強化した。

名大においても、二〇〇〇年に「名古屋大学学術憲章」（第11章1節、巻末資料3参照）を制定し、その具体化に必要な優れた環境を創造するための方向性を示すものとして、新たなマスタープランが求められた。また、豊川団地にある太陽地球環境研究所の東山移転が決定されたため、あらためて、東山・鶴舞・大幸の三キャンパスとその他の団地

図 10–21　地下鉄名古屋大学駅出入口

を含む構想が求められた。

こうして、学術憲章の実現に向けての環境整備理念として、「名古屋大学キャンパスマスタープラン大綱」が定められた。大綱では、「①個性的で開かれたキャンパス、②知の創造を促すキャンパス、③知の交流を促すキャンパス」の三点が基本目標とされ、その実現のために「①全学的協力による一体的な整備、②土地・施設の弾力的な活用、③計画・管理・評価体制の確立」という基本方針が定められた。

この大綱に基づき、各キャンパスの位置づけを明らかにしたうえで「名古屋大学キャンパスマスタープラン二〇〇一」が策定された。大綱に定められた施設の弾力的な活用を具現化するものとして整備が進められた「総合研究棟」においては、全学からの公募等により重点プロジェクトで利用可能な「全学共用教育研究スペース」を延床面積の二割程度確保するなど、部局の枠を超えた施設の運用を可能にする方針が定められた。

地下鉄の開通

「キャンパスマスタープラン二〇〇一」策定当時の東山キャンパスにおける重要な課題の一つが、名古屋市営地下鉄名城線（地下鉄四号線）の工事後の復旧と開通後のキャンパス計画であった。一九九七（平成九）年、総長より施設計画推進室に、名古屋市交通局との駅舎・自転車置場・換気塔など地上工作物のデザインに関する折衝が委任され、具体的な検討が開始された。交通局の当初案では、山手通りとグリーンベルトが交わる中央両側に地下鉄駅出入り口が計画されていたが、名大側ではグリーンベルト中央に駅舎が配置されることによりキャンパス東西の視覚的連続性が損なわれることを懸念

図 10–22　IB 電子情報館

し、グリーンベルトの南北に山手通りと直交する方向に出入り口を配置することを提案した。度重なる交渉の末、通りに平行する現在の位置に定まり、グリーンベルト東西を透過するガラス張りのデザインに帰結した（図10–21）。また、その他の地上工作物や駅コンコース等を含め、東山キャンパスの外周部に使われている緑色の石やガラスを基調とした、キャンパスとの整合性を持つデザインにすることとなった。

地下鉄駅開通以前、東山キャンパスへの主な移動手段は、東山線本山駅からの徒歩と金山・八事方面からの市バスであった。一九九四年頃より長きにわたり、本山駅から東山キャンパスに至るまでの工事により不便な状態が続いていたが、二〇〇三年十二月、砂田橋駅から名古屋大学駅に至る地下鉄四号線が開通、翌〇四年十月には八事方面への延伸により名城線の環状化が完成した。それまで多くの来学者がキャンパスの南北からアプローチしていたが、中心にできた駅から湧き出るようにキャンパスにアクセスするという大きな動線の変化をもたらした。また、地下鉄工事により掘り返された本山から八事の四谷・山手通り沿道の復旧にあたっては、名古屋市とともに地域の住民を交えたワークショップを主導し、舗装、街路樹、街灯、電線の地中化等の景観整備を行った。

同時期に工学系の教育研究施設として計画されたＩＢ電子情報館（第一期二〇〇一年、第二期〇三年）は、地下鉄出口に至る階段の踊り場に設ける開口部から直結する計画となっていた。しかし、仮に大学側の開口から地下鉄構内への浸水被害が起こった場合には大学が無過失でも責任を負うとする契約を名古屋市が求めたこと、また、二〇〇〇年に起こった東海豪雨の経験による懸念もあり、地下鉄開業当初、開口は閉じたままとなった。〇九年にようやく開口が開けられ、ＩＢ館地階にはコンビニエンスストアも開

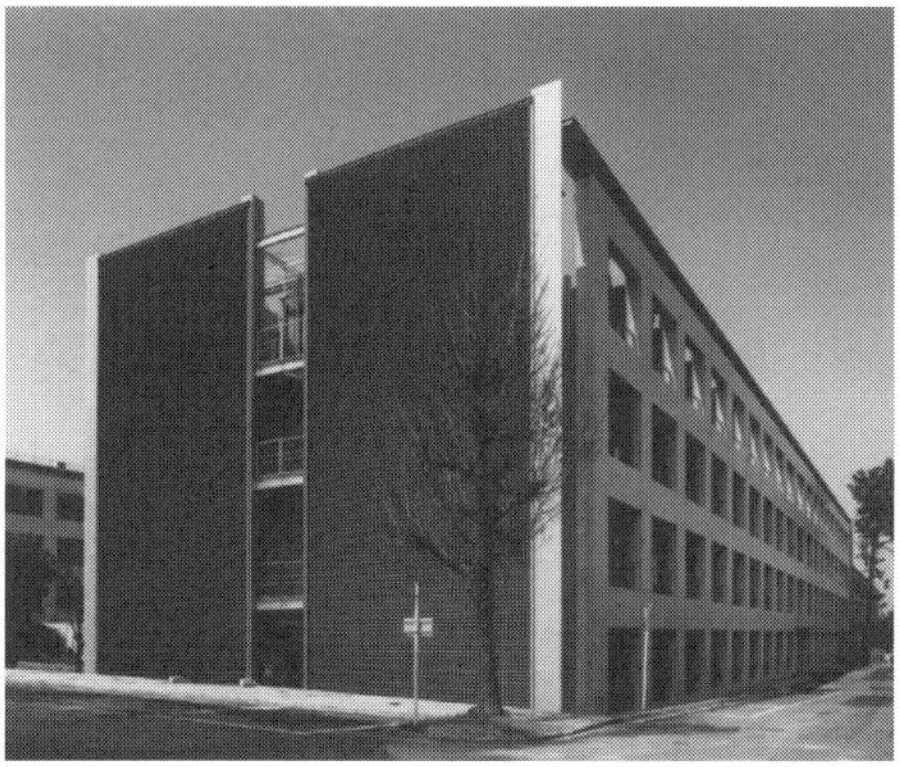

図 10–23　工学部 2 号館（右：改修前，左：改修後）

業して現在の形となった。

このＩＢ電子情報館には、地域と大学との交流拠点として、屋内外に様々なパブリックスペースが作られている。グリーンベルトに面した南棟を低層に、北棟を高層にする計画はマスタープラン二〇〇一を反映したものであり、多くの学会等のイベントが開催される東山キャンパスの中心的施設となった。こうして再生された地下鉄駅及びＩＢ電子情報館は、名古屋市都市景観賞や愛知まちなみ建築賞を受賞するなど、新たな名大の景観を生み出した（図10–22）。

耐震工事の進展とグリーンベルト周辺建物の再生

阪神・淡路大震災以降、国立大学の施設整備は、それまでの新築・改築など増床を主眼とする整備から、既存施設の耐震補強を伴う大規模改修による長期利用へと大きく政策の舵が切られた。二〇〇〇（平成十二）年から始まった「国立大学等施設緊急整備五か年計画」では、当初予算に加えて大きな補正予算が投入され、全国的に老朽施設の耐震化が進められた。名大においても、旧工学部一号館を改築したＩＢ電子情報館以降のグリーンベルト沿いの建物では、この方針に基づき改修整備が実施された。

豊田講堂から西方に延びる幅一〇〇ｍのグリーンベルトは、名大を代表する景観である。その南北両側の建設後四〇年を経た工学部や文系部局の施設群もまた、景観を構成する重要な要素である。こうした認識もあって、既存外壁の外側に新たにコンクリートの柱・梁によるフレームを組み、建物を挟んで補強する外殻フレーム構法により耐震改修が進められた。外殻フレームは、構造的な補強と同時に、既存外壁との間に置かれる

図 10–24　ヴァリーニの錯視アート（全学教育棟）

設備機器や配管類の目隠しとなり、庇として日射を遮蔽するなど、多重的な効果を生み出している。

全国的にも先駆けとなるこの構法により、理学部A館（二〇〇一年）、工学部二号館（〇二年、図10-23）から、文学部本館（〇二年）、法・経本館共用館（〇四年）、工学部三号館（〇八年）、全学教育棟（〇八年）と一連の整備を行い、統一感のある景観を再生した。

全学教育棟の改修工事にあたっては、学生が計画に参画し、学内経費によりモニュメントを含む環境整備が行われた。フランス在住のアーティスト、フェリチェ・ヴァリーニによる錯視アート（図10-24）が描かれたほか、学生主体により運営されるプロジェクトギャラリー「Clas」がオープンし、文化・芸術発信の場として再生した。

先端的かつ記念碑的研究施設の整備

「国立大学等施設緊急整備五か年計画」では、大学院拡充による狭隘化の解消や卓越した教育研究拠点の整備といった整備方針もあり、名大においても、文系総合館（二〇〇二〔平成十四〕年、後掲図12-4）、環境総合館（〇三年、後掲図11-13）、理学館（〇三年）、高等総合研究館（〇四年、後掲図11-12）など、多くの施設が建設された。

特に、二〇〇一年にノーベル化学賞を受賞した野依良治特別教授の業績を称え、その研究を継承発展し、広く発信するために整備された野依記念物質科学研究館、及び野依記念学術交流館（二〇〇三年）は、日本建築学会賞（作品）受賞者の指名プロポーザルにより選定された建築家・飯田善彦の設計によるユニークな建物であり、東山キャンパ

図 10–25　野依記念学術交流館上階の外国人研究者用居住施設

スにおける記念碑的な建築となった。理学部エリアと東部緑地の境界にあたる場所に、緩やかなカーブを描き連続する二棟の外壁とガラスの壁によって、新たなオープンスペースを生み出している。物質科学研究館は、最先端の化学系研究実験棟のモデルとして、建物に囲まれた中庭に設備スペースを設けることで自由になった各外壁面が独自の表情を持つ（前掲図8-23）。学術交流館は、研究集会などを開催するホールや会議室、上階には外国人研究者の長期滞在用宿舎（図10-25）を備える。深い緑地の樹木をできるだけ残すよう、谷筋に沿って楕円形に切り取られたガラス張りの室内空間は、緑に包まれた心地よい場所となっている（口絵6）。

赤﨑記念研究館（二〇〇六年、口絵10）は、赤﨑勇特別教授（一四年ノーベル物理学賞、口絵9）が世界に先駆けて研究した青色発光ダイオードの開発に至る学術成果を記念して、その功績を広く世に伝え、学術創生の重要性を後に続く若い世代に継承すべく、青色発光ダイオードに関する特許実施料収入により建設された。前面に交流広場を設け、広場に面する南東面をレンガの風合いのタイル貼りとし、重厚感と落ち着きを持たせるとともに、シャープな金属製の庇、コンクリート打放しの展示室、豊田講堂の時計塔（LED製）を臨む最上階の赤﨑特別教授室がアクセントとなり、特徴的な外観を形成している。

第11章　法人化への道

1　理念の確立と法人化の準備

国立大学法人化への動き

本章では、国立大学の法人化という、戦後改革以来の大きな変動が次第に迫るなか、名大がこれにどのように対応しようとしたのかをみていく。本節では、名大が法人化の政治過程を見据えつつ長期的な理念を確立して改革の方向性を定め、やがて法人化への準備に本格的に着手していく経緯について述べる。

国立大学の法人化論は、早くは大学紛争後、一九七一（昭和四十六）年の中央教育審議会（文部省）の答申に登場したが、文部省がこれを採用することはなかった。八七年には、臨時教育審議会（首相直属）の第三次答申に盛り込まれたが、この時は中長期的な調査課題とされるにとどまり、当面の政策とはならなかった。

その後、一九九六（平成八）年に第二次橋本龍太郎内閣が設置した行政改革会議において、中央官庁をスリム化する方策として独立行政法人制度の創設が提言されると、その一環として国立大学の法人化も取り沙汰されるようになった。それでも、文部省と国

図11-1　文部省企画官が「中央省庁再編と大学改革について」と題して講演した名大幹部職員研修（1999年1月）

立大学協会（以下、国大協）の強い反対により、行政改革会議の最終報告は国立大学法人化を将来の検討課題と結論した。九八年六月に制定された中央省庁等改革基本法でも、大学改革の必要性を述べつつも法人化については明記されなかった。

しかし、一九九八年七月に橋本内閣に替わる小渕恵三内閣が成立し、参議院で少数与党となった自由民主党が、行政改革に積極的な自由党との連立に向けて動き出すと、法人化をめぐる状況が変わり始めた。自・自連立の小渕改造内閣が成立した九九年一月、中央省庁等改革推進本部が決定した改革に係る大綱には、大学の自主性を尊重しつつとしながらも、法人化を大学改革の一環として検討し、二〇〇三年度までに結論を得るとの文言が盛り込まれた。

これをうけて国大協は、反対の立場は維持しつつも法人化の検討に着手し、一九九九年九月には「国立大学と独立行政法人化問題について（中間報告）」を取りまとめた。文部省も、同月の国立大学長・大学共同利用機関長等会議で、「国立大学の独立行政法人化の検討の方向」と題する検討方針を明らかにした。これらの法人化構想は、経営と教学を一体化した運営組織、教職員の国家公務員身分、教員人事における教育公務員特例法の適用、中期目標・計画や評価における大学の意向や主体性の重視など、できるだけ現行の枠組みを維持しようとするものであった。自民党でも、二〇〇〇年三月に文教部会がこうした法人化案に沿ったレポートを発表し、これが大筋で党の政策となった。国大協は、意見対立を抱えつつも、同年七月に第一回が開催された文科省の「国立大学等の独立行政法人化に関する調査検討会議」（以下、調査検討会議）に参加し、法人化の制度設計の検討に加わることになった。〇一年二月には、国大協の設置形態検討特別委

NEWS

法学部が四者協議会主催シンポジウム
「どうする国立大学 －法人化問題をめぐって－」を開催

図 11-2　法学部シンポジウム「どうする国立大学—法人化をめぐって—」を報じる『名大トピックス』(2001 年 3 月)

員会が作成した「国立大学法人の枠組についての試案」が各国立大学長に配付された。

ところが、二〇〇一年六月、「聖域なき構造改革」を掲げる小泉純一郎内閣が成立した。小泉首相は、就任直後の国会答弁で国立大学の民営化への賛意を述べるなど、急進的な大学改革論者であった。文科省は、民営化論の拡大を食い止めるため、同年同月に「大学（国立大学）の構造改革の方針」（遠山プラン）を取りまとめ、国立大学の再編統合、民間的発想の経営手法、第三者評価による競争原理といった、構造改革に沿った法人化構想を打ち出すことを余儀なくされた。〇二年三月に調査検討会議が発表した最終報告「新しい「国立大学法人」像について」も、この方針の影響を強く受けたものとなった。ここにおいて国大協も、同年四月の臨時総会で、最終報告への批判や懸念を抑え、法人化の準備に入るべきことを正式に承認した。

そして、二〇〇三年二月に国立大学法人法案が閣議決定され、開会中の第一五六回国会に提案された。野党は、国立大学に対する規制を強め、大学の自主性をかえって損なうのではないかとの懸念から同法案に反対したが、与党の賛成多数により、多くの付帯決議を付して七月九日に成立、同年十月一日に施行された。

同法は、大学ごとに法人格を付与し、さらに職員を非公務員とすることなどによって財務・組織・人事面の規制を大幅に撤廃し、役員会や経営協議会を設置して、学外者も参画させつつ民間的発想のマネジメントを可能にするものとされた。また、大学ごとの中期目標・中期計画とそれに対する第三者評価が制度化された。こうして国立大学は、その活動を国民の前に広く公表して評価・チェックを受けつつ、国内外での競争にさらされるという、厳しい環境に身を置くことになった。

図 11–3　松尾稔総長
(1998 年 4 月–2004 年 3 月)

組織改革検討委員会の設置

一九九八（平成十）年四月一日、工学研究科の松尾稔教授が第一一代総長に就任した。松尾総長は、『名大トピックス』掲載の就任の挨拶文で、学術のあり方を考える際、現在がパラダイム（価値観や考え方）の歴史的転換期であるとの認識がぜひ必要であると述べた。日本をはじめとする先進諸国の人々は、技術の進歩とそれがもたらした豊かな生活に漠然とした疑問を抱き始めており、科学技術に携わる人々には、その先進性を追求するあまり、人間社会における「総合」と「調和」のコンセプトを欠いたという強い反省があるとした。そして学術の「先端性と調和」を同時に追求するためには、科学技術分野と人文社会科学分野の強い連携が必要であると主張した。この「先端性と調和」の理念は、九五年に設置された理工科学総合研究センター（第8章2節参照）のセンター長に就任した際、すでに表明していたものである。

国立大学の法人化論は、前項で述べたように、一九九八年七月の小渕内閣の成立以後、特に九九年に入ると、本格的な検討が行われるようになった。松尾総長は、国大協で法人化問題を検討した第一常置委員会小委員会の委員長を務めるなど、この問題の状況を特に敏感に察知する立場にあった。また、行政改革の波は国立大学にも確実に押し寄せていた。九八年六月制定の中央省庁等改革基本法では、国家公務員の定員を一〇年間で少なくとも一〇分の一削減するとしていた。さらに九八年十月には、大学審議会（文部省）が「二一世紀の大学像と今後の改革方策について―競争的環境の中で個性が輝く改革―」を答申した。法人化の是非とは別に、名大はこれらに対応しなければならなかった。

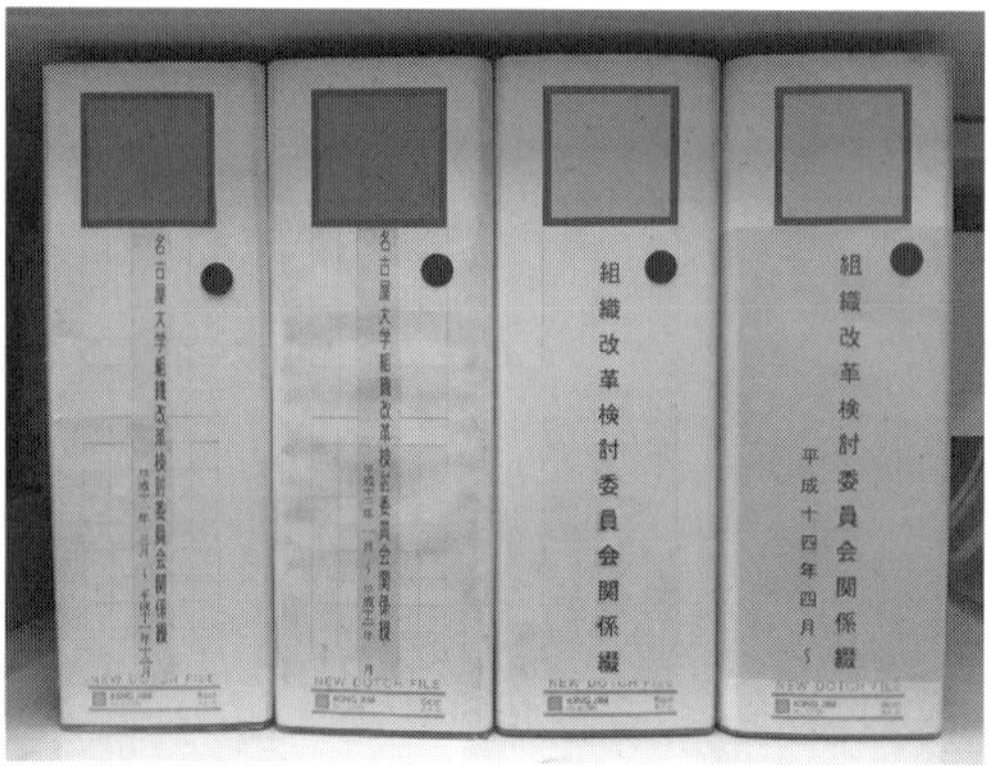

図 11–4　組織改革検討委員会議事録

　このような状況をうけ、評議会の下に置く全学委員会として、組織改革検討委員会（以下、検討委）が設置され、一九九九年四月十三日にその第一回が開催された。検討委は、総長を委員長とし、副総長、事務局長、学部長、独立研究科長、附置研究所長、附属図書館長、医学部附属病院長、言語文化部長、総合保健体育科学センター長を構成メンバーとした。検討委には小委員会を置き、それぞれには検討委の委員のほか、若干名の専門委員が配置された。検討委発足当時の小委員会としては、組織検討小委員会、管理運営検討小委員会、全学共通基盤整備小委員会、教育研究組織創設等小委員会があった。小委員会の委員長・副委員長には、副総長か学部長が就任した。検討委は、二〇〇二年一月までに四四回、ほぼ一か月に一回のペースで開催され、各回の間には小委員会で検討が行われた。また、小委員会には適宜ワーキンググループが置かれた。

　組織検討小委員会では、教官・職員の定員削減問題、高等研究院設置問題（次節参照）、教学院（資格教育院）設置問題、全学計画評価委員会設置問題等が議論された。管理運営検討小委員会では、評議会・部局長会の機能・構成問題、運営諮問会議設置問題（本節で後述）、総長補佐設置問題（二〇〇二年四月設置）、全学委員会のあり方問題等が議論された。全学共通基盤整備小委員会では、博物館・情報基盤センター等の全学共通基盤整備（次節参照）のための、教官定員の確保をはじめとする方策等が議論された。教育研究組織創設等小委員会では、共通教育問題（教学院構想、のち教養教育院設置問題、次節参照）、中核的研究機関設置問題（のち環境学研究科・地球水循環研究センター設置問題、次節参照）、発達心理精神科学教育研究センター設置問題（次節参照）、生命科学に関する研究科設置問題、情報科学研究科設置問題（次節参照）等が議論された。このように、

図11-5　山下興亜

この時期の組織の設置・再編は、検討委の議論を経て実施されていったのである。

学術憲章の制定とアカデミックプラン

一九九九(平成十一)年八月、検討委に将来構想小委員会(以下、構想小委)が設置された。構想小委は、にわかに現実味を帯びてきた国立大学法人化を想定し、名大の将来構想を立てるとともに、その実現のための手順、体制及び検討事項を整理し、あり方を提案することを任務とした。それまでの検討委小委員会は、基本問題の小委員会(組織検討、管理運営検討)と課題別の小委員会(全学共通基盤整備、教育研究組織創設)に分類されていたが、構想小委は「コーディネイト小委員会」とされ、二人の副総長、検討委の他の小委員会の委員長または副委員長、国大協第一常置委員会専門委員の奥野信宏教授(経済学部)などから構成されていた。委員長には、山下興亜《おきつぐ》副総長が就任した。

構想小委がまず検討したのが、名大の「アカデミックプラン」であった。アカデミックプランは、名大の現状と課題を分析したうえで、あるべき教育研究理念とその実現のための組織方針の概要を大胆に提起するものとして作成された。構想小委は、一次案、二次案を経て、一九九九年十二月に「名古屋大学アカデミックプランについて(案)」(以下、プラン案)を取りまとめた。

プラン案は、I章で日本の高等教育をめぐる情勢についてまとめ、II章で名大の歴史と現状・課題について確認したうえで、III章で「本学の基本理念」を述べる。そしてIV章が、「理念実現のための組織及び管理運営構想」である。このIV章によると、教育研究組織は縦断細分型組織(部局組織)と横断包括型組織(全学共通組織)の二次元の体制

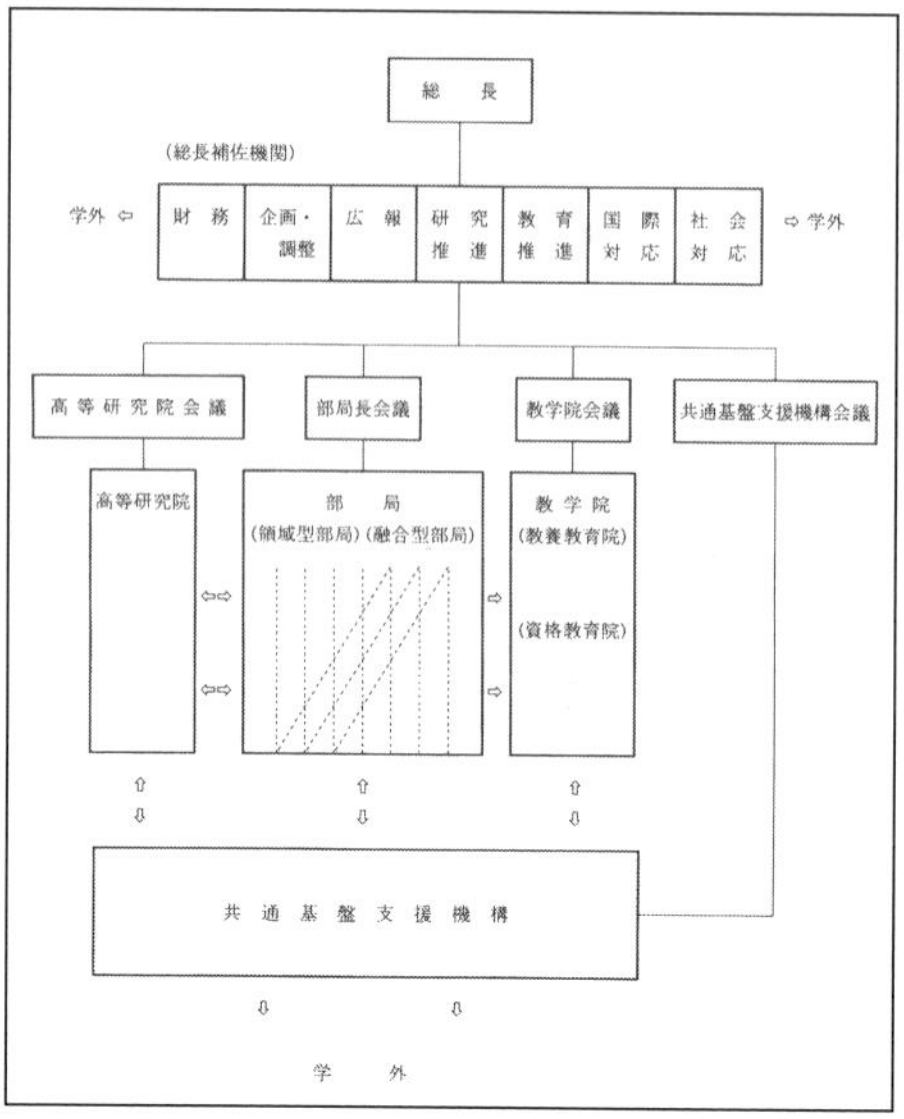

図 11−6　アカデミックプラン案の教育研究活動展開図

を基本構造とし、部局組織は領域型部局と融合型部局で構成し、全学共通組織は高等研究院、教学院、共通基盤支援機構から構成するというものであった（図11−6）。部局組織では、既存部局（領域型）に加えて、既存部局の再編・整備によって融合型部局を設置することがその特徴であった。全学共通組織では、部局にとらわれない研究専念組織である高等研究院と、教養教育院と資格教育院からなる教学院の設置が重視された。管理運営組織としては、評議会は総長を議長とする「大学の意思形成機関」として重要事項を審議し、総長の下に運営諮問会議を設置、総長補佐機関として各分野の専門部を置くなど、総長の主導性を強める方向性が見て取れる。

プラン案は各部局に持ち帰って検討されたが、Ⅲ章の基本理念についてはおおむね了解が得られたものの、Ⅳ章の組織・運営構想については、短期間で全学的な合意を得ることは容易ではなかった。そこで、まず基本理念を確定し、そのうえで具体的な方策を検討することになった。こうして、プラン案のⅢ章をもとにして作成され、二〇〇〇年二月十五日の評議会で承認されたのが、「名古屋大学学術憲章」である（全文は巻末資料3を参照）。ここにおいて、「人間性と科学の調和的発展」を追求する研究と「勇気ある知識人」の育成を目指す「基幹的総合大学」であるという名大の基本理念が確立した。

また、学術憲章の制定にあたっては、その付属文書として「名古屋大学学術憲章の制定にあたって」が、評議会で承認のうえ発表された。これは、プラン案のⅠ章・Ⅱ章・

NAGOYA UNIVERSITY TOPICS

名大トピックス

名古屋大学学術憲章を制定するにあたって

総長　松尾　稔

CONTENTS

図 11–7　学術憲章の発表のために刊行された『名大トピックス』78号別冊

Ⅳ章の内容からなるものである。ただし、Ⅳ章の骨子であった前述の組織・運営構想については、「参考資料」として掲載するにとどまった。それでも、アカデミックプランは全学の大枠の合意を得ることはできたとされ、検討委でさらに検討し、具体化を図ることになった。その後、あらためて評議会の承認を得ようとした形跡はなく、実質的には「名古屋大学学術憲章の制定にあたって」がアカデミックプランとして取り扱われるようになった。アカデミックプランは、すべてが実現したわけではないが、以下で述べるように、名大の法人化に向けての諸改革の基礎になったといえる。

法人化を見据えての検討へ

二〇〇〇（平成十二）年度に入ると、五月に検討委の構想小委の下に「法人化制度に関するワーキンググループ」（以下、法人化ＷＧ）が設置され、奥野信宏副総長（〇〇年四月就任）がその主査となった。同年九月七日の構想小委では、法人化ＷＧが作成した「名古屋大学の法人化と大学運営について」が検討され、検討委、各部局での議論を経て、同年十一月二十一日に「名古屋大学の法人格の取得と大学運営について」としてまとめられた。さらに構想小委は、法人化ＷＧで「国立大学法人名古屋大学法（仮称）案」を立案し、これが検討委を経て同年十一月に評議会・部局長会で報告された。松尾総長は検討委において、国から法律等が提示される前に大学内部の検討資料として用意しておく必要があること、現段階で国立大学法人化を法案として検討している大学は東大と名大だけであり、これらを国大協で検討して早めに公表できる方向で準備を進めたい、と述べている。

図 11-8　奥野信宏

二〇〇一年五月には、法人格取得後の管理・運営を検討するため、検討委に人事・労務小委員会、財務・会計小委員会を設置した。また、構想小委以外の既存の小委員会についても、法人格取得後の事項の検討が正式な任務として加えられた。同年九月には、小泉内閣の構造改革路線の影響を受けた前述の「新しい「国立大学法人」像について」（文科省調査検討会議）の中間報告が発表されていた。同報告は、国立大学間の積極的な再編・統合の必要性を主張したが、これをうけて同年十一月の財務・会計小委員会では、国立大学間の統合についての問題が議論されている。もはや法人化への動きは加速し、どのような形で法人化するのかが焦点となりつつあった。名大での検討も、こうした動きと同時並行で行われた。同年十二月には、検討委が「法人格取得にあたっての課題等の検討について（中間報告）」を取りまとめ、学内からの意見を徴したうえで〇二年三月に最終報告が採択された。

二〇〇二年四月には、検討委の再編成が行われた。小委員会が目標・計画・評価、組織・運営、人事・労務、財政・会計、附属病院、法人制度検討、新組織創設等構想の七つの常置小委員会に再編され、法人化準備のための委員会としての性格をさらに強めた。また、検討委の本委員会は審議時間が短縮され、小委員会の重要性がより高まった。〇三年に入ると、部局長会と構成員がほぼ同じである本委員会は別個には開かれなくなり、小委員会が実質的な検討委になった。検討委は、〇二年十月の中間報告、〇三年十月の検討経過報告を経て、法人化直前の〇四年三月に「名古屋大学の法人化に向けて」の最終報告を取りまとめた。

表11-1　名古屋大学運営諮問会議委員（第1期）

会長	大﨑　仁（国立学校財務センター所長）
副会長	岡崎恒子（藤田保健衛生大学総合医科学研究所教授）
委員	金子元久（東京大学大学総合教育研究センター長）
委員	河内弘明（愛知県副知事）
委員	柴田昌治（日本ガイシ株式会社代表取締役社長）
委員	清水哲太（トヨタ自動車株式会社取締役副社長）
委員	中川久定（京都国立博物館長）
委員	水谷丈市（愛知県公立高等学校長会副会長）
委員	柳田博明（財団法人ファインセラミックスセンター専務理事）
委員	若子敦弘（新日鉄情報通信システム株式会社顧問）

注）肩書は運営諮問会議発足時のもの。

運営諮問会議

松尾稔総長は、前項までのように政府や国大協の動きを見据えながら急ピッチで進められた組織改革等について、説明会や全学集会のほか、ウェブサイトに「総長だより」のコーナーを設けるなど、学内への情報公開に努めたが、議論の内容を最も目立つ形で公表したのが運営諮問会議であった。

運営諮問会議（以下、諮問会議）は、大学審議会の答申をうけて一九九九（平成十一）年五月に改正した国立学校設置法により、学長の諮問機関として設置が義務づけられた、学外有識者からなる会議である。法人化後の経営協議会につながるものであるが、大学運営に関する重要事項のほか、教育・研究についての将来計画等に関しても審議するものとされていた。名大でも、二〇〇〇年四月一日に諮問会議を設置した。その委員は、表11-1の通りである。

第一期の諮問会議は、二〇〇〇年七月から〇二年三月まで六回開催され、「名古屋大学の発展の基本的方向について」を答申した。答申では、基本的方向として、学術憲章に基づくアクションプランの策定、新時代の要請に応える人材の育成と研究の展開、優秀な人材の誘致、優秀な学生の確保、世界水準のキャンパス・施設の整備が挙げられていた。そのほか、ユーザーの視点からの教育・研究の推進、学外との連携協力の強化、自主・自律の運営体制の確立とアカウンタビリティ（説明責任）の向上、が強調された。

この第一期の諮問会議の議事録は、広報誌『名大トピックス』に掲載されており、特に第四回会合には一四頁、第五回会合には一五頁の誌面を割いている。同誌ではきわめて異例のことであり、松尾総長が諮問会議を重視していることが見て取れる。名大で

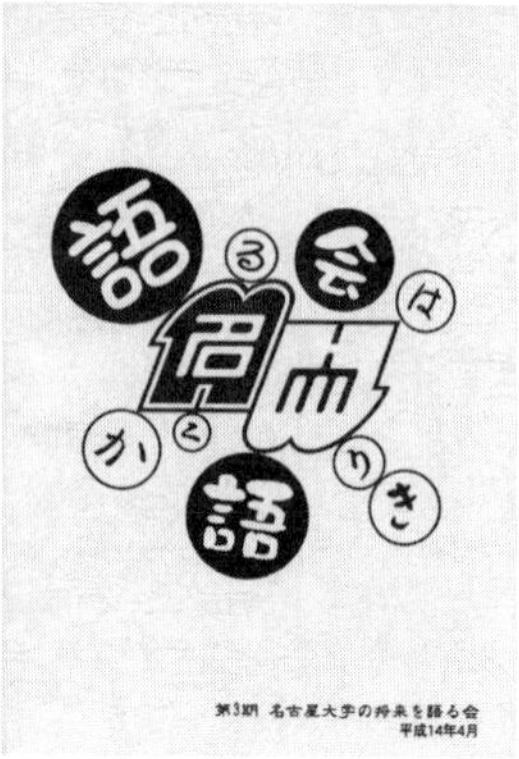

図 11-9　「名大の将来を語る会」報告書

は、有識者の意見を聴くため、すでに一九九三年から名古屋大学懇話会を年一回程度開催し、報告書を公表していたが（第8章2節参照）、法令に基づいた組織ではなかった。前項で述べたように、この時期は検討委を中心に法人化に向けての議論が本格化していた時期であった。

名大の将来を語る会

この時期における、名大の将来像や理念の検討、法人化へ向けての議論が行われた場として異色の存在が、「名大（名古屋大学）の将来を語る会」（以下、語る会）である。語る会は、一九九八（平成十）年十一月に発足した。部局長会の承認を得ているが、のちに設置された総長補佐のような公式のものではなく、第一期の報告書には「総長の私的諮問機関」と記されている。総長を座長とし、部局から一人ずつ選ばれた中堅教官（教授もしくは助教授）を委員とするが、各部局を代表するものではないとされた。総長が指名する幹事一人が置かれたが、これも教官であり、事務官はこの会に関わらないものとされた。

語る会は、名大の「将来ビジョン」を議論することを通じて、独立した部局が縦割りに並んでいてその上に名大という屋根が被さっている状態の名大が総合大学としての力を発揮するための、専門領域を超えたネットワークづくりを目的に掲げた。自由な議論を行うことに重きが置かれたが、議論の中で出てきた案を検討委・評議会・部局長会に諮ることもあるとされた。月二回程度、一時間半の議論が行われ、そのほかにテーマ別のワーキンググループが置かれた。日常的にもEメール等で議論が行われたという。また、語る会のメンバーが、検討委の小委員会に入ることもあった。

語る会は、松尾総長任期満了の二〇〇三年度まで続いた。検討委設置に先行して始まった第一期（一九九八年十一月〜二〇〇〇年三月）は、アカデミックプランが検討された時期と重なっており、実際に語る会の議論がアカデミックプランに大きな影響を与えた。第二期（〇〇年度）は、アカデミックプランの実現に資するため、名大の将来像に関する理念的検討が行われた。〇一年四月には、語る会が全学討論会「提言：名古屋大学はどうあるべきか」を開催した。第三期（〇一年度）に入ると、語る会のあり方に対する学内の疑念や批判を受けて、「総長の私的懇談会」として位置づけられるようになったが、部局の垣根を越えた自由で大胆な議論が行われる場であることは変わらなかった。その後、メンバーから名大や部局の運営を担う役割を果たした教員が多く出ている。第一三代濵口道成総長や第一四代松尾清一総長も、語る会のメンバーであった。

2　法人化に向けての組織再編

教養教育院の設立―全学共通科目から全学教育科目へ―

本節では、前節でみた理念や方針に基づく組織の再編について具体的にみていく。

名大において導入された全学共通科目（第8章1節参照）については、一〇年近く経過する中でいくつかの課題が浮上した。たとえば、基本主題科目などの授業科目が、主要な担当者に位置づけられた情報文化学部の教官に合わせて設定されたため、当該教官

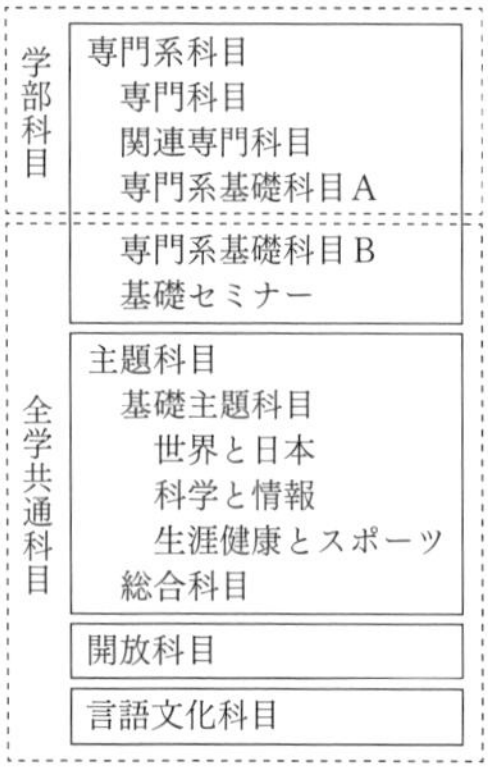

図 11–10　1994–2002 年度の科目区分

の退職に伴い開講が困難になる授業がみられた。また、基本主題科目の趣旨が教官や学生たちの間で十分に理解されていないとの指摘もあった。

そうしたなか、組織改革検討委員会の教育研究組織創設等小委員会で、アカデミックプランにおける横断包括型組織として、教養教育・基礎教育を行う全学共通組織である教養教育院の設置が検討されるようになった。教養教育院は、当初は「資格教育院」とともに「教学院」を構成するものとされたが、やがて単独で「本学における教養教育、専門基礎教育等の学部を越えた全学教育をデザインし、統括するとともに、点検・評価する機構」（二〇〇〇〔平成十二〕年十二月の評議会決定）として位置づけられるようになった。その後、設立準備委員会や設立委員会の検討を経て、〇一年十二月に教養教育院が発足し、初代院長には平井勝利（国際言語文化研究科長）が就任した。

教養教育院には、全学（共通）教育の実施主体であり、企画・立案・実施から評価までの管理運営を行う統括部が置かれた。そこに自然科学、社会科学、人文学、言語文化、基盤科学という五部門が配置され、各部門には学内措置により、学部教育の担当を免除された「専任教官」と、学部教育も併せて担当する「兼任教官」が数名ずつ置かれた。従来の委員会方式ではなく、教員組織が全学（共通）教育を統括することになった。

教養教育院体制への移行後の全学（共通）教育の具体的な実施体制とカリキュラムのあり方については、全学教育委員会（全学四年一貫教育委員会〔第8章1節参照〕）が二〇〇〇年一月に改組）を〇一年十一月に改組した、教育担当の副総長を議長とする全学教育協議会がワーキンググループを設けて検討を進めた。

その結果、実施体制については、①「有効教官」数に基づく全学参加、②担当の公平

- 学部科目
  - 専門系科目
    - 専門科目
    - 関連専門科目
    - 専門系基礎科目
- 全学教育科目
  - 基礎科目
    - 全学基礎科目
      - 基礎セミナー
      - 言語文化
      - 健康・スポーツ科学
    - 文系基礎科目
    - 理系基礎科目
  - 教養科目
    - 文系教養科目
    - 理系教養科目
    - 全学教養科目
    - 開放科目

図 11-11　2003年度以降の科目区分

化、③担当部局及び世話部局の明確化、④全学教育への貢献の評価、という四原則が大枠で了承された。この原則に基づいて、全学の講師以上の教官を、学部等を中心に一一グループに分け、病院専任教官を除外するなどの調整を行ったうえで「有効教官」数を算出し、それをもとに全学教育科目担当数を割り振るという新しいルールが作られた。

カリキュラムについては、従来の全学共通科目を全学教育科目に再編して実施することになった。科目区分も組み替え、全学教育科目を基礎科目（全学基礎科目・文系基礎科目・理系基礎科目からなる）と教養科目（文系教養科目・理系教養科目・全学教養科目・開放科目からなる）に二分した（図11-10・11）。履修については、基礎セミナーは文系学生四単位、理系学生二単位以上を必修とした。また基礎科目・教養科目とも、文系学生も理系学生も文系・理系の両科目を履修するものとした。

高等研究院の設置

世界的な先端研究の進展が期待できる教員を選抜し、教育業務等を免除するなどの措置のもとで研究に専念させる組織である高等研究院は、アカデミックプランにおける横断包括型組織として構想され、組織改革検討委員会の組織検討小委員会で検討された。小委員会は、社会の諸課題に柔軟に対応できる組織であるためには、構成員の流動性を高めておくことが重要であるとして、全学の教官定員の二%を使い、基幹教官・流動教官・客員教官からなる組織を提案した。二〇〇一（平成十三）年三月の評議会では、理系に偏っていることへの疑問などが部局から出ていることが紹介されたものの、設立準備委員会の設置が承認された。

図 11-12　高等研究院が管理運営する高等総合研究館（2004 年竣工）

二〇〇二年一月の評議会では、右の設立準備委員会で高等教育院の設立委員会設置が了承されたことが報告された。部局からは、流動教官を高等研究院に派遣した際に生じる部局の欠員を補塡する措置を求める意見などが出されたが、翌二月の評議会で高等教育院に関する規程が了承された。高等研究院は〇二年四月に設置され、初代院長には野依良治（理学研究科教授）が就任した。

高等研究院は、さっそく研究プロジェクトの募集を開始した。プロジェクトには、大型研究費を伴う研究、萌芽的研究、知の体系化・総合化を目指す研究、戦略的プロジェクト研究、の四タイプが設定された。応募方法には自己推薦と部局推薦があり、プロジェクトの期間は最長で五年とされたが、再応募も認められた。初年度には一〇件程度の採択を目指して募集したところ三五件の応募があり、書面審査及び予備審査を行ったうえで、基幹教官（五名）と運営推進委員（文系三名・理系三名）からなる高等研究院会議での投票によって一五件の研究プロジェクトを採択した。プロジェクトの中心的な教官は二月一日付で高等研究院の流動教官に任じられ、研究活動に着手した。

文理融合型大学院の設置①——環境学研究科——

アカデミックプランで構想された部局組織における融合型部局として、二〇〇一（平成十三）年四月に設置されたのが、学部を持たない独立研究科の環境学研究科である。

組織改革検討委員会では、当初から教育研究組織創設等小委員会（以下、創設小委）による文理融合型部局の検討が始まった。創設小委では、すでに工学研究科で検討されていた新研究科案と大気水圏科学研究所所属の専門委員による私案、あるいは「名大の

図 11–13　環境学研究科の拠点となった環境総合館（2004 年竣工）

将来を語る会」によるこれらの案の検討結果をもとに議論を始めた。なお、この新部局の検討は、すでに文部省で準備調査が始まっていた地球環境科学に関する中核的研究機関を、名大が主導して名古屋へ誘致する構想と連動させながら行われ、名大での検討でも当初は名称が「総合地球環境学研究科」などとされていた。ただし、この中核的研究機関は、一九九九年八月には、京都に設置されることが決まった（二〇〇一年四月設置の総合地球環境学研究所）。

創設小委の検討をうけて、二〇〇〇年一月の評議会で「大学院環境学研究科（仮称）設立準備委員会」の設置が決定した。その検討の結果、環境学研究科には、理学研究科からは地球惑星理学専攻が、大気水圏科学研究所からは約半数の教員が、工学研究科からは建築学専攻のすべてと土木工学専攻及び地圏環境工学専攻の一部が、文学研究科からは心理学・社会学・地理学の三講座が、情報文化学部からは情報数理解析学・機能物質論・環境システム論・社会数理情報論・情報行動論・情報社会論・地域システム論の七講座が、太陽地球環境研究所からは大気圏環境部門の教員の一部が異動することになった（そのほか、言語文化部・人間情報学研究科からも教官が異動した）。さらに、年代測定総合研究センター・博物館・アイソトープ総合センター・理学研究科附属地震火山観測研究センターが協力講座を担当した。学部教育に関しては従来のままとし、新研究科の各教員は理学部・工学部・文学部・情報文化学部の教員を併任した。また、地震火山観測研究センターが、環境学研究科設置の一年後に同研究科附属へ移行した。

環境学研究科は、二十世紀の人間活動の急激な膨張がもたらした地球環境問題に対処し、「自然—物—人」という三位一体の調和の取れた持続可能なシステムを体系的に構

図 11–14　情報科学研究科棟（写真は人間情報学研究科棟として竣工した 1997 年当時）

築する「持続性学」と、地球環境問題等が社会にもたらした様々な脅威に対峙して、その解決や予知・防災を目指す「安全・安心学」を二本柱とする、文理融合型の新しい学理として「環境学」を標榜した。こうした文理融合型（文理連携型）の大学院は、この分野では日本初の試みであった。

環境学研究科の設置に伴い大気水圏科学研究所は廃止され、同研究科に移らなかった同研究所の教員は、新設の地球水循環研究センターに所属することになった。同センターは、二〇一〇年四月に地球表層の水循環研究を推進する日本唯一の共同利用・共同研究拠点として認定された。

文理融合型大学院の設置②──情報科学研究科──

二〇〇三（平成十五）年に設置された大学院情報科学研究科も、アカデミックプランにおいて構想された融合型部局の一つとして位置づけられる。

二〇〇〇年十一月より、工学研究科長・人間情報学研究科長・情報文化学部長からの情報学研究科（仮称）についての提案をうけて、組織改革検討委員会創設小委に全部局からの委員で構成するワーキンググループを置いて検討が行われた。その結果、翌〇一年三月の組織改革検討委員会に、名大における情報学の発展と情報文化学部の大学院重点化を目的とすること、五つの専攻で構成し、既存部局の再配置によって教官定員を確保することなどを方針とする、「情報学研究科（仮称）の設置構想」が提示された。これをうけて、新研究科への参加が想定された六部局の長などからなる設立準備委員会が設置された。同年六月には、〇二年度の概算要求を目指して「名古屋大学大学院情報学

図 11–15　古川総合研究資料館の展示室

研究科（仮称）設置計画概要」を提示して文科省との打合せを始めたが、結局は〇三年四月に設置することになり、名称も情報科学研究科に変更された。

情報科学研究科の設置に伴い、大学院人間情報学研究科は廃止された。一九九二年に人間情報学研究科が創設された後の一〇年間は、パソコン・インターネット・携帯電話などの普及による社会の情報化が劇的に進展した時期であった。その間、これに対応するため同研究科は二講座を増設したものの、そのニーズに応えるためには、他部局の情報分野を結集する形で発展的解消を図る必要があった。結局、情報文化学部、人間情報学研究科（一部は文学研究科・理学研究科に所属替え）、工学研究科の情報工学専攻、同研究科計算理工学専攻・量子工学専攻・マイクロシステム工学専攻・電気工学専攻・電子情報学専攻の一部、多元数理科学研究科の一部の教員が、情報科学研究科の計算機数理科学専攻・情報システム学専攻・メディア科学専攻・複雑系科学専攻・社会システム情報学専攻の五専攻に配置された。

この情報科学研究科の設置により、一九九〇年代後半から進んだ名大の大学院重点化（第8章2節参照）が厳密な意味で完了したといえる。確かに二〇〇〇年度で学部の大学院重点化は一段落していたものの、情報文化学部だけが取り残される形になっていた。〇三年四月からの情報文化学部は、教授会以下の独自の管理運営組織を持ちながらも、担当教官はすべて情報科学研究科か環境学研究科の教官を本務とするようになった。

総合研究資料館から博物館へ

名大に博物館施設を設置する計画は、一九六九（昭和四十四）年頃から本格的に検討

図 11-16　「NUM OPEN 名古屋大学博物館公開中」の垂れ幕がかかる古川記念館（2001 年）

が始まり、七二年には文系学部が大学院独立研究科「総合資料学研究科」の概算要求を検討し、七八年には理学部・農学部・教養部・水圏科学研究所が「自然史科学資料館」の設置を概算要求したが、いずれも実現には至らなかった。そして八二年、文系・理系を問わない幅広い学術資料（学術標本）を保存・展示・研究する学内施設として、総合研究資料館が設置され、八一年まで古川図書館であった建物（現古川記念館）を改修のうえ、資料を展示するようになった（図11-15）。総合研究資料館は、九〇（平成二）年に年代測定資料研究センターが学内共同教育研究施設として発足した際、同センターの所属となり、名称を古川総合研究資料館とした。

その後、一九九五年六月に学術審議会学術情報資料分科会学術資料部会が「ユニバーシティ・ミュージアムの設置について（中間報告）」（最終報告は九六年一月）を発表すると、国立大学に総合博物館を設置する機運が高まった。すでに名大では、九五年一月に大学博物館構想検討ワーキンググループを年代測定資料研究センター運営委員会の下に設置して検討を始めており、翌九六年一月には「名古屋大学博物館（仮称）構想に関する報告書」が全学に公表された。九七年に入ると、文部省と折衝を行いながら構想の再検討を進めるとともに、学内の学術資料の再調査を実施した。そして二〇〇〇年四月一日、日本で五番目の国立大学博物館として、名古屋大学博物館が設置された（図11-16）。初代館長には、足立守教授が就任した。

博物館には、学術資料の研究フィードバックを担当する資料基盤研究系、学術資料の資源化を担当する資料分析開発系、学術資料の社会還元を担当する資料情報教育系が置かれた。それまでの名大では、全学の学術資料の適正な保存や一元的な管理が行われて

図 11-17　情報連携基盤センター（旧大型計算機センター棟）

いるとはいえなかった。博物館の設置はこれを解決し、学術資料の有用情報が保全されるとともに、異分野の研究者でも資料が利用しやすくなり、学術資料に基づく学融合的な研究の推進や効果的な実証教育の展開が期待された。また、これからの大学は社会の理解を得るための努力が必要であるため、展示や説明会、観察会などを通じ、大学と社会とのインターフェースとしての役割も重視することとされた。二〇〇四年六月には、市民が名古屋大学博物館の活動を支援し、同館を楽しく、積極的に活用することを目的とする、名古屋大学博物館友の会が発足している。

なお、年代測定資料研究センターは、博物館の設置に伴い、年代測定総合研究センターとして、それまでのタンデトロン加速器質量分析計にＣＨＩＭＥ年代測定法を加えた形で、地球の四六億年にわたる諸事象の研究を展開していった。

情報連携基盤センターの設置

名大では、一九九二（平成四）年度から名古屋大学キャンパス情報ネットワーク（ＮＩＣＥ）の本格運用が開始され、学内の通信環境は画期的に向上したが、その後デジタル技術が急速に進歩するなか、そのサービス強化の要求が高まっていた。また、学内の情報関連部局としては、大型計算機センター（全国共同利用施設、七一〔昭和四十六〕年設置）、情報メディア教育センター（学内共同教育研究施設、九八年設置）、附属図書館があり、そのほか多くの部局でも教育研究のためのコンピューターの導入が個別に行われていた。

このような状況に対処するため、名大の情報基盤の中核的組織としての機能と、大型

図 11–18　名古屋大学における男女共同参画報告書（2002 年度）

計算機センターの全学共同利用施設としての機能を明確化し、スーパーコンピューターの利用技術での世界のトップを目指すとともに、その利用技術開発での知見を情報基盤の高速化に活かしていく体制が構想された。そこで二〇〇二年四月、大型計算機センターを全面的に改組し、情報メディア教育センター及び附属図書館の電子図書館機能の一部を取り込み、名大の情報化戦略中枢として情報連携基盤センター（全国共同利用施設）が設置された。

その後、同センターは、二〇〇八年四月に情報メディア教育センターとともに情報連携統括本部内の組織となり、事務職員・技術職員がセンターから同本部内の情報推進部に移った。そして〇九年四月には、情報連携基盤センターに情報メディア教育センターを統合し、情報基盤センターとした。

男女共同参画室の設置

名大は、一九九九（平成十一）年六月に男女共同参画社会基本法が制定・施行されたことをうけ、二〇〇〇年九月に男女共同参画に関する検討委員会（〇一年三月、男女共同参画推進委員会に改組）、十月に男女共同参画に関するワーキンググループを設置した。二〇〇一年三月の評議会は、このワーキンググループの活動に基づき、「名古屋大学における男女共同参画を推進するための提言」を確定させた。この制定は、男女共同参画による教育研究の実践が二十一世紀の名大の命運に関わるという強い使命感によるものである。提言に盛り込まれた諸施策を着実に実現していくことは、名大の重要課題の一つと位置づけられた。

図 11-19　男女共同参画室看板上掲式（2003年3月19日）

そして、この提言に基づく実施状況の点検・評価等を行うため、部局長会構成員で組織された男女共同参画推進委員会、さらにその下に男女共同参画推進に関するワーキンググループが新たに設置された。推進ワーキンググループは、提言に基づく各部局の取り組み状況の調査、学内の各分野、各層との意見交換を実施し、その結果は二〇〇二年三月に、「名古屋大学における男女共同参画を推進するための提言―男女共同参画に関する具体的推進方策について―」としてまとめられた。集約された提言、具体的推進方策は、インターネット上で広く学内外にも公開された。

二〇〇三年一月には、男女共同参画を積極的に具現化するため、名大は全国に先駆けて男女共同参画室を設置した（図11-19）。同時に、男女共同参画推進委員会の下に置かれた推進ワーキンググループを拡充・改組し、四月には副総長、男女共同参画室長、及び研究科教員（文系理系各二名）等からなる男女共同参画推進専門委員会を発足させた。

男女共同参画室は、「名古屋大学男女共同参画室設置要項」に基づき、総長が任命した室長、及び室員（若干名）を置き、事務は総務部人事労務課が担当することとした。主な業務は、ポジティブアクションに関すること、ジェンダー差別・格差の是正、監視のための苦情処理制度に関すること、男女共同参画社会推進産学官連携フォーラムに関すること、文理複合的ジェンダー基礎研究プロジェクトに関すること、政策研究プロジェクトに関すること、などであった。

同室は、男女共同参画推進委員会による指導と助言のもと、二〇〇三年度以降、毎年策定する「男女共同参画推進重点項目」を中心に活動を展開してきた。室長・室員は、学外の諸機関との情報・意見交換、ヒアリング等を行い、知見の蓄積、ネットワーク形

図 11–20　名古屋大学電子図書館国際ワークショップ（2004 年 3 月）

成に努める一方、〇二年度からは、活動の詳細をまとめた『名古屋大学における男女共同参画報告書』の発行を開始した（図11–18）。〇三年には、この報告書をはじめ、男女共同参画に関する学内組織、各種事業を紹介する専用サイトを開設し、学内外への情報公開・発信体制を整備するに至った。

共通基盤組織の整備

そのほか、二〇〇一（平成十三）年四月に、発達心理精神科学教育研究センター、附属図書館研究開発室、学生相談総合センター、環境量子リサイクル研究センターが設置された。

発達心理精神科学教育研究センターは、子どもの心の問題に取り組む学内共同教育研究施設として設置された。教育学部心理発達相談室の活動を継承しつつ、学内の発達心理学・臨床心理学・児童精神医学が密接に連携し、母子関係援助・児童精神医学・学校カウンセリングの三分野を研究するとともに、臨床心理士やスクールカウンセラーを目指す大学院学生の実習の場となった。二〇一五年度に改組され、現在は「心の発達支援研究実践センター」となっている。

附属図書館研究開発室は、それまで高木家文書等の調査研究を行ってきた研究調査室を改組・拡充して、電子図書館機能と従来型図書館機能を有機的に結合し、情報化社会に対応したハイブリッド図書館を目指す研究開発を新しいミッションとして掲げた。以後、名大の電子化学術情報を統合検索する学術ナレッジ・ファクトリーの構築、高木家文書と伊藤圭介文庫を統合した「エコ・コレクション」のデータベース化・デジタル化

図11–21 大学文書資料室と男女共同参画室が置かれた東山キャンパス本部別館（旧文科省工事事務所）

事業など、積極的な活動を展開した。

学生相談総合センターは、学生相談室を拡充して設置された。一九五六（昭和三十一）年設置の学生相談室は、学生向けの相談・カウンセリング施設で、心理学や精神医学の教官がカウンセラーを務めてきた。これを学生相談・メンタルヘルス・就職相談の三部門制に改組し、専任相談員を増員するなど、体制を充実させた。その後、学生支援センターを経て、現在は学生支援本部に改組されている。

環境量子リサイクル研究センター（学内共同教育研究施設）は、量子（原子力）エネルギーのリサイクルシステムにおいて中核となる、核燃料物質の分離・除染・回収技術に関する研究を行う組織として設置された。まもなく同センターは、名称はそのままに、エコトピア科学研究機構に統合された。

また、二〇〇四年四月には、学内共同教育研究施設として、大学文書資料室が設置された（図11–21）。同室は、『名古屋大学五十年史』の刊行終了後、名古屋大学史編集室を母体として設置された大学史資料室（〇〇年度までは名古屋大学史資料室）を改組したものである。この改組により、名大の事務組織等での保存期間が満了した公文書（法人文書）を評価選別し、歴史資料として保存・公開する、名大の公文書館としての機能を本格的に備えることになった。一一年には、同年施行の公文書管理法に基づき、国立公文書館に相当する施設に指定されている。一四年度には運営支援組織に移行した。

なお、この時期、国際教育に係る学内共同教育研究施設として、一九九九年四月に農学国際教育協力研究センターが、二〇〇二年四月に法政国際教育協力研究センターが設置されている（詳しくは第9章4節、第14章2節を参照）。

図 11–22　全学同窓会の支援のもとに行われた，下宿用品リユース市（2009 年，豊田講堂ホワイエ）

全学同窓会の発足とその活動

名大では、同窓会が部局及びそれ以下の単位で組織され、その活動の状況もそれぞれで大きく異なっていた。創立五〇周年の際、全学の同窓会を結成する動きもあったが、実現には至らなかった。しかし、国立大学の法人化が不可避の状況になりつつあった二〇〇一（平成十三）年から、全学同窓会設立に向けての具体的な検討が始まった。同年十月には、評議会の承認を得て、伊藤義人附属図書館長（工学部・工学研究科同窓会副会長）を委員長とする設立準備委員会（同年十二月からは設立委員会）を設置して検討を重ねた。そして〇二年十月二十七日、豊田講堂において設立総会が開催され、同日をもって名古屋大学全学同窓会（ＮＵＡＬ）が発足した。

全学同窓会が組織された時代背景は、やはり名大の法人化であった。法人化後、これまで以上に社会へ情報発信を行って説明責任を果たし、産学官連携を進めるため、大学と社会とのつながりがますます重要になると考えられた。また、国立大学への評価に際して、卒業生の社会での活躍を把握することも重要になると予想された。全学同窓会は、名大と社会を結ぶ必須の組織として、新しいタイプの同窓会を目指すことを理念とした。そのため、名大の発展とともに、社会への貢献も会の目的とされたのである。

組織としては、会長・副会長・代表幹事及び評議員からなる評議員会を最高意思決定機関とした。初代会長には、豊田章一郎（トヨタ自動車名誉会長、工学部卒）が就任し、二〇二〇（令和二）十月まで在任した（現会長は柴田昌治〔日本ガイシ特別顧問、法学部卒〕）。評議員には、部局同窓会の会長（多くは部局の長）等が名を連ねたが、全学同窓会は部局同窓会の上位組織ではなく、それらの緩やかな連合体とされ、名大の卒業生・

図11-23　全学同窓会上海支部設立総会での記念撮影（2005年11月）

修了生、教職員及び教職員であった者全員が会員とされた。活動財源は、部局同窓会に分担金等を課さず、会員（個人・法人）からの任意の支援会費によって賄うことになった。〇七年には、財政基盤の整備を主な目的として、「名古屋大学カード（同窓会カード）」（クレジットカード）の発行を開始した。

主な活動としては、二〇〇四年度以来一貫して、大学支援事業を実施している。これは、全学同窓会の活動理念に沿った名大の活動（学生の活動、就職支援事業、本部・部局による行事・寄附講義など）への支援を目的とし、年二回の公募を行い、選考委員会の審査を経て支援金を支給するものである（図11-22）。採択された事業の中には、部局同窓会の設立や行事への支援も含まれている。また、〇五年度から現在まで毎年開催されている名古屋大学ホームカミングデイ（第15章2節参照）や、〇四年から〇八年にかけて六回開催された名古屋大学東京フォーラムにも、共催や後援等の形で深く関わった。そのほか、初期の活動のなかで特筆されるものとして、社会で活躍する名大関係者のデータベースである「社会貢献人材バンク」の作成が挙げられる。これは、部局同窓会の協力を得て、卒業生等の電子名簿データベースへと発展した。現在は名大に移管されて、「名古屋大学卒業生等電子名簿管理システム」として運用されている。

海外支部の拡大にも力を入れ、二〇〇五年から一六年にかけて、留学生の母国である東アジアや東南アジアの国々を中心に、一三か国・一地域に一五か所の支部が設立された（図11-23）。国内の支部は、関西・関東・遠州会・岐阜の四か所である。一七年からは、部局同窓会の役員と全学同窓会・大学の役員との合同の交流・情報共有の場として、「名古屋大学同窓会サミット」が開催されている。

第四編　法人化後の名古屋大学　二〇〇四～二〇一九

二〇〇四（平成十六）年、名大は国立大学法人となり、そのあり方が根本的に変わった。大学運営に関する国の規制が緩和されて裁量権が拡大する一方、その運営に責任を負うことが求められ、活動計画を常に明らかにして第三者による評価を受けつつ、国内外の大学との競争に身を置くことになった。

二〇〇九年に始まった中期目標・中期計画の第二期からは、国内外の情勢変化に対応するため、国立大学がさらに大きな役割を期待されるようになった。名大は、国際性豊かな学風を基盤として、アジアを重視しつつ、さらなる大学のグローバル化に取り組むとともに、世界において卓越する大学を目指した諸改革を推し進めた。一八年の指定国立大学法人への指定、二〇（令和二）年の東海国立大学機構の設置も、その一環であった。

研究面でも、競争的資金によるビッグプロジェクトに次々と採択され、持続可能な社会を目指す理念のもと、産学官連携など社会とのつながりを深めつつ、世界屈指の研究が展開していった。こうした動きと、二十一世紀に入って六人の名大関係者がノーベル賞を受賞したこととが相まって、名大への評価はさらに高まった。

キャンパスでは、名大自らがコスト面を見据えた長期的なマネジメントを行うようになり、民間資金なども活用しつつ各キャンパスの再開発が進められ、その景観がさらに大きく変わっていった。

図 12-1　「国立大学法人名古屋大学」看板除幕式（2004 年 4 月 1 日）

第12章　国立大学法人名古屋大学、そして東海国立大学機構へ

1　法人化後の大学運営

法人化後の執行体制

本章では、法人化後の名大の大学運営や教育研究組織についてみていく。本節では、国立大学法人となった名大の大学運営の組織や手法について、法人化前と比較しながら述べる。

二〇〇四（平成十六）年四月一日、国立大学法人名古屋大学が設置された（図12－1）。名大は、一九四九（昭和二十四）年五月三十一日に新制大学として再出発して以来、国立学校設置法に基づく国の行政組織であった。それが、国立大学法人法に基づいた法人格を持つ、制度上は国から独立した機関となり、基本的なあり方が五五年ぶりに大きく変わったのである。

法人化前の名大では、特に文部省が一九五三年に「国立大学の評議会に関する暫定措置を定める規則」を制定して以後は、学長・副総長（九六年設置）・部局長・各部局選出の評議員等から構成される評議会が、実質的な名大の意思決定機関であった（第４章１

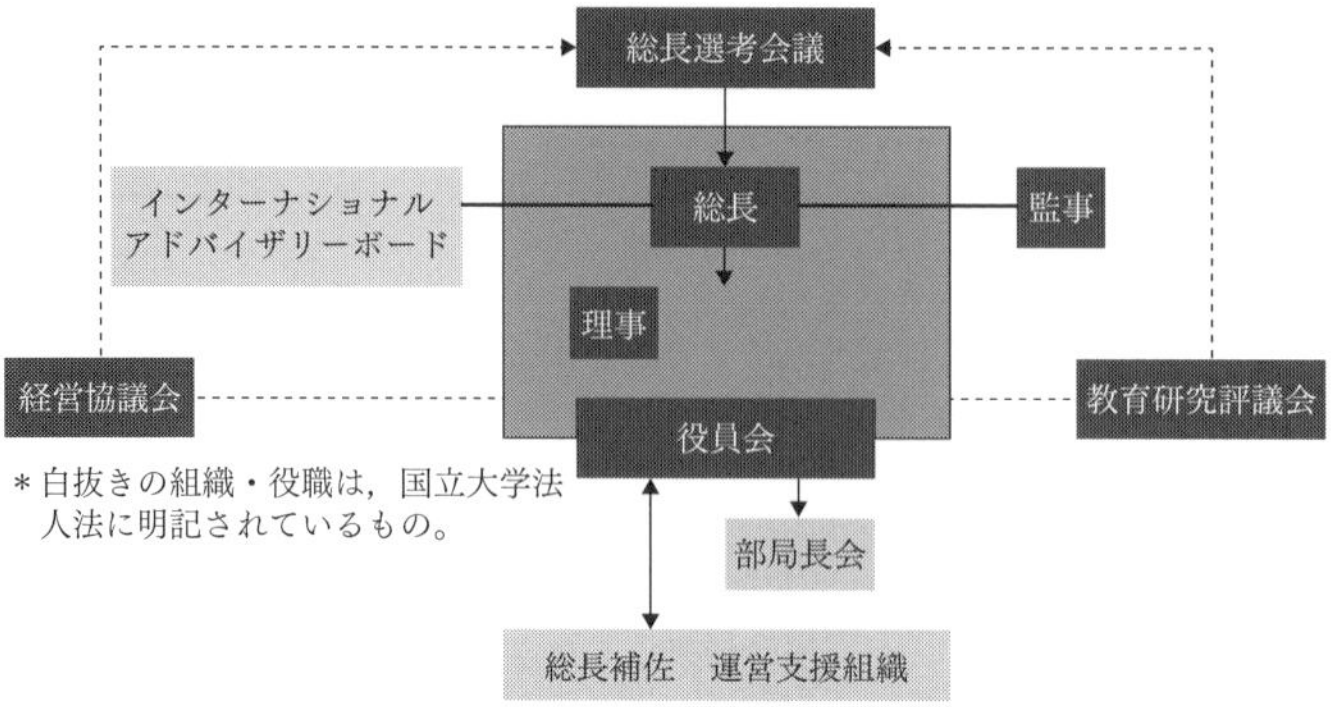

＊白抜きの組織・役職は，国立大学法人法に明記されているもの。

図 12–2　国立大学法人名古屋大学の執行体制図（2006 年 4 月）

節参照）。九九年の国立学校設置法改正により、評議会が同法に規定されるとともにその権限が明確化され、評議会を議長として主宰する総長（名大では九二年度から学長を学内規程で総長と明記し、通称としている）の主導権が強まった側面はあったものの、評議会が実質的な名大の意思決定機関であるという大枠は変わらなかった。

これに対し法人化後の名大では、国立大学法人法（以下、法人法）に基づく役員会規程を制定し、総長と理事から構成される役員会を設置した。総長が主宰し議長を務めるこの役員会は、①中期目標についての意見及び年度計画に関する事項、②法人法により文部科学大臣の認可または承認を受けなければならない事項、③予算の作成及び執行並びに決算に関する事項、④学部・研究科・学科その他の重要な組織の設置または廃止に関する事項、⑤その他役員会が定める重要事項、を審議するものとされた。法人法は、学長が①～⑤の事項を決定するにあたっては、役員会の議を経なければならないとしていた。それまでの評議会は、教育研究に関する重要事項を審議する教育研究評議会に移行した。そして、経営に関する重要事項を審議する機関として経営協議会が設置された。教育研究と経営の審議機関を分離し、それらを総合して役員会が最終決定を行うという体制である。

役員会の構成員であり、総長の職務を補佐する理事の人数は、法人法で大学ごとに上限を定めることになっていたが、名大は七人以内とした。そのうち五人は、名大の教員から任命された（ただし理事在任中は教員ではなくなる）。その他、一人は文科省から出向する事務局長が理事を兼ねた。もう一人は、専門的立場から常勤理事に助言を行う非常勤の学外理事である（法人法は、学外理事の任用を義務づけていた）（表12–1）。理事は、

表 12-1　国立大学法人名古屋大学の役員（2004 年 4 月）

職　名	氏　名	担　当	前職（学外者は現職）
総長	平野 眞一		工学研究科長
理事・副総長	山下 廣順	総務関係	理学研究科教授
理事・副総長	中島　泉	病院・環境安全関係	副総長・医学系研究科教授
理事・副総長	森　英樹	人事・労務関係担当	法学研究科教授
理事・副総長	若尾 祐司	教育・施設マネージメント関係	文学研究科教授
理事・副総長	山本 進一	研究・国際交流関係	生命農学研究科長
理事・事務局長	渡橋 正博	財務関係	事務局長
理事（学外・非常勤）	林　光佑	法務関係	弁護士
監事（学外）	木村 洋一		中部テレコミュニケーション株式会社相談役
監事（学外・非常勤）	湯本 秀之		公認会計士

それぞれの担当を受け持ち、これらの担当をさらに区分した担当を持つ総長補佐（法人化当初は二一人）が置かれた。なお、学内から任用された理事は、総長の職務を助けるため総長から指示された事項をつかさどる副総長を兼ねた。二〇〇六年度からは、一部の理事の担当事項が過重になりつつあったため、名大の教員が、理事ではない若干名の副総長に任じられるようになった。

また、役員会の正規の構成員ではないが、役員として二人の監事を置くとされたのも法人法の特徴であった。法人法に定める監事は、国立大学法人の業務を監査し、必要があると認めるときは、学長もしくは文部科学大臣に意見を提出する権限を有した。任命権者も、学長ではなく文科大臣である。監事は、会計面だけではなく、適法かつ合理的・効率的な業務運営の観点から大学の業務全般をモニタリングし、改善点を指摘することが期待された。ただし名大の役員等に関する規程では、教員が行う教育研究の個々の内容は原則として監査の対象としないとしている。この監事監査に会計検査院による会計検査、内部監査人による監査を加えて、重層的な監査体制が構築された。

教育研究評議会と経営協議会

名大は、法人法の規定に基づき教育研究評議会規程を制定し、①中期目標についての意見に関する事項（教育研究面）、②中期計画及び年度計画に関する事項（教育研究面）、③学則（教育研究面）その他教育研究に係る重要な規則の制定または改廃、④教員人事に関する事項、⑤教育課程の編成に関する方針に係る事項、⑥学生の円滑な修学等を支援するために必要な助言、指導その他の援助に関する事項、⑦学生の入学、卒業または課程の修了その他学生の在籍に関する方針及び学位の授与に関する方針に係る事項、⑧教育及び研究の状況について名大が行う点検及び評価に関する事項、⑨その他名大の教育研究に関する重要事項、を審議するものとした。これらの審議事項は、一九九九（平成十一）年改正の国立学校設置法における評議会の審議事項とほぼ同じである。そのほか名大では、同規程における教育研究評議会の権限として、役員会及び経営協議会の審議事項並びに総長の職務の執行に関して意見を述べることができ、法令、名大の規程等に違反すると認められる場合または教育研究上の本義に反するおそれのある場合は、役員会の再議または総長の再考を求めることができると定めた。

法人化当初の名大の教育研究評議会は、総長、総長が指名する常勤理事三人のほか、各研究科長、情報文化学部長、各附置研究所長、附属図書館長、医学部附属病院長、総合保健体育科学センター長、エコトピア科学研究機構長、そして各研究科から一人ずつ選出の評議員、学内共同教育研究施設連合選出の評議員二人、教育研究評議会が名大教授から選出した評議員四人の計四三人を評議員とした。法人化前の評議会と大きく変わった点としては、研究科選出の評議員の数を各二人から各一人にしたこと、国際開発研究科・多元数理科学研究科・国際言語文化研究科からも研究科長以外の評議員を選出できるようになったこと、これまで評議員を出すことができなかった組織の教授が評議員になる道が拓かれたこと、が挙げられる。

そのほか、二〇〇五年九月には、名大の学術研究・教育活動について国際的水準に照らした評価等に基づく助言を行う総長の諮問機関として、インターナショナルアドバイザリーボードを設置した。委員には、総長により学外の世界的な有識者が委嘱された。

表12-2　経営協議会の学外委員（2004年4月）

加藤鐵夫（独立行政法人農林漁業信用基金副理事長）
兼松　顕（名城大学学長）
郷　通子（長浜バイオ大学バイオサイエンス学部長）
小林秀資（財団法人長寿科学振興財団理事長）
齋藤明彦（トヨタ自動車株式会社取締役副社長）
榊原定征（東レ株式会社取締役社長）
柴田昌治（日本ガイシ株式会社代表取締役会長）
角田牛夫（中日新聞社常務取締役）
丹羽宇一郎（伊藤忠商事株式会社代表取締役社長）

また名大は、法人法の規定に基づき経営協議会規程を制定し、①中期目標についての意見に関する事項（経営面）、②中期計画及び年度計画に関する事項（経営面）、③学則（経営面）、会計規程、役員に対する報酬及び退職手当の支給の基準、職員の給与及び退職手当の支給の基準その他の経営に係る重要な規則の制定または改廃に関する事項、④予算の作成及び執行並びに決算に関する事項、⑤組織及び運営の状況について名大が行う点検及び評価に関する事項、⑥その他名大の経営に関する重要事項、を審議するものとした。国立学校設置法の一九九九年改正により設置された運営諮問会議（第11章1節参照）は、教育研究上の重要事項を審議対象にしていたが、この経営協議会は経営面の審議に限定している点が異なっている。そのほか名大では、同規程における経営協議会の権限として、役員会及び教育研究評議会の審議事項並びに総長の職務の執行に関して意見を述べることができ、法令、名大の規程等に違反すると認められる場合または手続き上の重大な疑義があると認められる場合は、役員会の再議または総長の再考を求めることができることを定めた。経営協議会は、同規程では、それぞれ五人以上一〇人以内の学内委員（総長、総長が指名する常勤理事、総長が指名する名大職員、医学部附属病院長）と学外委員（表12-2）から構成された。当初の法人法は、二分の一以上（二〇一五年度からは過半数）が学外委員でなければならないと定めていた。

部局長会は、法人法には明記されなかったが、法人化前に引き続き置かれた。法人化前の名大における部局長会（一九九三年度までは学部長会）は、評議会から委託された名大の運営に関する重要事項と学部その他の部局等の連絡調整に関する事項を審議する機関とされていた。これに対し、法人化後の名大の部局長会の審議内容は、①役員会等か

表 12-3　基幹委員会一覧（2004 年 4 月）

計画・評価委員会（第 1 委員会）
組織・運営委員会（第 2 委員会）
人事・労務委員会（第 3 委員会）
財務委員会（第 4 委員会）
施設・安全委員会（第 5 委員会）
病院・医系委員会（第 6 委員会）
研究・国際交流委員会（第 7 委員会）
全学教育委員会（第 8 委員会）
将来構想委員会（第 9 委員会）

注）各委員会に番号が付されるようになったのは 2005 年度から。

ら委託され、または部局から提案された本学の運営上の企画・立案に関する事項、②総長及び役員会等と部局との連絡調整に関する事項、③教育研究及び経営に関する重要事項の意見集約に関する事項、④役員会等の決定事項の周知に関する事項、とされた。①の条文から「重要」が削除され、役員会と部局との間の連絡調整会議という側面がより強くなった。

そのほかの全学的審議機関としては、「名古屋大学の企画・運営に関する基幹委員会規程」を定め、役員会、教育研究評議会、経営協議会、及び部局長会のもとに、九つの基幹委員会を置いた（表12-3）。各基幹委員会は、担当理事、教育研究評議会評議員または副研究科長（副附置研究所長・副機構長・副病院長を含む）、担当総長補佐、専門委員として当該基幹委員会が必要と認める者、合わせて原則一〇～一五人で構成し、審議の結果は役員会に適宜報告するものとされた。二〇〇六年度には、教員・事務職員の負担軽減と、意思決定の効率化・迅速化のため、全学委員会の統廃合等が行われ、基幹委員会以外の全学委員会は、基幹委員会のもとに置かれるか、それ以外は所掌する理事のもとで専門的見地での審議を担う特命委員会とされた。基幹委員会の機能については、全学から委員を集めての調整型委員会ではなく、理事が企画・立案を行うために全学的な視点から検討を行うものとされ、〇六年四月の規程改正により、基幹委員会のもとに小委員会等を設置する主体を当該基幹委員会から役員会に修正した。

総長の権限と選考方法

新制大学の学長は、学校教育法で「校務をつかさどり、所属職員を統督する」と定められた、大学の最高責任者であり、職員を指揮監督する存在であったが、具体的な権限については明確にされているとはいえなかった。学長それぞれの個性があり一概にはいえないが、「国立大学の評議会に関する暫定措置を定める規則」や教育公務員特例法に基づいて最高意思決定機関と見なされた評議会の議長ではあるものの、ややもすると独立性の強い各部局間の調整役になる場合もあった。一九九九（平成十一）年の国立学校設置法の改正により、評議会の審議事項に一定の制約が設けられ、学長の諮問機関である運営諮問会議が設置されるなど、学長の主導権を強め、部局の教授会の力を弱めることを意図した改革が行われた。この方向性は、法人化によってさらに加速することになった。

　法人化後の学長は、学校教育法に基づく学長としての職務を行うとともに、法人法により「国立大学法人を代表し、その業務を総理する」「役員の長」とされた。つまり学長は教育研究と経営の両面の最高責任者となった。具体的には、最高意思決定機関である役員会の首席構成員であると同時に、理事の任命権者であった。また、教育研究評議会と経営協議会を主宰し、議長を務めるものとされ、後者の学内委員を指名し、学外委員を教育研究評議会の意見を聴いたうえで任命する権限を有した。これだけで学長が必ず強いリーダーシップを発揮するとは限らないが、制度上はその可能性をさらに強めるものとなった。名大の学内規程では、法人法に基づく部分のほか、総長は役員会の主宰者かつ議長とされ、議事の賛否が同数の場合は議長が決することができた。総長は、理事を選任し、監事を文部科学大臣に推薦する権限を有するものとされた。

　総長の選考方法も、制度的には法人化によって大きく変わった。戦後の新制国立大学

図 12-3　平野眞一総長
(2004 年 4 月-09 年 3 月)

の学長選考は、戦前の帝国大学における慣習を前提に、教育公務員特例法が大学管理機関による選考を定めていることを根拠としつつ、文部省の行政指導の影響を受けながらも、教官を中心とする学内構成員による学長選挙制が定着した。名大でも、総長選考基準を定めて総長選挙を実施していた。法人化前の選考基準では、年長の評議員を選挙管理委員長とし、専任教官すべてを有資格者とする二次にわたる投票によって総長候補者を決定するものとされていた（そのほか、非公式ではあるが、事務職員等による「意向投票」も実施していた）。法的な任命権者は文部科学大臣であるが、実質的には学内選挙で総長が決まっていた。

これに対し法人法では、大学ごとの学長選考会議（以下、選考会議）が選考を行うものと定められた。選考会議は、教育研究評議会選出委員と、これと同数の経営協議会選出委員で構成するものとされた。学外者が学長の選考に関与できるようになったのである。職員による選挙（意向投票）が禁じられたわけではないが、選考会議がこれに拘束される法的根拠はなかった。また、数は少ないが、東北大学のように法人化後は意向投票を実施しない大学もみられるなど、選考方法が多様化した。

法人化後の名大では、選考会議は同数の学内委員（教育研究評議会評議員から選出）と学外委員（経営協議会の学外委員から選出）から構成され、委員の互選によって選ばれた議長がこれを主宰した。総長の任期は六年（法人化前は四年、再選後二年、連続最長六年）とされ、法人法は再任を禁じていないが、名大では再任を認めないこととした。総長の選考にあたっては、学内規程に従って、教育研究評議会に置く投票管理委員会のもとに職員による二次にわたる「意向投票」を実施し、選考会議がその結果に基づいて総長候補者一名を選考するものとした。このように、法人化後の名大では、事実上の総長選挙制が維持されたといえる（その後の変更については第3節を参照）。

なお、法人化と同時に就任した平野眞一総長については、法人化前に制定された「総長の選考に関する暫定基準」に基づいて選考が行われ、任期は五年とされた。

事務組織と運営支援組織

法人化直後の名大における事務局（大学本部の事務組織）の構成は表12-4の通りである。名大では、一九六二（昭和三十七）年度以降、事務局長の下に庶務部、経理部、施設部を置く体制が長く続いた。ただし、学生生活に関する事務については、事務局とは別に学生部が置かれていた。学生部長は事務職員ではなく教官（教授）が任じられ、本部学生生活委員会の方針に従って、学生部次長（事務職員）の補佐を受けつつ学生部の事務を管理した。九六（平成八）年度から、事務局と学生部の事務を一元化し、事務局に学務部が置かれるようになった（学生部長は廃止され、同年度新設の副総長の一人が学生生活援助指導担当とされた）。そのほか、九四年度には庶務部（九六年度から総務部）に研究協力課を、二〇〇一年度には企画広報室を設置した。〇二年度には、それまで総務部に属していた研究協力課と国際交流課を、新設の研究協力調整官の下に置いた。

法人化の二〇〇四年度からは、事務局に研究協力・国際部を置き、それまでの研究協力課を研究支援課と社会連携課に分けるとともに、国際交流関係の事務を統合して国際課を新設した。そのほか、施設管理部施設整備課に環境管理室を置いたが、これは環境安全支援室を経て、〇九年度に環境安全支援課となった。〇六年度には、情報連携統括

表 12–4　法人化直後の事務局組織（2004 年 4 月）

事務局	総務企画部	総務広報課
		人事労務課
		企画課
	研究協力・国際部	研究支援課—高等研究院事務室
		社会連携課
		国際課—留学生支援室
	財務部	財務課
		経理課
		資産管理課
		情報企画課
		契約課
	施設管理部	施設企画課—施設点検評価推進室
		施設管理課
		施設整備課—環境管理室
	学務部	学務企画課—教養教育院事務室
		学生総合支援課—就職支援室
		入試課

表 12–5　運営支援組織一覧（2006 年 4 月）

産学官連携推進本部（2002 年設置）—産学官連携推進室
国際交流協力推進本部—国際企画室（2005 年設置）
情報連携統括本部—情報戦略室
環境安全衛生推進本部—環境安全衛生推進室
施設計画推進室（2004 年設置）
環境安全衛生管理室
核燃料管理施設（1999 年設置）
評価企画室（2004 年設置）
セクシュアル・ハラスメント相談所（2002 年設置）
社会連携推進室（2002 年設置）
災害対策室（2002 年設置）
国際学術コンソーシアム（AC21）推進室（2002 年設置）
男女共同参画室（2003 年設置）
法務室（2004 年設置）
広報室（2005 年設置）
リスク管理室（2005 年設置）
総合企画室

注）設置年は学内共同教育研究施設等として設置された年。設置年のない組織は 2006 年 4 月設置。

本部（後述）に事務職員・技術職員からなる情報サポート部（〇八年度から情報推進部）が、また事務局から独立した組織として、内部監査の実施と各種監査の対応を行う監査室が設置された。部局の事務組織は、〇六年十月に附置研究所の事務組織を統合して研究所事務部とし、〇七年四月に文系部局の事務組織を統合して文系事務部とした。

また法人化後、役員・教員・事務職員等から構成され、総長及び理事（二〇〇七年度から副総長も）がつかさどる大学運営を支援する組織として、大学本部直属の運営支援組織が整備された。特に〇六年四月に運営支援組織規程が定められ、その位置づけが明

図12-4　文系総合館（2002年竣工，1階と2階に文系事務部がある）

確になった。〇六年四月当時の運営支援組織は表12-5の通りである。多くは、それまで学内共同教育研究施設に分類されていた既存組織の中から移行したが、この時に国際交流協力推進本部、情報連携統括本部（その中核的組織として情報戦略室）、環境安全衛生推進本部（同環境安全衛生推進室）、産学官連携推進本部（既設置）に産学官連携推進室、そのほか総合企画室などを新設した。総合企画室は、大学運営上の全学横断的な重要課題等に関する企画、立案、及び調整を行うものとされた。総長の命により課題（プロジェクト）ごとに関係する教職員が招集され、専任スタッフとの協同により業務にあたった。その後、一三年までに、研究推進室（〇六年、第13章2節参照）、防災推進本部（一二年、第15章2節参照）、PhD登龍門推進室（一三年、第14章2節参照）、動物実験支援センター（一三年）などが設置された。

中期目標・中期計画と多元的な評価

法人化前の国立大学では、一九九〇年代から自己点検・自己評価や外部評価が行われるようになり、名大も例外ではなかった（第8章2節参照）。法人化後は、それらに加え、法人法及び独立行政法人通則法の準用規定に基づき、国立大学の評価のあり方が大きく変わり、中期目標・中期計画などを設定したうえで、多元的な第三者評価を受ける体制が導入された。

中期目標とは、六年間において国立大学法人が達成すべき業務運営全般に関する目標であり、文部科学大臣が定め、これを法人に示すとともに、公表しなければならないものとされた。独立行政法人通則法では、主務大臣が独立行政法人の中期目標を定める時には、あらかじめ独立行政法人評価制度委員会の意見を聴かなければならないとされている。これに対し法人法では、評価に係る委員会の意見を聴くほか、当該法人の意見を聴いてその意見に配慮しなければならないとされた。評価に係る委員会についても、独立行政法人評価制度委員会は総務省に置かれたのに対し、法人法では文科省に置く国立大学法人評価委員会（委員は文科大臣が任命する二〇人以内の学識経験者。以下、評価委員会）とされた。中期計画は、中期目標を達成するための多岐にわたる計画であり、文科大臣の認可を受けたうえで、これを公表しなければならないとされた。文科大臣は、認可をするにあたっては評価委員会の意見を聴く必要があった。

このように、国立大学の中期目標・中期計画の策定には、教育研究を行うという特性に鑑み、独立行政法人に比べその自主性に関する一定の配慮がなされた。ただ決定権は文科大臣にあり、文科省の評価委員会の影響も受け、策定にあたっては記すべき項目があらかじめ大学に提示されるなど、その大枠は政府の政策に強く規定されるものになった。

中期目標の達成状況は、評価委員会による評価を受けなければならないものとされた（四年経過時の中間評価もあった）。これを受けて文科大臣は、評価委員会の意見を聴きつつ、当該国立大学法人が業務を継続させる必要性、組織のあり方その他その組織及び業務の全般にわたる検討を行い、その結果に基づいて所要の措置を講ずるものとされた。具体的には、各大学への運営費交付金の配分などに影響を与えるものであった。そのほか、総務省の政策評価・独立行政法人評価委員会が、中期目標期間終了時において、主要な事務及び事業の改廃に関して文科大臣に勧告できることになっていた。

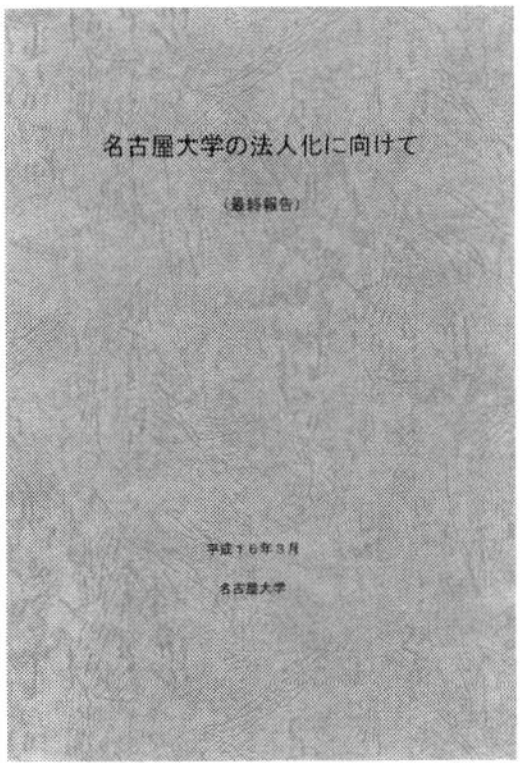

図 12–5　第 1 期中期目標・中期計画の策定経緯等がまとめられている『名古屋大学の法人化に向けて（最終報告）』（2004 年 3 月）

また国立大学は、中期計画に基づく業務運営に関する年度計画を定めて文科大臣に届け出、これを公表しなければならないことになった。この年度計画についても評価委員会が評価を実施し、必要に応じて改善その他の勧告を行うものとされた。なお、評価委員会は評価の結果を、総務省に置く政策評価・独立行政法人評価委員会に報告するが、後者は前者に意見を述べることができた。

　このほか、独立行政法人大学評価・学位授与機構（二〇一六〔平成二十八〕年度から独立行政法人大学改革支援・学位授与機構。以下、評価機構）による二つの評価が実施されることになった。一つは、法人法に基づく国立大学法人評価で、評価委員会が中期目標の評価を行うにあたって評価機構に要請するものであった。評価委員会は、その評価結果を尊重して中期目標に対する評定を行うこととされた。もう一つは、学校教育法に基づく、七年以内ごとに実施される大学機関別の認証評価である。認証評価は、国立以外の大学等も対象としており、大学の教育研究活動の質を保証するため評価機構が定める基準により定期的な評価を行い、その結果を大学にフィードバックして活動の改善に役立てるとともに、活動状況を国民にわかりやすく示して、その理解と支持を促進するものとされた。

　さらに二〇一六年度からは、機能強化を実現するためのビジョン・戦略・評価指標を各国立大学が主体的に作成し、文科省がその進捗状況について外部有識者による評価を実施して運営費交付金の重点配分に反映させる、重点支援評価が毎年度行われることになった。

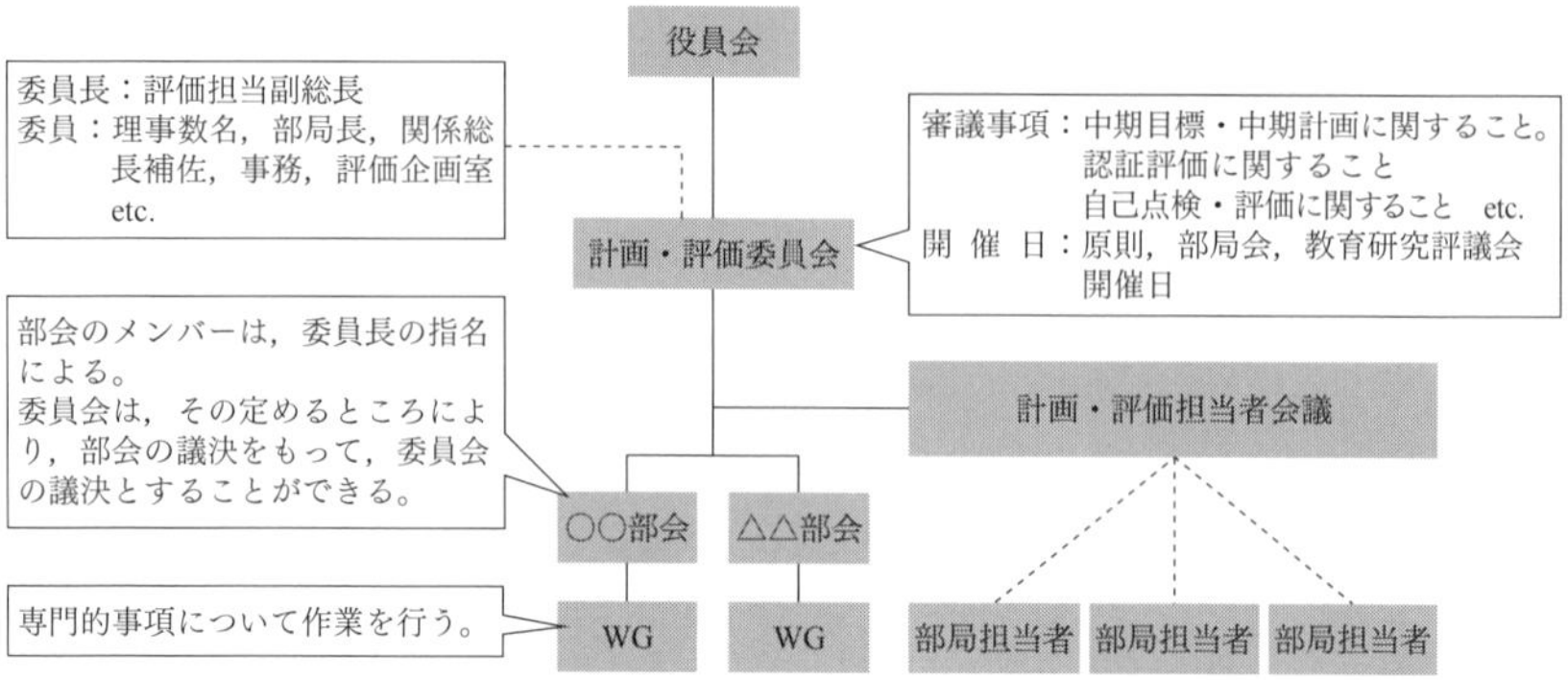

図 12–6　計画・評価に関わる新体制組織図（2007 年 7 月 13 日役員会議事録所収の図から作図）

名大における中期目標・中期計画の策定

名大の第一期（二〇〇四〔平成十六〕～〇九年度）中期目標・中期計画は、〇二年四月から、組織改革検討委員会（第11章1節参照）の下に設置された目標・計画・評価小委員会（以下、小委員会）を中心に検討が始まった。小委員会は専門ワーキンググループを置き、この段階では中期目標・中期計画の形式が確定していなかったため、説明会やワークショップ等を通じて部局と意思疎通を図りつつ、全学版と部局版の二本立てという名大独自の方式で試案の作成を進めた。同年十二月に文科省から項目立ての案が示されると、試案をこれに落とし込んだ文科省版の作成を進めるとともに、試案を名大版として検討する作業も合わせて進められた。〇三年九月には文科省版と名大版の中期目標・中期計画案が策定され、文科省版を文科省に提出、一部修正のうえ、これが名大の法人法に基づく中期目標・中期計画となった。

この第一期目標・計画に対する評価委員会による評価は、①教育、②研究、③社会連携・国際交流等、④業務運営の改善・効率化、⑤財務内容の改善、⑥自己点検・評価及び情報提供、⑦その他業務内容に関する重要事項、という七つの大項目において、いずれも五段階評定の上から二番目の「良好である」と評価された。なお、一番上の「非常に優れている」は、④を除くと国立大学全体の一～四％にしか与えられていない。また、①～⑦の下の項目では、学生の支援に関する目標の達成状況が「非常に優れている」と評定された。

第二期（二〇一〇～一五年度）中期目標・中期計画を策定する体制について、〇七年八月に計画・評価委員会の見直しが行われた。それまでの同委員会は、計画・評価のほ

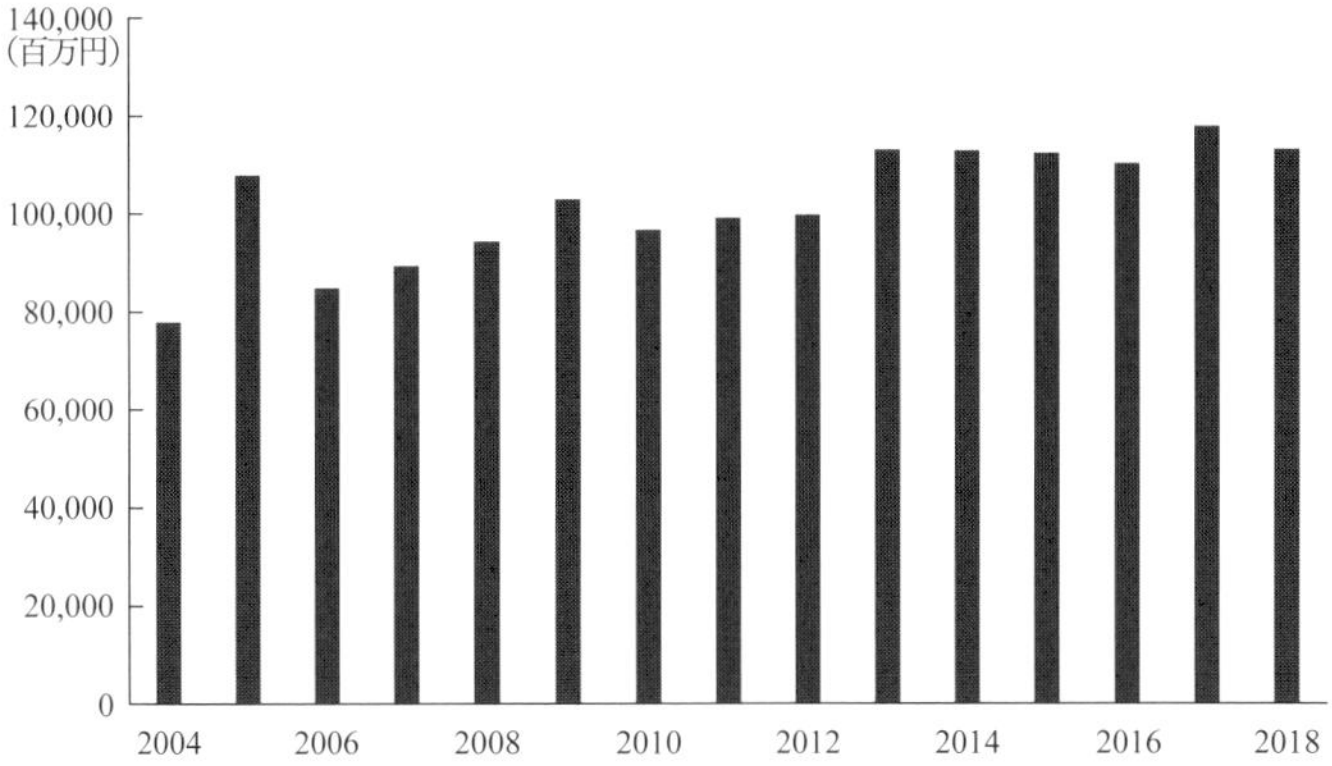

図12–7　名大の収入総額（予算決算額）の推移（『名古屋大学プロフィール』より）

か、学術情報基盤、広報、全学同窓会との連携・協力なども審議事項とする基幹委員会であった。計画・評価への対応は、一部の部局代表者からなる基幹委員会では困難であり、部局との連絡を密にしつつ全学的体制を構築するため、同委員会を基幹委員会から、計画・評価のみを審議する特命委員会（全学委員会）に移行させるとともに、それを支える体制を強化した。新しい同委員会は、担当副総長を委員長とし、総長が指名した理事・副総長、部局の長、総長補佐、事務局長、事務局の各部長などから構成され、その下に部会、部会の下にワーキンググループを置いて検討するとともに、計画・評価担当者会議を置いて部局との連絡・調整にあたることになった（図12–6）。

この新体制によって策定された第二期目標・計画に対する評価委員会による評価は、前出の①～⑦の大項目すべてで「良好である」とされた。その下の項目では、教育内容及び教育の成果等と、国際化の二項目が「非常に優れている」と評価された。

大学収入の変容

法人化により、国立学校特別会計制度は廃止され、各国立大学は国の一般会計から、使途を自由に決めることができる運営費交付金（以下、交付金）を交付されることになった。各国立大学は、この交付金と自己収入（学生納付金や附属病院診療収入等）などにより経常的・基盤的経費を賄い、さらに先進的な研究を進めるため、政府からの科学研究費補助金その他の各種補助金、受託研究・共同研究等の産学連携研究収入や寄附金など、国や民間からの競争的資金・外部資金を獲得しつつ、自立的に財政を維持していくものとされた。

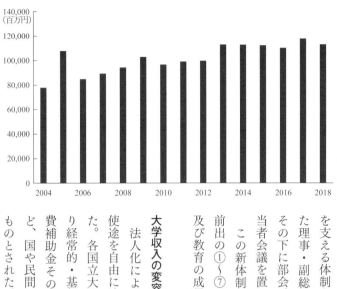

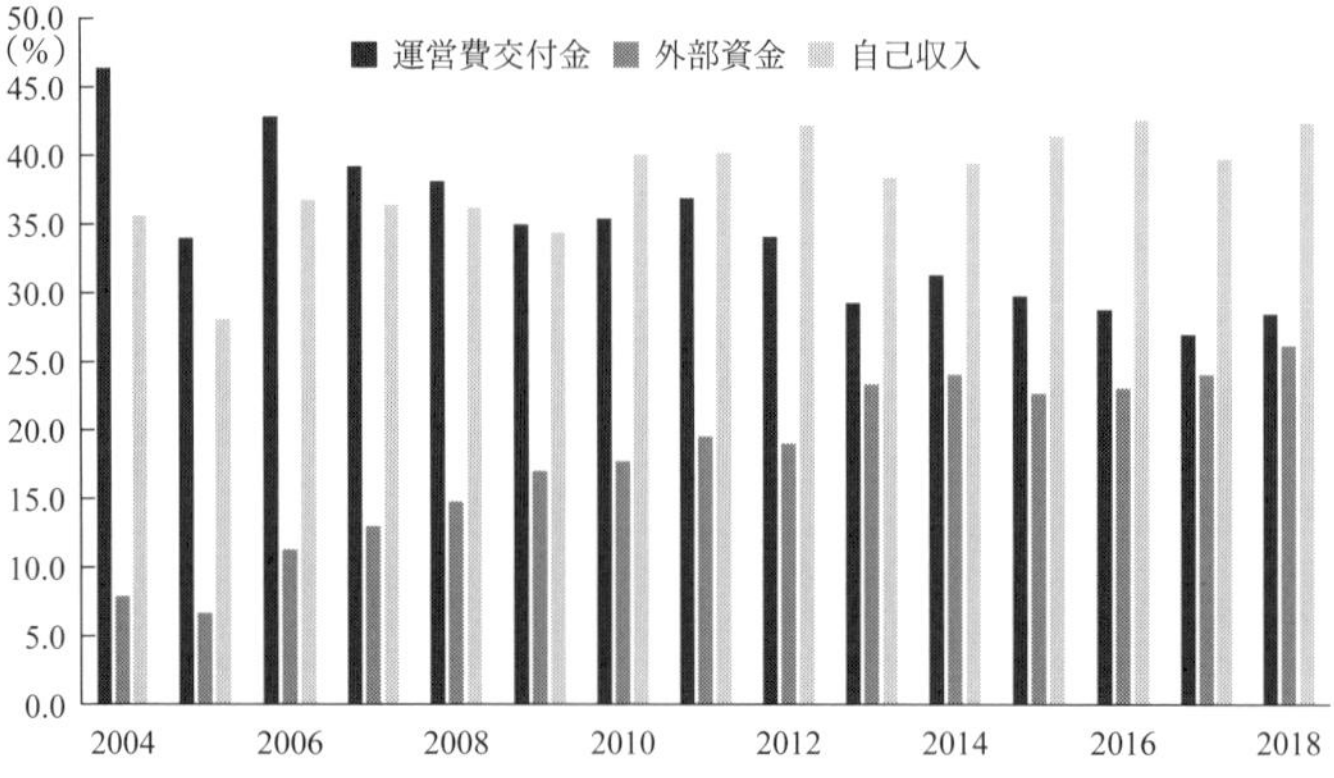

図 12-8　名大の収入総額（予算決算額）に占める運営費交付金・外部資金・自己収入の割合の推移（『名古屋大学プロフィール』より。「外部資金」は，産学官連携等研究収入，寄附金，補助金等収入を合計したもの）

その後、国からの予算配分は、年を追うごとに交付金から競争的資金へ重点が移された。交付金の配分も、第一期中期目標期間においては、対象事業費の毎年度一律一％（「効率化係数」）の削減が行われ、附属病院収入の毎年度一律二％（「経営改善係数」）の増加が求められ、第二期からは「大学改革促進係数」が導入され、教育研究組織の再編成等の改革を行うか否かによって配分を増減させる方法が採用された。また、中期目標・中期計画の達成度も、交付金の配分に影響を与えるものであった。各国立大学は、財政運営の裁量範囲が飛躍的に広がった代わりに、業務の合理化・効率化を行いつつ、競争的資金と外部資金の獲得を進めることが不断に求められるようになった。

二〇〇四（平成十六）年度から一八年度までの、名大の収入総額とそれに占める交付金・外部資金（競争的資金）・自己収入の割合の推移は図12-7、図12-8の通りである。収入総額の漸増傾向が認められるとともに、交付金の割合の減少傾向が顕著である。また、外部資金が飛躍的に増加し、交付金に匹敵するほどになった。さらにまた、経営努力等により、附属病院収入も大きく増加した。交付金の比重の低下を、外部資金と自己収入の増加で補塡していることが見て取れる。

なお、本項における外部資金には、個人に交付される科学研究費補助金等に関わるものは含まれていない。これについては、第9章1節を参照されたい。

2　教育・研究体制の見直し

専門職大学院構想と法科大学院の設置

本節では、法人化と同時に設置された法科大学院と、法人化後に大きな再編を遂げた教育研究組織の諸相について述べていこう。

国立大学法人が発足した二〇〇四（平成十六）年四月、法曹（裁判官・検察官・弁護士といった法律の専門家）の養成を目的とする専門職大学院である法科大学院の制度がスタートした。法科大学院は名大では法学研究科に実務法曹養成専攻として開設された。

新しい法曹養成の仕組みは二つの政策的流れが交わる地点で登場した。一つは従来、研究者養成の一段階とされてきた大学院修士課程を専門職大学院化しようとする動向である。これは政府の臨時教育審議会第二次答申（一九八六〔昭和六十一〕年）を端緒とし、大学審議会に受け継がれた。大学審議会は二〇〇〇年に高度専門職業人養成を目的とする「専門大学院制度」の確立を答申した。もう一つは司法制度改革である。法曹界は、近い将来、法曹人口の大幅な質的・量的拡充が不可欠になるとして、司法試験から教育プロセス重視の法曹養成システムへの転換を目指しており、内閣に設置された司法制度改革審議会が〇一年、裁判員制度の導入などと並んで法科大学院の設置を求める意見書を提出した。こうした専門職大学院構想と司法制度改革とを合流させる形で、〇三年三月に文科省は専門職大学院設置基準を制定した。

名大での専門職大学院設置に関する全学的検討は、一九九九年三月の評議会で設けら

図 12-9　名古屋大学法科大学院開設記念式典・講演会（2004 年 7 月）

れた組織改革検討委員会（第11章1節参照）で取り組まれた。二〇〇〇年五月の評議会での報告によると、同日の検討委員会で、その下に設置された組織検討小委員会で「教学院（資格教育院）」等の組織体制を検討することが確認された。同小委員会は、法学研究科から法科大学院制度の説明を、工学研究科からはＪＡＢＥＥ（日本技術者教育認定機構）など専門職大学院についての説明を受け、「教学院（資格教育院）」の検討を進めた。法科大学院は全学的には「資格教育院」構想のなかで検討されていたのである。

その後、二〇〇一年十一月の評議会で、ロースクール（法科大学院）やビジネススクール（経営大学院）等の組織を検討するために資格教育院（仮称）検討委員会を設置した。松尾稔総長は、〇二年四月の大学院入学式での祝辞のなかで、法科大学院や、経済学研究科がフランスの国立土木学校（グランゼコールのポンゼショセ）と共同でこの年開設した経営管理修士コース（ＭＢＡコース）にふれつつ、「いわばプロフェッショナルスクールともいうべき組織を、大学内的に統括的な理念と具体性をもって創り上げるために、「資格教育院（仮称）」の設置を計画し、審議は終盤に入っています」と紹介した。

しかし、それから「資格教育院」構想は縮小していく。一つには、後述するように法科大学院が具体化したからである。二〇〇三年五月の評議会で資格教育院（仮称）検討委員会は、それまで法科大学院等の設置について検討してきたが、同日開催された組織改革検討委員会での専門職大学院構想特別委員会の設置に伴い専門職大学院構想を検討対象から外すことになったことが報告された。一方ＭＢＡコースは、費用のほとんどを民間企業からの寄附金で賄う予定だったが、それが思うように集められなかったことが理由で、〇四年度以降の募集を停止した。このため、在学生や寄附金を出した企業への

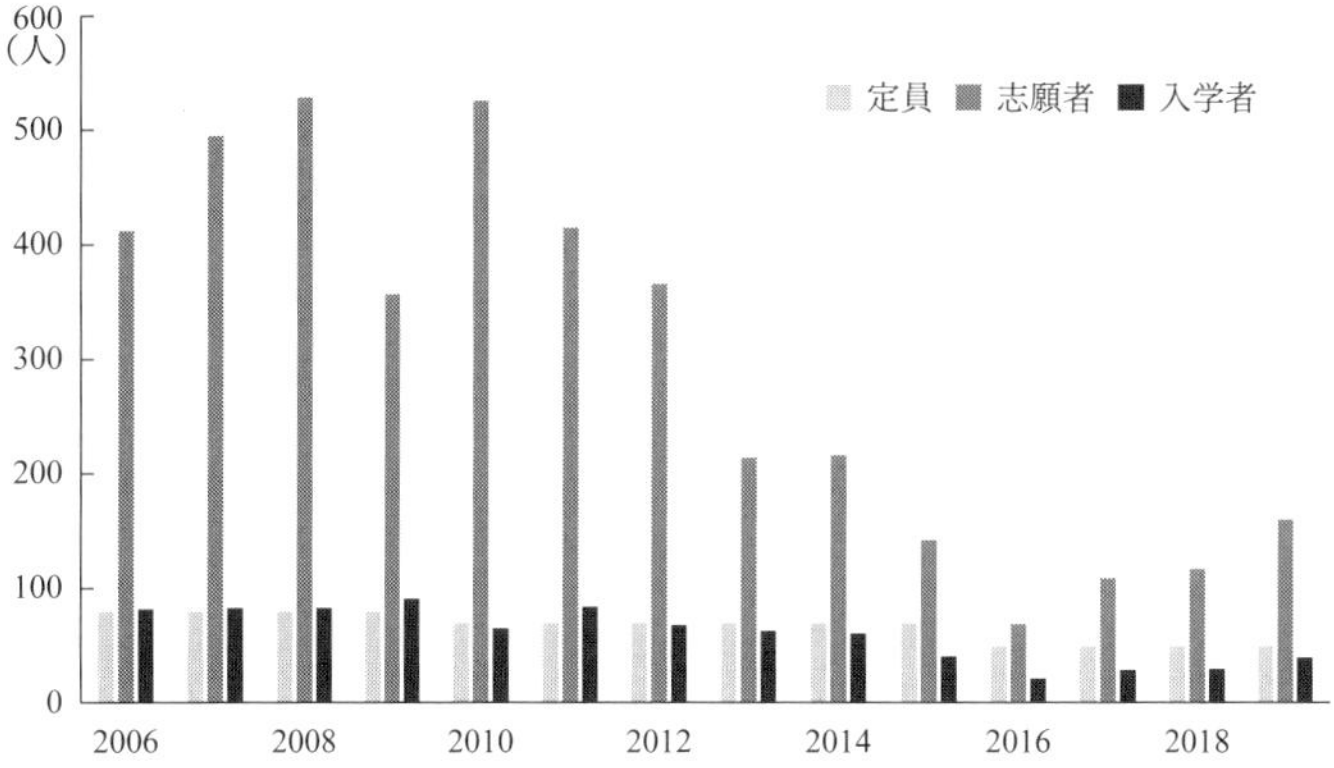

図 12–10　法科大学院の入学定員・志願者・入学者数

責任、国立土木学校との関係悪化などを懸念する声があがっていると報じられた（『読売新聞』中部支社版、〇四年三月十七日朝刊）。

一方、専門職大学院構想特別委員会は二〇〇四年二月の評議会に「専門職大学院構想について」のまとめを提出した。そこでは専門職大学院をはじめ専門職教育に関する全学共通科目を全学的に検討し、各研究科はそのプログラムの全体ないし一部を自由に用い、専門職教育プログラムを構想するとの方針が示された。専門職大学院は基本的に各研究科に委ねることになり、それを全学的に統括する組織の設立は断念されたのである。

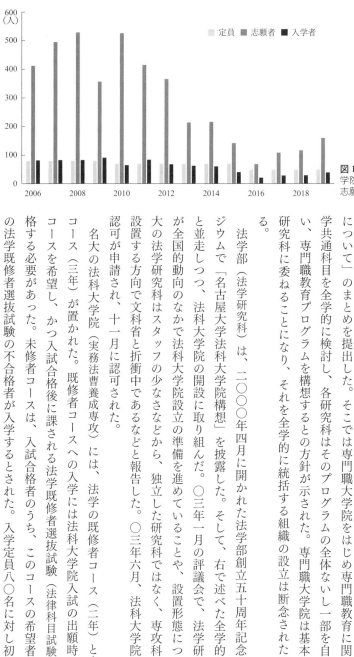

法学部（法学研究科）は、二〇〇〇年四月に開かれた法学部創立五十周年記念シンポジウムで「名古屋大学法科大学院構想」を披露した。そして、右で述べた全学的な動きと並走しつつ、法科大学院の開設に取り組んだ。〇三年一月の評議会で、法学研究科長が全国的動向のなかで法科大学院設立の準備を進めていることや、設置形態について名大の法学研究科はスタッフの少なさなどから、独立した研究科ではなく、専攻科として設置する方向で文科省と折衝中であるなどと報告した。〇三年六月、法科大学院の設置認可が申請され、十一月に認可された。

名大の法科大学院（実務法曹養成専攻）には、法学の既修者コース（二年）と未修者コース（三年）が置かれた。既修者コースへの入学には法科大学院入試の出願時にこのコースを希望し、かつ入試合格後に課される法学既修者選抜試験（法律科目試験）に合格する必要があった。未修者コースは、入試合格者のうち、このコースの希望者及び右の法学既修者選抜試験の不合格者が入学するとされた。入学定員八〇名に対し初年度は

表 12-6　名古屋大学教育研究組織規程（2004 年 3 月）における学内共同教育研究施設

第一項関係[1]	第二項関係[2]	
アイソトープ総合センター	施設計画推進室	社会連携推進室
遺伝子実験施設	大学文書資料室	産学官連携推進本部
留学生センター	廃棄物処理施設	災害対策室
物質科学国際研究センター	核燃料管理施設	国際学術コンソーシアム推進室
高等教育研究センター	評価情報分析室	男女共同参画室
農学国際教育協力研究センター	学生相談総合センター	情報セキュリティ対策推進室
年代測定総合研究センター	セクシュアル・ハラスメント相談室	留学生相談室
博物館		
発達心理精神科学教育研究センター		
法政国際教育協力研究センター		
生物機能開発利用研究センター		

注 1）本学の教員その他の者が共同して教育若しくは研究を行う施設又は教育若しくは研究のために共用する施設。
注 2）教育研究を全学共通に支援する施設。

八二名が入学した。男性五〇名、女性三二名、平均年齢は二六・三歳で、法学部以外の出身者は二三名だった。二〇〇六～一九年度の入学定員・志願者数・入学者数は図12-10の通りである。

急速に進む教育研究組織の再編

国立大学法人化に際して二〇〇四（平成十六）年三月に制定された名古屋大学教育研究組織規程（以下、組織規程）には、学部・研究科以外の教育研究組織として、教養教育院、高等研究院、附置研究所（環境医学研究所・太陽地球環境研究所）、エコトピア科学研究機構、附属図書館、医学部附属病院、附属施設等（教育学部附属中学校・高等学校）、学内共同教育研究施設（表12-6）、全国共同利用施設（地球水循環研究センター・情報連携基盤センター）、総合保健体育科学センターが定められていた。

一五年後の二〇一九（令和元）年九月の組織規程では、学部・研究科以外の教育研究組織として、エコトピア科学研究機構が消え、国際高等研究機構、素粒子宇宙起源研究所、トランスフォーマティブ生命分子研究所、未来社会創造機構、アジア共創教育研究機構、博士課程教育推進機構、アジアサテライトキャンパス学院、情報基盤センターが加わっている。以下では、この間に新設・改組された組織を中心にみていこう。

国際高等研究機構は、高等研究院、素粒子宇宙起源研究所（KMI）、トランスフォーマティブ生命分子研究所（ITbM）等の研究支援体制を強化することを目的とする。高等研究院は研究専念組織として二〇〇二年に設置された。素粒子宇宙起源研究所は、もともと素粒子宇宙起源研究機構として一〇年に設置された。KMIのKは小林誠特別

図 12-11　改修工事により外観もリニューアルした情報基盤センター棟（2019年竣工）

教授、Mは益川敏英特別教授という、二人のノーベル賞受賞者の名前にちなんでいる。トランスフォーマティブ生命分子研究所は、一三年、革新的機能分子「トランスフォーマティブ生命分子」を生み出すこと、及び化学と生物学の新融合分野を先導する次世代研究者等の育成を目的に開設された。

未来社会創造機構は、二〇一四年、文科省の革新的イノベーション創出プログラム「多様化・個別化社会イノベーションデザイン拠点～いつまでも活き活きと活動し暮らせる社会とモビリティ～」（「名古屋ＣＯＩ拠点」）の採択を機に、名大における産学官連携研究領域を主導することを目的に設けられた。機構には、モビリティ社会研究所、ナノライフシステム研究所、マテリアルイノベーション研究所、社会イノベーションデザイン学センター、産学協同研究センターが位置づけられた。

アジア共創教育研究機構は、二〇一七年、アジア諸国をはじめとする国際社会における課題解決への貢献及び学術的研究の展開を図るため、学内の関連部局の連携を促進し、分野融合と新たな学問領域の形成に資することを目的として設置された。

博士課程教育推進機構は、大学院の博士課程教育に関わる新たな教育手法、教材、教育評価方法等の成果を普遍化し、大学全体の資産として研究科等に還元することによって博士課程教育全体の高度化を推進する組織として二〇一七年に開設された。

アジアサテライトキャンパス学院は、二〇一四年八月に設置された。これはアジア諸国の政府等の幹部や若手リーダーを対象とした博士後期課程プログラムである「アジア諸国の国家中枢人材養成プログラム」を各研究科と連携して実施するとともに、サテライトキャンパス（一九年現在、ベトナム・モンゴル・カンボジア・ウズベキスタン・ラオス・

表 12-7　名古屋大学教育研究組織規程（2019 年 9 月）における学内共同教育研究施設等

第 10 条関係（本学の教員その他の者が共同して教育若しくは研究を行う施設又は教育若しくは研究のため共用する施設）	
アイソトープ総合センター	シンクロトロン光研究センター
遺伝子実験施設	減災連携研究センター
物質科学国際研究センター	細胞生理学研究センター
高等教育研究センター	脳とこころの研究センター
農学国際教育研究センター	ナショナルコンポジットセンター
博物館	予防早期医療創成センター
心の発達支援研究実践センター	男女共同参画センター
法政国際教育協力研究センター	低温プラズマ科学研究センター
生物機能開発利用研究センター	

フィリピンに設置）の運営を行うものである（第14章2節参照）。

このほか附置研究所では、宇宙地球環境研究所と未来材料・システム研究所が設置された。宇宙地球環境研究所は、太陽地球環境研究所が地球水循環研究センター・年代測定総合研究センターと合流して二〇一五年に開設された。未来材料・システム研究所の出発は、理工科学総合研究センター（工学部附属人工結晶研究施設等を一九九五年に改組）、高効率エネルギー変換研究センター、難処理人工物研究センター（九七年設置）、環境量子リサイクル研究センター（二〇〇一年設置）を統合・再編して〇四年に開設されたエコトピア科学研究機構にさかのぼる。同機構は翌年、学内措置のエコトピア科学研究所に改組された。さらに〇六年に附置研究所に位置づけられ、一五年に未来材料・システム研究所になった。

二〇一九年の組織規程では、以上のほかに学内共同教育研究施設等として全一七のセンター等が規定された（表12-7）。

一方、組織規程外の組織である「学内コンソーシアム」に位置づけられる領域横断的な様々な組織の一つにリーディング大学院推進機構がある。これは文科省が博士人材の就職問題の解決を主目的として二〇一一年に始めた博士課程教育リーディングプログラムの採択を機に設置されたものである。そこでは「グリーン自然科学国際教育研究プログラム」（一一年採択）、「法制度設計・国際的制度移植専門家の養成プログラム」（一一年）、「PhDプロフェッショナル登竜門」（一二年）、「フロンティア宇宙開拓リーダー養成プログラム」（一二年）、「実世界データ循環学リーダー人材養成プログラム」（一三年）、「「ウェルビーイングinアジア」実現のための女性養成プログラム」（一三年）という六つのプログラムが展開されている。

また「学内コンソーシアム」のなかでも異色の組織として、重要文化財馬場家住宅研究センターを挙げておきたい。これは、長野県松本市の重要文化財馬場家住宅に関わる調査・研究及び社会貢献を目的に、環境学研究科等の教員を中心に二〇一二年十月から一七年三月までの時限付きで設置されたものである。松本市教育委員会との間で覚書を取り交わし、市民向け公開講座等の活動を行った。

創薬科学研究科の設置

一九五〇年代から六〇年代初めにかけて、名大以外の旧帝国大学に薬学部や大学院薬学研究科が次々と設置された。そのなかで名大は一九六二（昭和三十七）年度の概算要求で医学部への薬学科設置案を提出したものの、実現に至らなかった。薬学科設置の概算要求は六五年度まで続けられたが、結局、認められなかった。そこで、六五年五月には学部長会で篠原学長が薬学部の新設を提案し、六月の評議会で基礎薬学科と製薬学科の二学科からなる学部設置案が示された。この新学部設置案は六六年度の概算要求に盛り込まれた。しかしこれも文部省には受け入れられず、八〇年度まで薬学部設置の概算要求は続けられたものの、一向に実現の見通しは立たなかった。

ところが、二〇〇〇年代に入って事態は大きく動いた。そこには二つの背景があった。一つは薬学教育・研究をめぐる環境の急激な変化である。〇一（平成十三）年三月に閣議決定された国の第二次科学技術基本計画においてライフサイエンス分野が重点政策の一つとなり、そこに「新薬開発」が位置づけられた。一方で、〇六年度から薬剤師

図 12–12　創薬科学研究館（2015 年竣工）

養成が四年制から六年制へと延長されたことにより、大学院進学者が減少し次世代のイノベーションを支える創薬研究者が手薄になるのではないか、との懸念が関係者の間で広がった。

もう一つの背景は高等教育政策に関わるものである。中央教育審議会は、二〇〇五年一月に出した答申「我が国の高等教育の将来像」において、国公私立という設置形態の枠を超えた高等教育機関の間の連携協力の推進を提言した。これをうけて、〇八年に大学院設置基準が改正され、共同大学院設置のための法的整備がなされた。

こうした状況のなかで名大は、二〇〇八年初め頃には、共同大学院の枠組みを用いて、薬学部を持つ名城大学をパートナーとする「地域連携創薬科学研究科」設置の検討に入った。同年九月の役員会に提出された資料によれば、当初の構想は、①先端的な創薬研究者を養成する五年制博士課程（前期二年・後期三年）の「薬科学専攻」と、②高度な実践力を持つ薬剤師の養成を行う四年制博士課程の「薬学専攻」という二専攻を設置するもので、①を先行させ、将来的に②の設置を検討する計画だった。そこで、まずは役員会の下に部局長会と同じメンバーからなる設立準備委員会を置き、また関係大学との協議・調整を図るために名大と当該大学の総長・学長と理事などからなる地域連携創薬科学研究科協議会及び実働部隊としての運営委員会を設けることになった。

しかし、順調に進んだわけではなかった。六年制薬学部卒業者の受け入れを想定した②「薬学専攻」の構想は、共同大学院開設が初めての試みだったこともあり、学内から慎重な検討を求める声もあって、結局実現には向かわなかった。

これに対して、①「薬科学専攻」構想は、二〇〇九年八月頃から理・工・農の各学部からの協力を得て検討が進められ、一二年四月に基盤創薬学専攻（創薬有機化学・創薬生物科学・創薬分子構造学の三講座）という一専攻からなる創薬科学研究科として実現した。当初は、主に理系の四年制学部卒業者を受け入れる修士課程のみで出発し、一四年四月に博士後期課程を設置した。本研究科は「多分野融合教育による次世代を先導する創薬基盤研究者」の養成を基本理念とし、薬学系では全国初の独立研究科として注目を浴びた。

学部・研究科の改組と図書館の新たな試み

二〇一七（平成二十九）年には、既存の学部や大学院の研究科をコースや専攻、場合によっては講座レベルにまで踏み込んで複雑に組み直す作業を経て、一つの学部と二つの研究科が誕生した。

一つは情報文化学部（一九九三年設置）を廃止して新設された情報学部である。この学部は、一九八五（昭和六十）年に工学部に設けられた情報工学科が九五年の大学院重点化に伴って電気電子・情報工学科に再編された際に置かれた情報工学コースを、情報文化学部に合流させる形で設置された。

二つ目は情報学研究科である。この研究科は、情報科学研究科に、環境学研究科心理学講座と国際言語文化研究科メディアプロフェッショナル論講座が合流して開設された。

三つ目は人文学研究科である。この研究科は、文学研究科、国際言語文化研究科、国際開発研究科の中の国際コミュニケーション専攻が統合再編されて設置された。

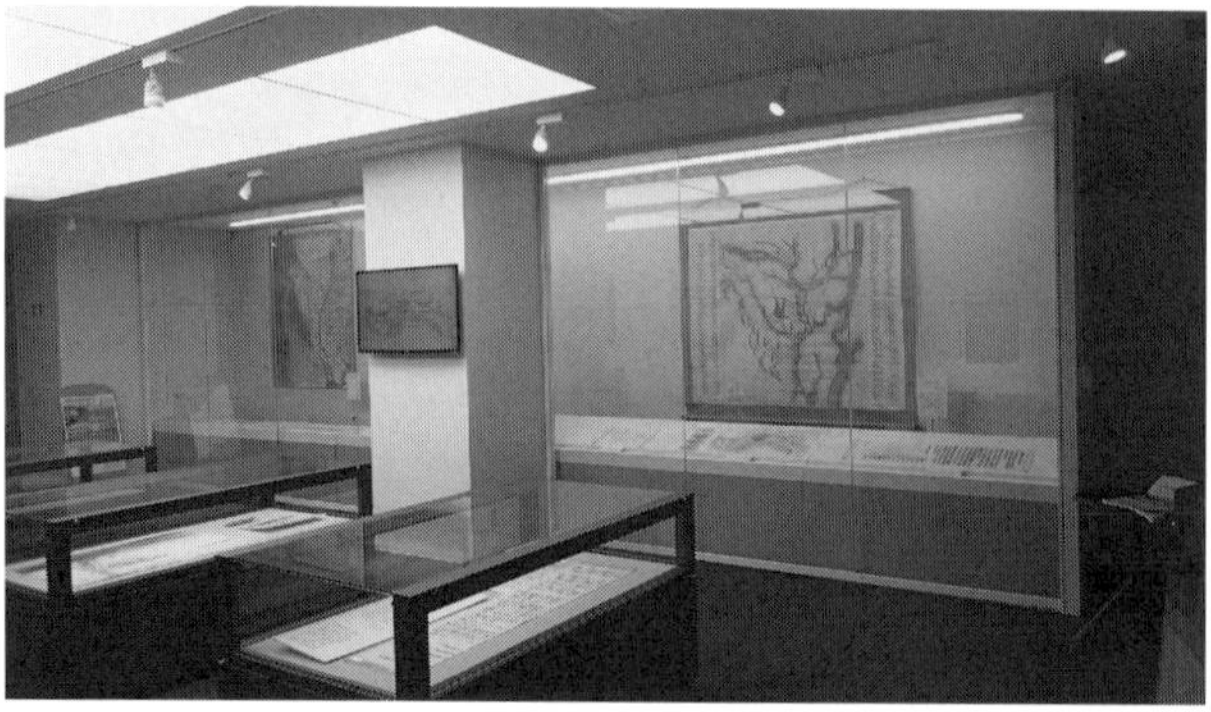

図 12–13　OKB 大垣共立銀行高木家文書資料館（中央図書館内）

法人化以降、図書館でも様々な挑戦が試みられるようになった。まず二〇〇四年に、市民からの参加者を募り、附属図書館の情報提供とその活動支援を目的とする名古屋大学附属図書館友の会が発足した。〇六年からは国内七番目にあたる名古屋大学学術機関リポジトリ（NAGOYA Repository）が始まった。〇九年には、学生の自律的な学びを支援する場としてラーニング・コモンズが設けられた（口絵14）。一方で、増加し続ける書籍をいかに収蔵していくかという、以前からの課題に加えて、電子ジャーナルの急激な価格高騰などによる経費の圧迫という新たな課題への対応を迫られている。

中央図書館をはじめ学内の各部局には、様々な古文書や西洋の貴重なコレクションが収集されてきた。中央図書館には、「高木家文書（交代寄合西高木家関係資料）」（第5章1節参照）や愛知県海東郡長須村庄屋岡田家文書、伊藤圭介文庫、十七世紀から二十世紀にかけてのドイツの学位論文からなる長谷川文庫、イギリス近代思想史の原典を集めたホッブズ・コレクションなどが所蔵されている。ほかにも文学部には朝廷の地下官人家の文書群である真継《まつぎ》家文書が、法学部には滝川幸辰《ゆきとき》旧蔵の滝川文庫などがある。このうち高木家文書は、長期にわたる地道な調査・整理作業を経て、二〇一九（令和元）年に名大で初めて国の重要文化財に指定された。一八年には高木家文書の整理・保存・活用等を目的とする寄附があり、それを記念して寄附者の名前を冠した高木家文書の展示館が設置された（図12–13）。

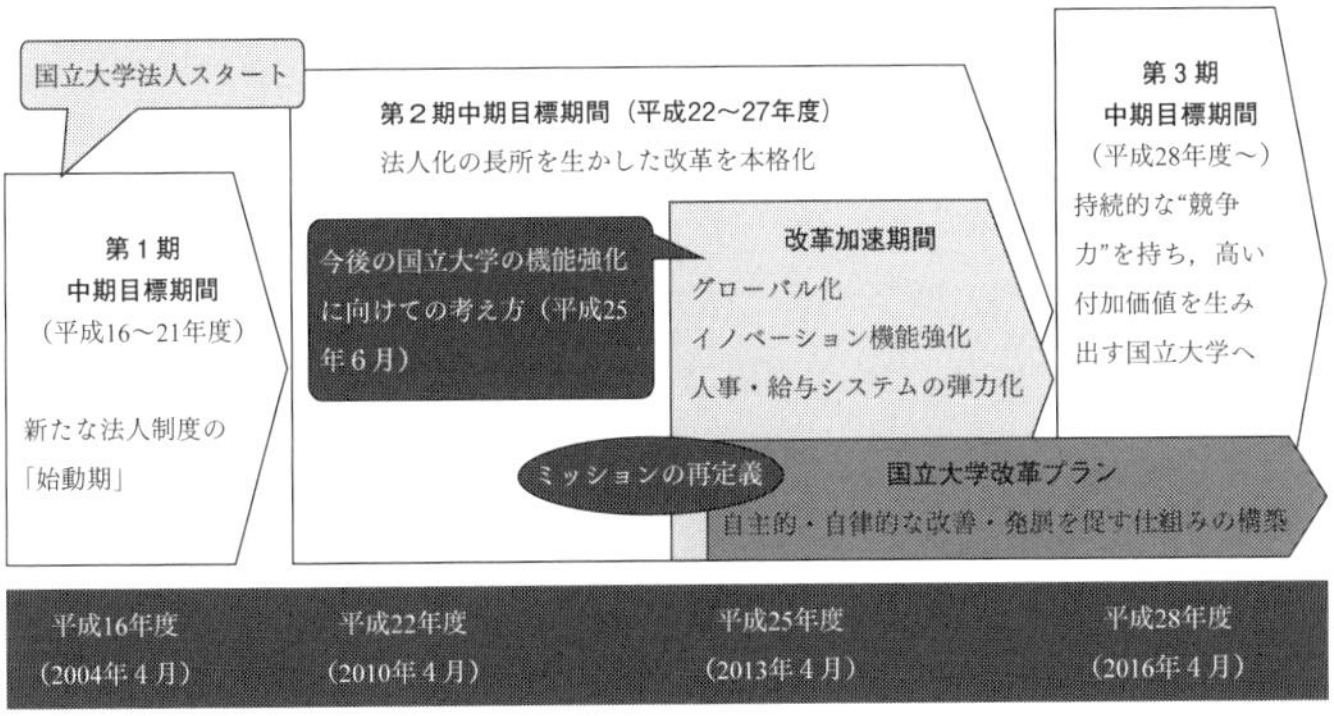

図12–14　「国立大学改革プラン」の位置づけを示す図（文科省「国立大学改革プラン」の図から作図）

3　世界卓越型大学への改革

さらなる国立大学改革への動き

本節では、法人化後しばらくして再び政治課題として浮上してきた国立大学改革の動きを見据えつつ行われた、名大の組織改革についてみていく。

文科省は、二〇一二（平成二十四）年六月の「大学改革実行プラン」（文科省作成、内閣国家戦略会議に提出）に次いで、一三年六月の教育振興基本計画（閣議決定）に国立大学改革の必要性が盛り込まれたことをうけて、一三年十一月に「国立大学改革プラン」を取りまとめた。この改革プランは、グローバル化、少子高齢化の進展、新興国の台頭などによる競争激化などの社会経済状況の変化に対応するため、国立大学は中期目標の第三期（一六～二一〔令和三〕年度）において、各大学の強み・特色を最大限に活かし、自ら改善・発展する仕組みを構築することにより、持続的な競争力を持ち、高い付加価値を生み出すことを目指す改革を加速させるものとした（図12–14）。国立大学は、①世界最高の教育研究の展開拠点、②全国的な教育研究拠点、③地域活性化の中核拠点、の三類型から一つを選び、その方向へ重点的に機能強化することを求められ、この枠組みのもと、運営費交付金や評価のあり方も抜本的に見直すものとされた。

なお、二〇一三年五月、国立大学協会は「「国立大学改革」の基本的考え方について―国立大学の自主的・自律的な機能強化を目指して―」を発表した。そこでは、社会の要請に応える国立大学の機能強化を積極的に打ち出す一方で、大学を規模や組織形態により種別化し、機能を分化し固定化する方向性をとれば、短絡的な役割分担論による国立大学総体の縮小をまねき、結果として多様性を失わせることになるとして、大学の歴史的由来や自主性に基づく多様性の尊重を求めている。

そのようななか、二〇一二年度後半から一三年度にかけて、各大学の教育研究組織の設置目的、それぞれが持つ強みや重視する特色、社会的な役割について、大学自らがデータに基づき分野ごとに再定義を行い、文科省等との意見交換を行いながらこれを取りまとめる、いわゆる「ミッションの再定義」が実施された。名大でも、医学系、工学、理学、農学、人文科学、社会科学、学際、保健系の各分野で、この時は対象外とされた法学研究科・法学部を除くすべての学部・研究科・附置研究所等を対象に行われた。再定義の結果は、各大学が①〜③の選択を行う基礎となるものとされた。名大は、①の類型、すなわち世界卓越型大学を選択し、その機能をさらに強化することを目指して、第三期中期目標期間に臨むことになった。この類型を選んだ、名大をはじめとする一六大学は、国から優遇的な措置がなされる一方で、世界大学ランキングトップ一〇〇に入る目標を課されて、世界の大学と厳しい競争を行うことになったのである。

教授会の位置づけ、総長選考方法の改訂

文科省は、二〇一三（平成二十五）年六月、「今後の国立大学の機能強化に向けての考え方」（一四年七月改訂）を公表したが、七項目のうち、ミッションの再定義の次に挙げられたのが大学のガバナンス（統治）改革であった。そこで重視されたのは、人材や施設・スペースの再配分や教育研究組織の再編成、学内予算の戦略的・重点的配分等を通

図 12–15　名大教育学部の教授会及び研究科委員会議事録

じた学内資源配分の最適化を可能とする、学長のリーダーシップの強化であった。前項の国立大学改革プランにも、機能強化の方策の柱の一つとして、ガバナンスの強化が挙げられている。一四年二月には、中央教育審議会大学分科会が「大学のガバナンス改革の推進について」を取りまとめた。これらをうけて、同年六月に学校教育法と国立大学法人法、及びそれぞれの施行規則が改正され、翌一五年四月に施行された。

　名大でも、これをうけて二〇一五年四月から学内規程が改正された。ここでは、教授会の位置づけと総長選考方法について述べる。

　教授会については、教授会規程を改正し、教授会は当該部局に係る審議事項のうち、中期目標・中期計画及び年度計画、規程等の制定・改廃、部局長・評議員の選考、大学教員の人事、学生の入学・進学・卒業・修了、学位の授与、学生の除籍に関する事項、その他総長が必要と認め別に定める事項について、「総長が決定を行うに当たり意見を述べるものとする」という第三条が新設された。すなわち教授会はこれらの事項について最終決定権はなく、意見を述べる権限を持つにとどまることが明確になった。教授会の機能について、改正前の学校教育法では「重要な事項を審議する」とのみ記されており、法人化前の長年の慣行もあって、依然として部局のすべての意思決定を行う機関と見なされる傾向もあった。この時の法改正によって、教授会が審議機関であることは変わらないが、部局のことといえどもすべてのことに最終決定権を持つわけではないことが明示された。

　学長の選考方法については、学長選考会議の主導権を強めることが法改正の眼目であった。職員による投票は法律でこそ禁じられなかったものの、文科省から大学への通

図 12-16　歴代総長の肖像写真が掲げられている，名大本部 1 号館第 2 会議室

達では、選考にその結果を過度に反映させることは適切ではなく、学長選考会議が広く学内外の候補者から、明確な基準に基づき責任を持って主体的に選考できる措置を講ずるべきものとされた。

これをうけて、名大でも総長選考規程が全面的に改正された（二〇一五年四月一日施行）。総長の任期を六年から四年に変更し、総長選考会議（以下、選考会議）が行う、就任後の業績等に対する中間評価に基づいて再任（任期二年、引き続いては最長六年）するものとした。総長の資格については、従来の同規程における一般的な記述は削除し、選考に際して選考会議がそのつど基準を定め、学内外に公表することになった。職員による投票については、一次投票（予備投票）は学内の推薦人による候補者が五人を超えた場合にのみ実施するものとし、それとは別に経営協議会が二人まで候補者を推薦できるようになった。二次投票（意向投票）は、あくまでも「学内の意向を調査するため」のものとされ、改正前までは過半数得票者が出るまで投票が行われたが、改正後は得票多数三人を対象とする投票が最後とされた。そして、選考会議による最終候補者の選考については、改正前は投票結果に「基づき」とされていたものを、投票結果を「参酌」（様々な事情、条件等を考慮に入れて参照し、判断すること）するものとした。

松尾清一総長のガバナンス・マネジメント改革

二〇一五（平成二十七）年四月一日、松尾清一が第一四代総長に就任した。松尾総長は同年七月、任期中に達成すべき目標を明確にするためのプランとして、「名古屋大学松尾イニシアチブ　NU MIRAI 2020」を学内外に発表した。そこでは、濵口道成総長時

図 12-17　松尾清一総長
(2015年4月–2022年3月)

代までの名大の方針を大枠で引き継ぐ四つの大きな目標を挙げたうえで、それを実現するために「シェアドガバナンスを踏まえた総長のリーダーシップによる自律的なマネジメント改革」を行うとした。松尾総長は、一六年の年頭挨拶において、①明確な目標設定、②積極的自律的な組織改革、③持続可能な財務計画、④合理的で効率的な業務経営、⑤これらを可能にする新しいガバナンス（大学統治）の形態、が必要であると述べた。そして特に⑤については、総長を中心とする大学執行部と、教員・研究者の代表である部局等、そして事務部門を含む職員との間で責任ある共同統治（Shared Governance）の形を追求するとした。

二〇一六年四月には、運営支援組織として、ＩＲ本部を設置した。大学経営におけるＩＲ（Institutional Research）とは、教育、研究、財務等の大学に関するデータを収集・分析し、大学の意思決定を支援するための調査研究のことを指す。ＩＲは、アメリカの大学で一九六〇年代から発達してきたもので、近年になって日本でも注目されるようになった。すでに名大でも、業務領域別に複数のＩＲ関連組織が活動してきたが、総長自ら本部長となるＩＲ本部は、これら組織の業務資源を最大限に活用しつつ、大学全体を俯瞰する立場でＩＲ活動を行い、効率的・効果的な計画立案、戦略策定及び意思決定を支援するものとされた。運営費交付金が年々削減されるなか、全学的な視野からの資源の配分や効率的な経費の使用、そして競争的資金や外部資金の積極的確保のための方策を、エビデンス（根拠）に基づいて行うことが急務とされたのである。

同じ二〇一六年四月、運営支援組織として、教育基盤連携本部が設置された。これは、入試方法に係る調査研究・開発等を行う入試調査企画室を廃止し、入試方法だけではなく、教育課程の編成・実施支援、学位の授与に関する調査研究・開発等も合わせて行う組織として新設したものである。すなわち、学生の入学から卒業（修了）までの一連の過程について縫い目のない形で教学マネジメントシステムを構築し、名大における教育の質保証の機能強化を図るものであった。

二〇一七年七月には、名古屋大学基金における募金活動を一層推進するため、専任の事務職員を配してターゲットやプロジェクトに応じた活動を行う総長直属組織として、「Development Office」（通称ＤＯ室）を設置した（第15章2節参照）。これと同時に、収益事業や資金運用等、財務に関する戦略的な運営の検討・助言を行う組織として財務戦略室を新設して、財務マネジメント体制を強化した。また、同じ七月には、男女共同参画室を男女共同参画センターに改組し、男女共同参画への取り組みを強化するとともに、大学のダイバーシティにも力を入れるようになった（第15章3節参照）。

二〇一九年四月には、審議・執行体制の抜本的な再編が行われた（図12−18）。重要案件の執行計画の策定や進捗管理、それに伴う部局との調整・報告などを行う執行会議が設置された。執行会議は、常勤理事、副総長、各部局等から一人ずつの委員（部局等の長またはそれが指名する職員）、事務局長、事務局の各部長等、などから構成された。執行会議を主宰するのが、総長が指名する新設の統括理事であった。統括理事は、総長から指示を受けた重要事項に係る企画立案を統括する役割も与えられた。これにより、総長は渉外・基金、外部との連携に一層注力できるようになった。

教育研究評議会（以下、評議会）等の全学的審議機関のあり方も大きく再編された。評議会の下に、将来構想、総務、教育、研究戦略・社会連携推進、国際戦略の五つの分

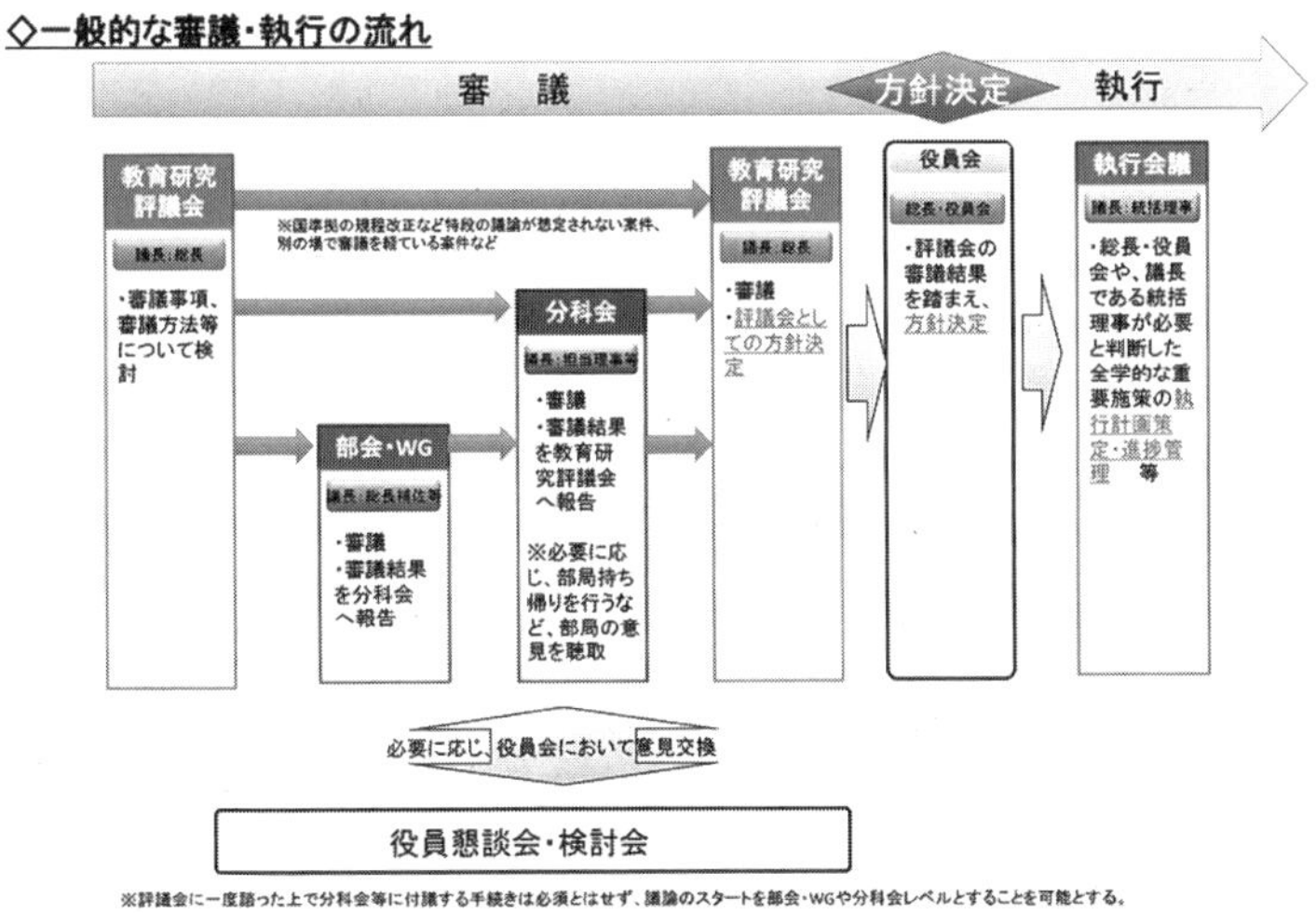

図 12–18　再編後の審議・執行体制図

科会を置き、各分科会は評議会から付託された事項を審議することになった。理事、副総長または副理事が議長を務める各分科会には、各研究科長・附置研究所長等またはそれが指名する大学教員が入り、本部と部局との意見調整機能も担うことになった。分科会の設置に伴い、部局長会及び基幹委員会は廃止された。評議会の構成は、各部局から一人ずつ選出される評議員が廃止されるとともに、教養教育院長、高等研究院長、男女共同参画センター長等が必ず評議会に入ることになった。

こうして、審議機関（教育研究評議会など）、方針の決定機関（役員会）、執行機関（執行会議）の役割分担を明確にして、学内の多様な意見を取り入れつつ、それぞれのプロセスの効率化・迅速化が図られた。

そのほか、二〇一八年度には、教員のモチベーション向上と教育研究活動の活性化のための新人事評価制度、その新評価制度に基づく新年俸制、人件費の抑制のため定員をポイントに置き換えて人件費を意識しながら定員管理するポイント制、全学人事プロセス委員会の設置などによる全学的視野からの教員人事選考制度、などの導入からなる、人事管理制度の大幅な見直し方針を打ち出した。これは、一八年六月に、「経済財政運営と改革の基本方針二〇一八」、「未来投資戦略二〇一八」、「統合イノベーション戦略」が相次いで閣議決定され、適切で実効性のある評価に基づく年俸制の完全導入などによる、シニア教員の流動化と若手の活躍機会の創出の加速が求められていたことを背景としていた。また、一九年度から運営費交付金の配分方法が大きく変わり、各大学独自の指標ではない共通の指標による、成果を中心とする実績に基づく配分枠が導入され、さらにそれは順次拡大するものとされていた。その指標の一つに「人事給与・施設マネジメント改革状況」が挙げられていた。

これらの改革の多くは、次項以降で述べる指定国立大学法人の指定や東海国立大学機構の設立と密接に関わりながら行われたものであった。

指定国立大学法人の指定

二〇一六（平成二十八）年五月、国立大学法人法が改正され、指定国立大学法人制度が翌一七年四月から始まることになった。指定国立大学法人は、日本の教育研究水準の著しい向上とイノベーション創出を図るため、特に文部科学大臣から指定を受ける国立大学法人である。世界最高水準の教育研究を展開する高い次元の目標設定を掲げた大学運営が義務づけられるが、同時に研究成果を活用する事業者の出資や余裕金の運用についての規制が緩和されるなどの特例措置を受けることができる。指定は、希望大学からの申請を受け、国立大学法人評価委員会指定国立大学法人部会の審査を経て行われるが、きわめて高いレベルの目標設定と同時に、すでに申請時において、研究力、社会との連携、国際協働という三領域で国内最高水準に位置していることが必要条件とされた。

名大は、二〇一七年三月、目標を「世界屈指の研究大学」とし、①世界屈指の研究成果を生み出す研究大学へ、②知識基盤社会をリードする卓越した博士人材の育成、③世

図12–19　林芳正文科大臣（左）から指定国立大学法人の指定書を渡される松尾総長（後ろ姿）

界から人が集まる国際的なキャンパスと海外展開、④社会と共に躍進する名古屋大学、⑤機動的な改革を支えるシェアド・ガバナンスの構築、⑥経営資源の好循環による財務基盤の強化、⑦新たなマルチキャンパスシステムの樹立による持続的発展、という七項目のビジョンからなる構想を掲げて申請を行った。この時、名大のほか、東北大学、東京大学、東京工業大学、一橋大学、京都大学、大阪大学が申請したが、同年六月の指定は、東北大学、東京大学、京都大学の三大学にとどまった。残りの四大学は「指定候補」として、審査を行った指定国立大学法人部会の意見を踏まえた構想の充実・高度化が求められた。

これをうけて名大は、すぐさま構想の再検討に着手した。審査において不十分なものとして主に指摘を受けたのは、①研究大学としてさらに卓越させていく分野、名大としての強みの分析、②すでに進んでいる取り組み、また進めようとしている取り組みの国内外への情報発信、③財政基盤の強化と寄附の獲得についての見通しを持った取り組み、であった。①については、WPI拠点が先導する化学・生物学融合研究、未来エレクトロニクス研究、素粒子・宇宙物理学、超高齢社会を支える医学・生命科学研究を名大の強みとし、今後も全学を挙げて資源を集中的に投資していくものとした。②については、研究成果の積極的発信、高い教育実績の国際的アピール、情報発信を通じた社会貢献、人文・社会科学分野における情報発信と国際貢献の取り組みを強化することとした。③については、Development Office（通称DO室）及び財務戦略室を設置した（前項及び第15章2節参照）。また同時に、担当理事と事務局各部の職員からなる七つのワーキンググループで指定国立大学法人構想推進のためのアクションプラン及び工程表の原案を作成し、これを二〇一七年十月に役員会の下に設置した指定国立大学法人構想推進委員会（各部局の長、事務局長、事務局の各部長等からなる）で検討・策定した。

そして、同年十二月に文科省への再申請が行われ、翌二〇一八年三月に名大の追加指定が決定した（図12-19）。指定国立大学法人は、二一（令和三）年三月現在においても、名大を含む九大学法人のみとなっている。

東海国立大学機構へ

国立大学法人法の制定により、大学共同利用機関については、二〇〇四（平成十六）年度から一つの大学共同利用機関法人が複数の機関を運営する方式に移行したが、国立大学は一法人が一大学を運営する方式が採用されていた。しかしその後、「大学改革実行プラン」（二〇一二年）や教育振興基本計画（一三年）において、国立大学機能の強化のための多様な大学間連携の制度的選択肢として、一法人が複数の大学を運営する方式（アンブレラ方式）の検討・提案が明記された。一八年に入ると、閣議決定文書や中央教育審議会において、少子化に対応するための大学間の人的・物的資源の効果的な共有という教育政策の観点とともに、イノベーションの促進基盤としての大学の機能強化という経済政策の観点からも、一法人複数大学方式の導入が本格的に提言されるようになった。

名大では、前項の指定国立大学法人の申請の際、一法人複数大学方式を「マルチキャンパスシステム」構想として掲げ、このシステムを「東海国立大学機構」（以下、東海機構）と仮称した。この構想は、指定国立大学法人の審査においても、今後の国立大学改

図 12–20　基本合意書締結式で握手を交わす松尾総長と森脇久隆岐阜大学学長（2018 年 12 月 25 日）

革の方策となり得るものとして高く評価された。その後、指定国立大学法人の再申請に向けての取り組みのなかで検討を進め、関係大学との協議に入った。また、指定国立大学法人の指定に際しては、第三期中期目標・中期計画（二〇一六〜二一〔令和三〕年度）に東海機構設置に向けての取り組みが追加された。この東海機構構想は、アメリカ・カリフォルニア大学のマルチキャンパスシステムをモデルとし、参加大学の自律性を尊重しながらも、大学間の壁を取り払うことによって、個々の大学が持つ資源の共有と活用、公的資金や外部資金の獲得増加、国際競争力の強化等のスケールメリットを参加大学が享受できるものとされ、日本における先駆的・先導的な取り組みとして位置づけられた。

名大が指定国立大学法人に指定されると、関係大学の学長・担当理事等をメンバーとする東海国立大学機構（仮称）検討協議会（以下、検討協議会）、その事務組織として関係大学の職員からなる東海国立大学機構（仮称）準備事務室が設置された。そして二〇一八年度から、名大と岐阜大学が参加する形で、月一回のペースで検討協議会を開催した。また、準備事務室の下に専門委員会、ワーキンググループを置いて検討を重ねた。そして一八年八月には、両大学の教育研究評議会・経営協議会の議を経たうえで、検討協議会で決定した「一法人複数大学制度による自律分散型マルチ・キャンパスシステムの実現に向けた要望書」を、名大総長と岐阜大学長の連名で文科省へ提出した。これは、東海機構の構想に沿う形での国立大学法人法の改正、東海機構設置による資源共有で生み出された資源に対する運営費交付金配分上の配慮、両大学の活動の共同化に際して必要な情報通信基盤等への初期投資に対する財政支援などを要望するものであった。

図 12–21　受験生，保護者を対象にした東海国立大学機構パンフレット（2019 年 6 月）の表紙

その後、同年九月の検討協議会で基本合意書案がまとまった。名大では、同月から十一月にかけて、指定国立大学構想推進委員会、教育研究協議会などを通じて部局の意見を聴取し、全学説明会も開催された。それらの結果等を勘案しつつ基本合意書案の修正作業等が行われた結果、同年十二月二十五日に、名大と岐阜大との間に「東海国立大学機構設立に向けた基本合意書」が締結された（図12–20）。

合意書には、①「世界屈指の研究・世界水準の高等教育機能」と「東海地域の持続的発展に貢献する機能」を新法人総体として強化し、大学・産業界・地域の発展の好循環モデルを創出する、我が国における新しい大学像の構築等を目的とすること、②両国立大学法人の統合により設けられる新法人の名称を「東海国立大学機構」とし、主たる事務所の所在地を愛知県とすること、③新法人の長を選考する委員会は、両大学の学長選考会議を母体に、各大学から同数の委員を選出し、議長選出は委員の互選によること、④新法人の長は法人を「総理」し、法人全体の予算や全体的取りまとめ、総合的な調整を図り、事務職員等の管理を行うが、教員人事については各大学で行われる選考を尊重すること、⑤各大学の学長は、大学の校務をつかさどり、所属教職員を「統督」するものとし、法人全体の戦略のもとで行われる各大学の教育研究活動等の活動全般について責任を有すること、またその責任を果たせるよう学長の処分権限について専決規程等を整備すること、⑥新法人の組織体制は、法人の長、各大学の学長を含む理事（法人の長が選任）からなる役員会を置くこと、法人理事や担当副学長等の関係者による両大学の調整枠組みを設けること、新法人の本部事務組織は、各大学に共通する管理業務や大学横断的な企画を立案する部署を集約して設置すること、経営協議会は新法人に一つ置くこと、教育研究評議会は大学ごとに置くこと、⑦運営費交付金等に係る国への概算要求については、法人本部が法人全体を取りまとめて要求し、法人本部及び両大学への配分予算額は、法人統合前の両大学の予算額を踏まえること、などが明記された。

文科省でも、二〇一八年八月の要望書を受け、九月から「国立大学の一法人複数大学制度等に関する調査検討会議」を設けて具体的な検討を開始し、翌一九年一月に最終検討結果を取りまとめた。そして同年五月の国会において、一法人複数大学を可能にする国立大学法人法の改正法が成立した。同改正法には、二〇年四月一日に新法人「東海国立大学機構」を設置することが盛り込まれ、両大学はそれを期して急ピッチで準備作業を進めることになった。

第13章　世界屈指の大学への道

1　持続可能な社会を目指して

問題解決型研究―エコトピア科学の創始と展開―

本章では時間を少し戻し、法人化前後の時期から二〇一〇年代までに大きく展開した名大の研究基盤と、ノーベル賞の受賞などにより評価が格段に高まった研究活動の代表的な成果についてみていくことにしよう。

国立大学の法人化は、外部からの予算獲得のプレッシャーを強めるとともに、大学の存在意義を問い直し、社会の理解を得る必要性をもたらした。そのようななかで、社会問題の解決のための研究が注目されたのは当然の成り行きであった。折しもユネスコ及び国際科学会議が主催した世界科学会議は、一九九九（平成十一）年七月に「科学と科学的知識の利用に関する世界宣言」を採択した。知識のための科学研究にとどまることなく、平和や開発といった社会的課題に取り組むための科学を推進することの大切さを説き、社会のなかに科学を位置づけ直そうと提言するものであった。

法人化を目前に控えた名大も、これまで以上に、社会の発展・人類の福祉のための、

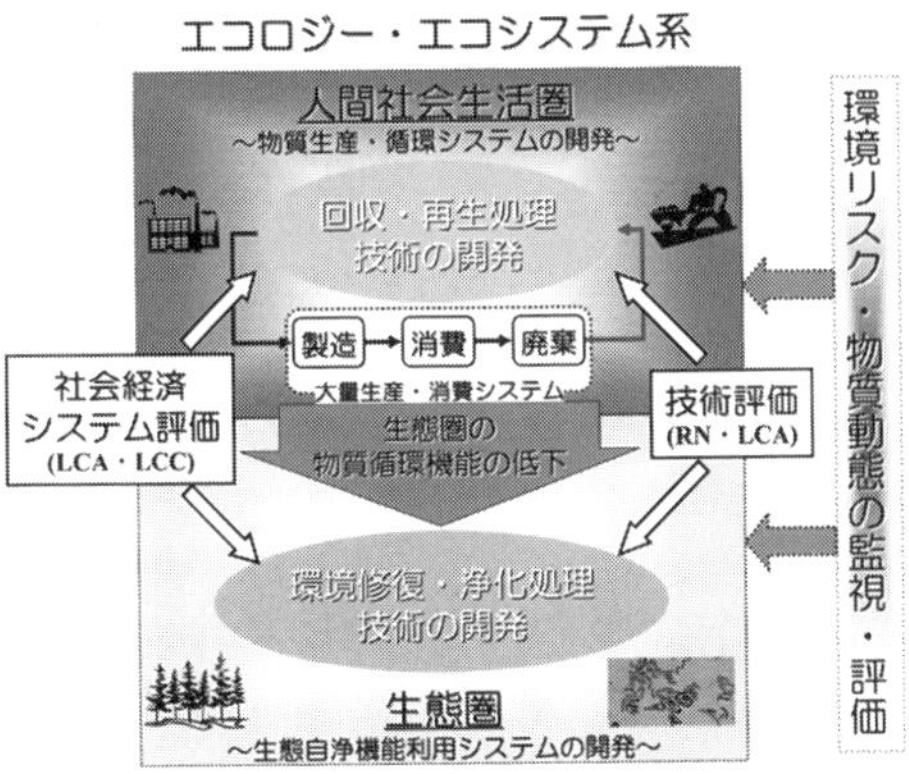

図 13–1　エコトピア科学研究機構の融合プロジェクト（エコロジー・エコシステム系）説明図

目に見える社会貢献が大学に期待される時代にふさわしい新しい組織の設計を模索するなかで、問題解決型研究を軸に据えることになった。こうして設立されたのが、エコトピア科学研究機構である。二〇〇四年四月、理工科学総合研究センター、難処理人工物研究センター、環境量子リサイクル研究センター、高効率エネルギー変換研究センターに加え、ベンチャー・ビジネス・ラボラトリー、情報メディア教育センター、先端技術共同研究センター、インキュベーション施設等を再編・統合し（後段の三組織は〇五年四月の研究所への改組時に独立）、さらに全学の文系・理系の専門教員を追加配置しての船出であった。

名大において機構という名称の部局はそれまで一つもなかったが、この当時、いくつかの大学で同様に機構名称が使用され始めていた。問題解決型の研究グループは集合離散するのが常であり、それら機構名称の部局は、そのことを念頭に置いた柔軟な組織の出現かと思われたが、法人化前後の暫定措置のケースが多かったようである。実際、名大初の機構組織であったエコトピアも、設立の翌二〇〇五年に学内措置のエコトピア科学研究所に改組され、さらに一年後の〇六年には文科省の認可を受けて附置研究所となった。

エコトピア科学研究機構の設立当時のパンフレットには、「豊かで美しい持続可能な社会（エコトピア）の実現をめざして」と謳われ、名大初の部局横断型融合研究推進組織であると記された。所内の組織も、四つの研究部門と一つの融合部門（図13–1）から構成され、融合部門には人文社会系の教員が新たに採用された。

ちなみに、エコトピアという命名は当初の案にはなかったという。じつは同名の小説

図 13–2　2010 年にエコトピア科学研究所超高圧電子顕微鏡施設に設置された，反応科学超高圧走査透過電子顕微鏡

が存在しており、一九七五（昭和五十）年に刊行されたのち、欧州を中心にこの言葉が定着し、日本でも日本学術会議などで使用されるようになっていた。省令が不要になったとはいえ、設立にあたっては文科省への説明がなされ、組織名称について新規性を打ち出すべきとの意見があったことを踏まえて決定されたものだという。エコトピアとは、エコトピア科学とは、ということを走りながら考えるような状況にあったと考えられる。

実際に、融合部門のミッションの一つには、エコトピア指標の策定が掲げられていた。エコトピアの理想を現在の社会が達成している度合いを数値化しようというこの試みにおいて、エコトピアについての所員の理解を醸成していくことになったのである。このプロジェクトは、異分野間の壁の高さを身をもって経験させるものでもあったようである。環境影響評価と「持続可能な生活の質」とが複雑に絡み合っていること、生活の満足度、豊かさの認識を深める必要があることなどが、時間をかけてプロジェクト内に共有されていき、二〇一二年三月発刊の『シリーズエコトピア科学① エコトピア科学概論』におけるエコトピア指標の解説をもって、一段落となった。

なお、エコトピア科学研究所は設立ののち、二〇〇七年四月に先端技術共同研究センター（〇五年四月、機構が研究所になると同時にいったん独立していた）を統合（先端技術共同研究施設となる）、同年七月の附属アジア資源循環研究センターの設置、一二年三月の同センターの廃止、などの組織改編を行った。青色ＬＥＤを発明した天野浩教授の一四年ノーベル物理学賞受賞（本章3節参照）により、大規模改組に向けた動きが加速し、材料創製部門、システム創成部門と、附属未来エレクトロニクス集積研究センター、附属高度計測技術実践センターとを基幹とする、未来材料・システム研究所として一五年に改められた。産学協同研究部門や寄附研究部門の設置も相次ぎ、また一八年にはエネルギー変換エレクトロニクス実験施設及び同研究館が設置されるなど、展開を続けているところである。

博士人材の育成とキャリア支援

問題解決型研究には、高い専門性を持ちつつ、専門分野の壁を超えて活動できる人材の育成が不可欠である。ここにポスドク問題が絡み合い、二〇〇〇年代に入ると博士のキャリアパス拡大が科学技術政策における重要課題となった。

文部省が打ち出したポストドクター等一万人化計画は、一九九六（平成八）年に閣議決定された科学技術基本計画に盛り込まれたことで本格化した。これによりオーバードクター問題の解消が期待されるも、同じく九〇年代に行われた大学院重点化もあって、解消には至らず、また、新たにポスト・ポスドク問題（ポスドク経験後のキャリアが築きづらい事態）を引き起こした。省庁再編後の文科省がこの問題に言及し始めたのは二〇〇四年頃で、学術界の外にキャリアパスを広げることが必要だとされたのである。

名大は、二〇〇六年に文科省が開始した「科学技術関係人材のキャリアパス多様化促進事業」に「博士学位に対するノン・リサーチキャリアパス支援事業」が採択され、事業実施部署として、産学官連携推進本部にキャリアパス支援室を設置した。特任教員二名が配置され、主な支援対象は、研究職以外の分野に進んで専門知識・経験を活かそうと考えるポスドク等であった。産業界とのネットワークを活かし、キャリアパスセミ

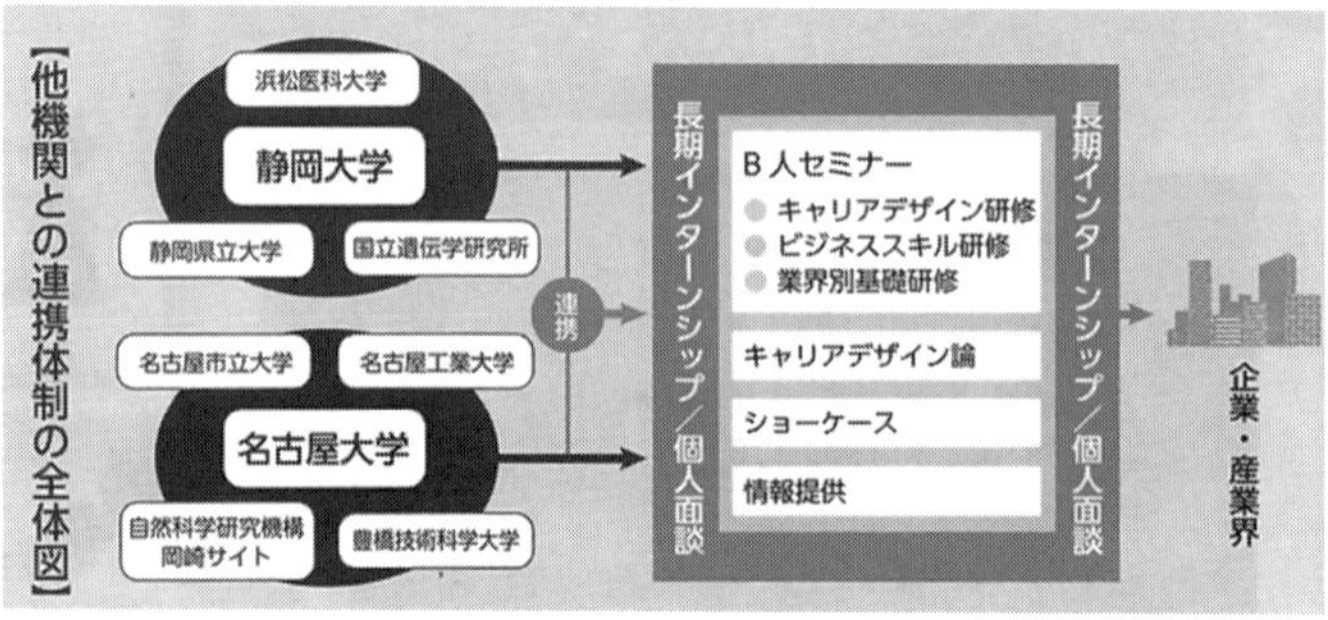

図 13–3　「ポストドクター・キャリア開発事業」の他大学との連携体制図

ナーや就職スキルアップ講座など、博士学位取得者のための多彩な事業が行われた。なかでも、個人に対応したカウンセリングや就職相談のきめ細かさには定評があり、他機関からカウンセリング等のサービスを求めて来校するポスドクも多かった。設置から二年半ほどで就職決定者数はすでに一三〇人を数えていた。

二〇〇八年には、文科省のイノベーション創出若手研究人材養成事業において、名大から社会貢献若手人材育成プログラムが新規採択され、キャリアパス支援室は社会貢献人材育成本部ビジネス人材育成センター（通称B–jin）に組織換えされるとともに、人員拡充も図られた。B–jinでは、国際的な視野のもとに実社会で活躍できる人材を育成するため、就職前ビジネス研修、業界団体等と協力して実施する即戦力人材養成研修、多様な派遣先での長期インターンシップを実施した。ここでも、それまでのきめ細かなカウンセリングが継続され、派遣先の決定や研修内容の調整などに活かされた。また、名大は過去の実績が評価されて、事業開始から数年にわたりプログラムの幹事校を任されていた。一二年には「ポストドクター・キャリア開発事業」にも採択され、キャリア開発を組織的に支援するシステムの構築にも取り組み始めた。ポスドクのみを支援対象にする事業ではあったが、B–jinとしては、大学院改革の事業とも連携しながら、広く支援を続ける体制をとった（図13–3）。

二〇一四年からは、文科省「科学技術人材育成のコンソーシアムの構築事業」に採択された「連携型博士研究人材総合育成システム」（代表機関＝北海道大学、連携機関＝東北大学、名古屋大学）を遂行することとなった。この事業は、次世代研究者育成プログラムとイノベーション創出人材育成システムとの二本立てとなっており、名大では前者を高等研究院で、後者をB-jinで実施した。

二〇一九年、名大は社会貢献人材育成本部を廃止し、B-jinを博士課程教育推進機構キャリア教育室として再編した。計一九八九名（一九年六月時点）が登録した博士課程学生やポスドクのカウンセリング機能を引き継ぎつつ、同年四月に再編統合された学生支援センターとともにキャリア支援を担う体制に移行している。

公正研究を目指して

社会のなかの学問研究という視点で考えるならば、研究者に対する市民の信頼は必須である。にもかかわらず、二〇〇四（平成十六）年頃から大きな研究不正事件が日本の有名大学や大規模研究機関において発生し、マスメディアにも頻繁に取り上げられる事態となった。これらに対応するべく、〇六年には、日本学術会議が声明「科学者の行動規範」を発表し、文科省が「研究活動における不正行為への対応等に関するガイドライン」を制定した。同時に、大学や研究機関も、相次いで組織としてのガイドラインを策定公表した。

名大では、「名古屋大学における公正研究遂行のための基本方針」が二〇〇六年七月に施行された。この方針は、複数部局から選出された教員によるワーキンググループの議論によって練り上げられたものである。

名大の方針の特徴は、研究者ならびに研究者集団のあるべき姿を確認することに焦点を絞った基本方針を策定し、これを改訂することなく現在に至っていることにある。名大において、研究不正についての防止策・対応策については、方針とは別に規程が制定された。二〇一四年に文科省における研究不正対応のガイドラインが改訂されたことなどをうけて関連文書を改訂した大学や、当初は不正対応の規程だけを準備し、そののちに心構えなどをまとめたパンフレットを制作した大学などもあるが、名大の基本方針は二〇〇六年の策定以来、揺らぐことなく使用に耐えるものとなっている。

名大の各種規定整備では、ホイッスル・ブローイング・システムにも工夫がなされた。ホイッスル・ブローイングとは、研究不正が行われている、もしくはその可能性があるという場合に、それについてしかるべきところに向かって声をあげることである。名大の工夫は、この窓口を外部の法律事務所に委託することで、通報者を守る姿勢を明確にしたことである。一方、研究費不正については、学内にも窓口が設置され、通報者が学内・学外いずれの窓口も選べるように整備されている。

高邁な理想を掲げて制度を整えても、問題は起こりうる。生命農学研究科から他機関に転出した研究者の研究不正事例では、学内調査で不正が認定された論文について、取り下げを研究科長自ら各ジャーナルの編集者へ依頼するという作業が行われた。今でこそこのような組織としての責任の取り方は標準になりつつあるが、取り下げは当人からの申し出によるものとして断るジャーナルもまだあった時代のことであり、その嚆矢といえる。

二〇一四年には文科省のガイドライン改訂により、大学等の研究機関においては研究倫理教育が義務化された。これをうけて、剽窃検知ソフトや e-learning コースなどが全学的に次々と導入され、また各研究科においても、ガイダンスないしセミナーの開催や必修授業への組み込みなど、様々な取り組みが行われているところである。

図13-4　NIC

未来を創る—ＣＯＩ未来社会創造機構—

名大は、二〇一四（平成二十六）年四月に未来社会創造機構（以下、未来機構）を設置した。本格的な問題解決型機構の始まりである。最先端の産学連携プロジェクトを推進するため、「センター・オブ・イノベーション（ＣＯＩ）プログラム」の採択を機に、学内諸組織の協力を得て、部局や研究領域を横断してプロジェクトに取り組む組織として設立されたものである。「高齢者が元気になるモビリティ社会」をビジョンに掲げて、モビリティ、情報基盤、くらし・健康基盤、サステナブル基盤の四部門体制で始動し、ビジョンの実現、特に社会実装に向けた研究開発が進められることとなった。産学官連携による「一つ屋根の下」のコンセプトに基づき、緊密な共同研究・開発を推進するＣＯＩプログラムや、産学共創プラットフォーム共同研究推進プログラム（ＯＰＥＲＡ）といった大型プロジェクトの実施主体として、協調領域の研究プロジェクトを主導してきている。一五年五月には、その拠点となる研究施設「ＮＩＣ（ナショナル・イノベーション・コンプレックス）」が完成した（図13-4）。学術研究・産学官連携推進本部も入居するこの施設で、未来機構の産学官連携も推し進められている。

また、二〇一八年に未来機構が中心となって申請し採択となった文科省「オープンイノベーション機構の整備事業」では、研究成果を社会実装に結びつけるためのプロモーション機能を担うオープンイノベーション推進室が機構内に設置された。民間企業出身の専門家を登用することにより、競争領域を中心とした大型共同研究のマネジメントを可能とする体制を構築し、次世代産業の提案に取り組んでいる。

未来社会創造機構の設立準備は入念に進められた。まず二〇一二年に、将来像を定

図 13–5　自動運転実験
（名大 COI）

め、そのための技術を抽出する目的で、NAGOYA Future Center が組織された。若手研究者や市民が自由に意見交換する Future session と、総長や地元企業の有力者等による Future workshop が一三年初頭から開催され、これがＣＯＩ提案に結びつけられたのである。問題を定義してから解決に向けて人を集めるという方式や、手持ちの研究成果からの展開を考えるのとは逆向きの方針は、一〇年前の名大にはみられなかったものである。

これまでの成果は、社会に対しても広く発信されてきた。二〇一七年二月に「未来のクルマ・社会・人を創る」をテーマに成果発表会と公開シンポジウムが開かれたのを皮切りに、ほぼ毎年公開シンポジウムが開催されている。その際には、移動技術のデモンストレーションやグラフィックレコーディングを用いた対談内容の可視化など、市民を意識したイベントが志向されている。

2　日本屈指から世界屈指の研究を

研究推進室の設立

二十世紀から二十一世紀初頭にかけて、研究活動の様相は大きく変容してきた。研究分野が細分化し、特に科学技術関係では装置の大型化や研究体制のチーム化が進み、申請と審査の過程を経て採択が決まる競争的研究開発資金の拡充や大型化、さらにその戦略分野設定も行われるようになってきている。特に、法人化した国立大学においては、基盤的経費が年々減額されており、大型の研究開発資金をいかに獲得できるかという観点が強まってきた。また、国際的な大学ランキングが発表されるようになると、いかにして順位を上げるかという観点も生まれた。

そのようななか、名大は二〇〇六（平成十八）年十月、研究活動を計画的かつ効果的・効率的に推進する目的で、研究推進室を設置した。室員は、名大教員及び研究協力部研究支援課に所属する事務職員のうちから任命され、教職協働の先駆けの一つでもあった。具体的な業務は、研究推進計画の企画・立案とその推進・支援、研究者倫理を含む公的研究経費の不正使用防止等に係る企画・立案及び実施などである。研究推進担当の総長補佐を室長に、専任教員一名、事務職員一、二名、ほかに複数の兼任教員という陣容が整えられていき、人事交流による企業からの出向者やサイエンスコミュニケーション担当の研究員が在籍した時期もあった。

研究推進室ならではの取り組みに、異分野融合研究の仕掛けとしてグリーン・ライフイノベーション研究会を組織したことがある。当時の科学技術基本計画で推進が謳われていたグリーン・イノベーション、ライフ・イノベーションの融合研究チームの種を学内で育てようという目的で、二〇一一年一月よりチーム作りが始まった。グリーン関係では、戦略的グリーンイノベーションチームラボ（工学研究科・堀勝教授、生物機能利用開発研究センター・松岡信教授）、サービサイジング研究会（国際開発研究科・藤川清史教授）、自然エネルギー利用高度ハイブリッドシステム社会実証研究会（エコトピア科学研究所・北川邦行教授）が、ライフ関係では、医学と動物関係研究との連携の模索（医学系研究科・門松健治教授、高橋雅英教授、若林俊彦教授、大野欽司教授）、「生きるちから」と

図 13–6　NU Tech 設立 10 周年記念レセプション（2017 年 9 月）

「生きるわざ」の生物的・精神的・社会的基盤〜大学の現場から広がりゆく豊かな生活環境の再構築〜（文学研究科・金山弥平教授）、グリーン・ライフ共通では、グリーン・ライフにおける多様性戦略研究会（工学研究科・美宅成樹教授）が立ち上げられた。各チームには研究推進室の教員及び事務職員がサポートに入った。これらのチームのなかには、早い段階から大型の競争的研究開発資金への応募を目指したチームや、定期的な公開研究会を数年にわたり続けながら、時どきに研究費を獲得するチームもあった。

また、英語による学内研究成果の発信を恒常的に実施するため、NU research のウェブサイトの運用担当としてサイエンスコミュニケーター（研究員）を採用した時期もあった。さらに、若手研究リーダーをいかに育てるかという問題意識から、そのような環境作りへと軌道修正して、研究支援・管理の専門職であるリサーチ・アドミニストレーター（URA）調査のためアメリカへ調査団を派遣したこともあった。これはのちに、URAを育成する事業への申請の下地となった。

国際産学連携

名大は二〇〇七（平成十九）年に、国際産学連携のための拠点として、名古屋大学テクノロジー・パートナーシップ（NU Tech）を米国ノースカロライナ州に設置した。同州には、サイエンス・パークとして成功してきたリサーチ・トライアングル・パークがあり、バイオテクノロジー、化学、ナノテクノロジー、環境科学、IT関連等の分野で大学、産業界、州政府が密接に協力するネットワークが形成されている。これらのネットワークを活用し、名大をはじめとする東海地域の関係大学や海外の関係大学の技術

表13–1　名大が締結した産学連携に関する協定

締結年	部局名	相手先機関名
2007年	全学	ノースカロライナ州立大学
2007年	全学	ウォリック大学
2011年	全学	モンゴル科学技術大学 国立大学法人富山大学 （株）ジオ・コミュニケーションズ
2014年	ナショナルコンポジットセンター	NCCオペレーション社[1]
2014年	ナショナルコンポジットセンター	EMC2クラスター・IRTジュール・ベルヌ 岐阜大学複合材料研究センター 金沢工業大学革新複合材料研究開発センター

注1）ブリストル大学のナショナルコンポジットセンターの法的機関。

シーズ・特許と、海外企業や東海地域の企業のニーズとのマッチングのためのゲートウェイを提供することがその役割である。また、海外企業の誘致を目的とするグレーター・ナゴヤ・イニシアティブでの、海外の企業やベンチャーと東海地域の企業とのマッチングの支援を拡充することも目的とされた。特に、海外企業への大学の技術シーズ・特許の情報発信、共同研究や受託研究の発掘、大学の特許のライセンシングを進めることとした。

これに合わせて名大は、ノースカロライナ州立大学及びノースカロライナ大学チャペルヒル校との間で、それぞれ産学連携に関する協定を締結した。お互いの地域における産学連携に貢献することを期待し、それぞれの大学において独自に創出される知的財産や共同研究によって創出された知的財産の活用と商業化を通じて社会に貢献することを目指すものである。その後、同様の産学連携に関する協定が英国ウォリック大学をはじめとする複数の大学との間で締結されている（表13–1）。

URA導入と学術研究・産学官連携本部の設置

名大では文科省の「リサーチ・アドミニストレーター（URA）を育成・確保するシステムの整備」に採択されたことをうけて、二〇一一（平成二十三）年十一月にリサーチ・アドミニストレーション（URA）室が新設され、公募により選ばれた一〇名のURAが翌一二年から配属された。シニアURA二名とURA八名が、それぞれの専門を活かして、ライフ・イノベーション担当、グリーン・イノベーション担当、ものづくり担当、ひとづくり担当、まちづくり担当、サイエンス・コミュニケーション担当、対

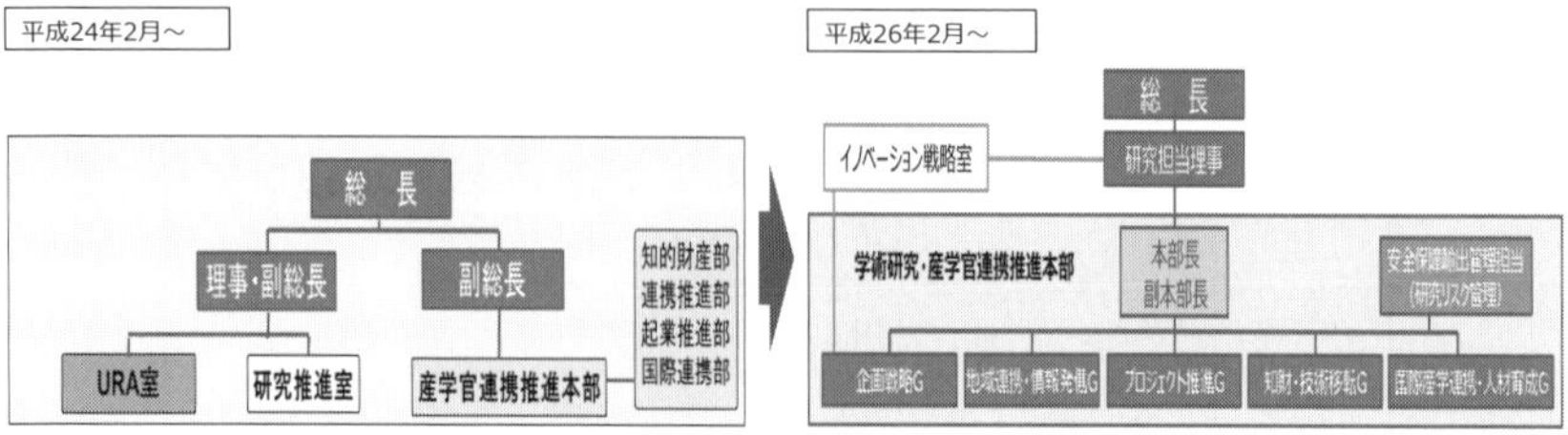

図 13–7　学術研究・産学官連携推進本部再編図

外的連携窓口・出展業務担当、法的・倫理支援担当を務める体制が作られた。

二〇一四年一月には、既存の研究推進室、産学官連携推進本部とURA室の統合により、学術研究・産学官連携推進本部が設置された。企画戦略グループ、地域連携・情報発信グループ、プロジェクト推進グループ、知財・技術移転グループ、国際産学連携・人材育成グループの五グループと安全保障輸出管理担当からなる体制が取られ、さらに充実した組織的研究支援を目指すこととなった（図13−7）。学術研究と産学官連携を統合することで、これまで学内に分散していたURA、産学連携コーディネーター、知財マネージャーといった約四〇名からなる研究支援人材（機能）が集約され、呼称がURAに統一されて、評価、処遇、キャリアパスなども一元化された。

さらに、研究者、研究支援者、事務職員が「一つ屋根の下」で研究力強化に向けた活動を展開することを目指し、文科省平成二十四年度補正予算事業「地域資源等を活用した産学連携による国際科学イノベーション拠点整備事業」によって新棟建設が進められた。二〇一五年、完成したNIC（ナショナル・イノベーション・コンプレックス）館に、学術研究・産学官連携推進本部が研究支援の事務部門である研究協力部とともに移転し、研究力強化に向けた活動を効率的に展開できる体制となった。

二〇一三年には、文科省「研究大学強化促進事業」に採択され、URAを含む研究支援人材群の確保・活用や集中的な研究環境改革による研究力強化の取り組みが進められた。研究力分析や大学評価対応の機能がより一層期待されるようになり、総合企画室にもURAが配置されるようになった。その一方、URAは、COI拠点（本章1節参照）やWPI拠点（後述）などの研究現場にも配置され、より研究現場と密着した役割を担

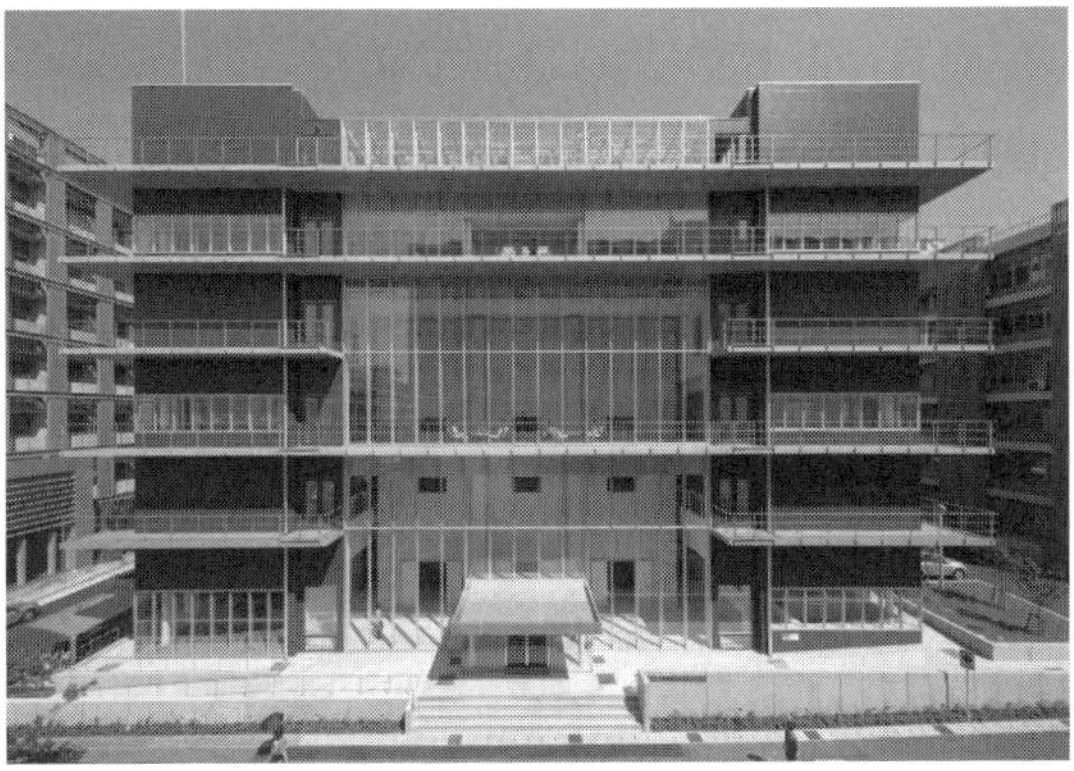

図 13–8　ITbM 棟（2014 年竣工）

うケースも現れた。

待望のＷＰＩ始動

世界トップレベル研究拠点プログラム（ＷＰＩ）は、二〇〇七（平成十九）年度から開始された文科省の事業である。世界的な研究拠点を作ることを目指して一拠点あたり一〇億円が一〇年にわたって投じられており、学術分野の事業としては破格のスケールを持つ。もちろん名大からも応募したものの、初年度採択の五件にも、二回目の公募があった二〇一〇年度の一件にも選ばれなかった。そして、三度目のチャンスを勝ち取って設立されたのが、トランスフォーマティブ生命分子研究所（ＩＴｂＭ）である（図13–8）。一二年のことだった。

名大の当初の提案は、のちに国際純正・応用化学連合（ＩＵＰＡＣ）の会長に選ばれた無機化学の第一人者、巽和行教授と、生物時計の研究で知られる近藤孝男教授という理学の大御所二人がタッグを組んで、分野融合を図ろうとするものだった。しかし、二回の落選があって、次は若手だけでということになり、これが功を奏した形となった。中心メンバーは、化学と生物学から二人ずつ、いずれも他大学から名大に来て若くして教授になった、新進気鋭の研究者たちで、それまでの全国のＷＰＩのなかでも群を抜いて若い集団であった。サポート役に回り、若手の自由な発想を見守ったシニア研究者たちの功績でもあるのだろう。こんなところにも、自由闊達な名大の学風が継承されていることが垣間見える。

拠点のビジョンは「世界を分子で変える」。合成化学と動植物科学の融合により、生

図 13–9　宇宙地球環境研究所が入居している研究所共同館 I

命科学・技術を根底から変える革新的機能分子「トランスフォーマティブ生命分子」を生み出すことを目指している。二〇一六年に行われた中間評価では、「実際にいくつかの分野にまたがり、変革をもたらしている」として最高のS評価を受けた。これまでに中間評価を受けた九拠点のうち、S評価を受けたのはほかに一つしかない。その背後には、研究者の努力はもちろんのこと、化学と生物学の間で通訳のように話をつなぐ人材、イメージを可視化することで議論を助けるサイエンスデザイナーなど、異分野間の共同研究に深さをもたらす人材をうまく配置しているという仕掛けもみられる。

共同研究・共同利用の充実

二〇一五（平成二十七）年には、既存の二つの附置研究所の改組が行われ、共同研究・共同利用の充実が図られた。

新しい附置研究所の一つ、宇宙地球環境研究所は、太陽地球環境研究所と地球水循環研究センターと年代測定総合研究センターを統合して、二〇一五年十月に発足した。それまで個別に研究対象とされてきた、地球・太陽・宇宙を一つのシステムとして捉え、そこに生起する多様な現象のメカニズムや相互関係の解明を通して、地球環境問題の解決と宇宙に広がる人類社会の発展に貢献することがミッションである。この研究所は、宇宙科学と地球科学を結びつける全国で唯一の研究所であり、文科省により共同利用・共同研究拠点に認定されている。その研究は、地球温暖化やいわゆる異常気象、大気や海洋の汚染、GPS・携帯電話など通信網の障害、航空機・宇宙飛行士の放射線被曝など、人類が直面している問題を解明する一方、我々の住んでいる地球の環境がなぜこのように居住可能となり、将来どのように変遷していくのかを、数十年から数百万年のタイムスケールで解き明かす基礎科学としての側面も持つ。

研究所は、七つの研究部から構成される基盤研究部門と、研究センター部門からなり、後者は、国際連携研究センター、統合データサイエンスセンター、飛翔体観測推進センターの三つのセンターで構成されている。そして、次のような四つの分野横断的な課題について融合研究プロジェクトを立ち上げ、国際的連携のもとに研究が進められている。

①太陽活動と地球気候変動の関係
②宇宙線の影響も含めた雲エアロゾルの生成・輸送と極端気象・生態系との関係
③大気重力波や高エネルギー粒子を介した大気とプラズマの様々な結合過程の解明
④太陽活動や大気海洋変動に起因する大規模災害や未来の宇宙地球環境を予測する技術の開発

もう一つの新しい附置研究所は、エコトピア科学研究所（エコトピア）を再編して二〇一五年十月に誕生した未来材料・システム研究所（未来研）である。エコトピア時代の文理融合の看板を下ろし、産業集積地である名古屋ならではの工学と深く結びついた研究所への転換を図る改組であった。新しい研究所の英語名称は Institute of Materials and Systems for Sustainability（略称 IMaSS）であり、自然と調和した持続可能な社会を実現することを究極の目標として、省エネルギーの材料・デバイスからシステムに至る幅広い領域の研究課題に取り組むとした。

図 13–10　エネルギー変換エレクトロニクス実験施設（C–TEFs）

再編に向けて、まず二〇一五年十月に、エコトピア所内に高度計測技術実践センターが設置され、超高圧電子顕微鏡をはじめとする最先端研究設備を全国共同利用に供する準備が進められた。また一四年に天野浩教授がノーベル賞を受賞したことをうけて新設されることとなった未来エレクトロニクス集積研究センター（ＣＩＲＦＥ）を、新しい未来研の一部署とすることが決まった。この二つのセンターと、材料創製部門、システム創成部門、さらには寄附部門と産学協同研究部門によって、未来研が始動した。

二〇一六年には、「革新的省エネルギーのための材料とシステム研究拠点」として文科省の認定する全国共同利用拠点に採択された。所内の附属電子顕微鏡施設には、エコトピア時代の二〇一〇年に開発された、ガス中での各種反応や現象を観察できる反応科学超高圧走査透過電子顕微鏡をはじめとする六台の電子顕微鏡と、多種の試料作成装置を備えている。また、一八年に新設されたエネルギー変換エレクトロニクス実験施設（C–TEFs、図13–10）には、約一〇〇〇㎡の大空間高性能クリーンルームを備えた、世界で初めてのＧａＮ（窒化ガリウム）デバイスに特化したプロセスラインが構築された。結晶成長、物性評価、デバイス設計・プロセス、回路・システムが垂直統合され、オープンイノベーションへの道を歩み始めている。

国際的活動を率いる

国際的な活動の進展度合いについて、共同研究の質や量が指標となることが多いが、研究大学と目される名大としては、国際的に学問分野を率いる研究者が在籍するかどうかという点も注目に値する。特に国際的な学術連合の会長になるということは、学術業

図13–11　巽和行

績に加えて学術コミュニティの統率にも優れているという評価と見なせる。日本の大学教員は、副会長になる例は過去にもあったが、会長となると、二十世紀中には早石修、長倉三郎、古在由秀、山口嘉夫、河野長など、両手で数えられそうな人数であった。名大では、医学部教授を退官後の一九九三（平成十五）〜九七年に国際生化学・分子生物学連合（IUBMB）会長となった八木国夫名誉教授の例がある。

法人化後の名大には、標準化や学術賞授与において権威ある学術連合の会長を務める事例が出てきた。その一人、巽和行（物質科学国際研究センター教授）は、二〇一二年から一三年までの二年間、元素や化合物に命名する方法の標準化で知られる国際純正・応用化学連合（IUPAC）の会長の任にあった。また、名大在籍中の業績によりフィールズ賞を受賞した森重文（元理学部教授、京都大学名誉教授）は、一五年から一八年まで国際数学連合（IMU）の総裁を務めた。これは、アジア初の快挙であった。二〇年現在では、福田敏男名誉教授（元工学研究科教授）が、電気・情報工学分野における世界最大規模の学術団体で、様々な規格を制定する技術標準機関でもある米国電気電子学会（IEEE）の会長を務めている。これも、アジア初である。

個々の研究者の活動ではなく、研究組織として国際的にリードすることもある。この代表例は、大学附置高等研究院連合（UBIAS）の中心的役割を担う高等研究院であろう。UBIASは、世界各地の大学の運営下にある高等研究院のネットワークであり、フェローシップを通した研究交換や国際・学際的ワークショップの開催などを通して世界のトップレベル研究を牽引することを目的としている。ヨーロッパ二〇大学、アジア八大学、南北アメリカ六大学、アフリカ・中東アジア・オーストラリアから各一大

図 13–12　益川敏英

学が加盟している。

3　続出するノーベル賞

二〇〇八年ノーベル物理学賞

二〇〇八（平成二十）年のノーベル賞受賞者のうち、物理学賞の益川敏英（京都産業大学教授）及び小林誠（日本学術振興会理事）、そして化学賞の下村脩（ウッズホール海洋生物学研究所上席研究員）は、いずれも名大において理学博士の学位を取得した研究者であった（口絵7）。

小林・益川を含む三名に贈られた物理学賞の受賞理由は「クォークが自然界に少なくとも三世代以上ある事を予言する、対称性の破れの起源の発見」である。両氏は一九七二（昭和四十七）年、物質を構成する基本粒子、クォークが六種類あれば、「CP対称性の破れ」が説明できることを発表し、九五年に六番目のクォークであるトップクォークが発見されたことで、この小林・益川理論の正しさが証明された。「CP対称性の破れ」の説明を試みる数多くの理論のなかで、小林・益川理論は、最も美しく無駄のない理論とされ、その後にひらかれた標準理論の基礎となっている。

益川は、一九四〇年に名古屋市に生まれ、六二年に名大理学部を卒業、六七年に大学院理学研究科博士課程を修了した。その後、理学部助手、東京大学原子核研究所教授、京都大学基礎物理学研究所教授等を経て、二〇〇三年から京都産業大学理学部教授、〇

図 13-13　小林誠

七年十月からは名大特別招へい教授に就任している。受賞時の取材では、受賞について「大してうれしくない」と発言し、学問への純粋な姿勢を印象づけた。

小林は、一九四四年に同じく名古屋市に生まれ、六七年に名大理学部を卒業、七二年に大学院理学研究科博士課程を修了した。その後、京都大学理学部助手、高エネルギー物理学研究所教授、高エネルギー加速器研究機構素粒子原子核研究所長等を経て、二〇〇六年に同機構名誉教授となっている。学生時代から益川との共同研究を始め、英語が苦手な益川の分も、海外へ出て多くの講演をこなしてきた。

学部から大学院までを名大で学んだ両氏の研究指導教員は、坂田昌一であった（第5章4節参照）。坂田以来の長きにわたる素粒子研究の伝統を持つ理学部物理学科E研では、両先輩の吉報に大いに沸き、発表当日は深夜まで語らいが続いたという。

二〇〇八年ノーベル化学賞

物理学賞発表の翌日、今度はノーベル化学賞を名大理学部元助教授である下村脩（ボストン大学名誉教授）ら三名に贈るとの発表がなされた。受賞理由は、「緑色蛍光タンパク質GFPの発見と開発」である。下村は、発光するクラゲの中から緑色の蛍光タンパク質（GFP）を世界で初めて発見し、精製することに成功していた。このGFPを目印にして、生きた細胞中のタンパク質の振る舞いを直接観察することが可能になり、分子生物学や生命科学の発展に大きく貢献したことが高く評価されての受賞であった。

下村は、一九二八（昭和三）年京都府の生まれである。父の生家がある長崎で、旧制中学卒業後に旧制長崎医科大学附属薬学専門部（現長崎大学薬学部）に進学した。五一

図 13–14　下村脩

年の卒業後、しばらくは長崎大学薬学部において研究を続け、縁あって名大の平田義正教授の研究室に研究生として所属することとなった（第5章4節参照）。二年半ほどを平田研究室で過ごし、「ウミホタルのルシフェリンの精製と結晶化」に取り組んで六〇年に名大において理学博士の学位を取得した後、同年、アメリカのプリンストン大学にフルブライト留学、六三年から二年間は、名大理学部に助教授として在籍した。六五年にアメリカに戻り、プリンストン大学上席研究員、ウッズホール海洋生物学研究所上席研究員を務め、ボストン大学医学部客員教授も兼任したことからのちにボストン大学名誉教授となっている。この間、一貫してオワンクラゲの研究を続け、家族総出で海岸にでて採取した逸話もあり、その数合計八五万匹といわれている。

ノーベル医学・生理学賞の候補として名前が挙がったことはあったが、化学賞での受賞は本人にとっても意外で驚いたという。発光生物の研究テーマを与え、研究者への道に導いてくれた平田を恩師と仰ぎ、師の没後にも、出版した論文を自宅へ送り届け、帰国時には仲間とともに墓参りを欠かさないという、律儀な人柄でも知られる。小林・益川をはじめ過去のノーベル賞受賞者は旧帝大の流れを汲むなか、自身の経歴でのノーベル賞受賞は「地方の大学の人にとっては励みになるのかな」と述べている。

二〇一四年ノーベル物理学賞

二〇一四（平成二十六）年には、名大工学部・工学研究科の関係者から、初のノーベル賞受賞者が輩出された。ノーベル物理学賞が、赤﨑勇特別教授及び天野浩工学研究科教授ら三名に贈られたのである（口絵9）。受賞理由は、「明るく省エネルギーの白色光

図 13-15　赤﨑勇

源を可能にした高効率の青色発光ダイオードの発明」である。赤﨑と天野は、名大において指導教員と大学院学生の間柄であった当時、二十世紀中には実現不可能と考えられていた青色発光ダイオード（ＬＥＤ）の開発に取り組み、一九八五（昭和六十）年に青色ＬＥＤの材料となる無色透明な結晶を作ることに成功、八九年には高輝度青色ＬＥＤの開発に世界で初めて成功していた。その技術は現在までに、ディスプレイや信号など、社会の様々な分野において活用されている。

赤﨑は、一九二九年に鹿児島県で生まれ、旧制第七高等学校造士館（現鹿児島大学）から京都大学理学部に進学した。大学卒業後、五二年に民間企業に就職し、技術者としてキャリアをスタートさせた。その後、五九年に請われて名大工学部助手に着任、同学部講師を経て六四年に同学部助教授に昇進し、同年、名大において博士学位を取得した。その後、一度は民間企業の研究所長として大学を離れるも、八一年に名大工学部に教授として復帰している。九二年に名大名誉教授となり、名城大学理工学部教授に就任（のちに終身教授）、二〇〇四年十二月には、名大特別教授に就任している。企業と大学を往来した経験もあってか、青色ＬＥＤの研究は初期より豊田合成との共同で行われ、それゆえに実用化も加速されたといえよう。

天野は、一九六〇年に静岡県浜松市に生まれた。八三年に名大工学部を卒業し、卒業論文の指導教官であった赤﨑から大学院進学を強く勧められて研究者への道を歩み始めている。八八年に工学研究科博士課程後期課程単位修得ののち、同年工学部助手に就任、八九年に名大において工学博士号を取得した。その後、赤﨑とともにいったんは名城大学に異動したが、二〇一〇年に名大工学研究科教授に着任した。受賞発表の時分に

図 13–16　天野浩

フランスへ出張中であった天野は、ノーベル財団からの事前連絡が受けられず、日本到着後に受賞を知らされた。一方、教授不在の研究室では、学生らが作成した天野教授の等身大パネルを囲み、受賞の喜びを分かちあっていた。不夜城と称される研究室には厳しいイメージを持ちそうになるが、天野の温厚な人柄ゆえの逸話である。理科については、高校までは苦手だったところ、名大で勉強したことがきっかけで理科を好きになったと話したことがあるなど、努力の人と評されている。

4　人文・社会科学研究への評価の高まり

西洋中世史の探究、そしてCOE拠点リーダーへ

前述のように名大では、これまで多くの研究者がノーベル賞をはじめ、フィールズ賞、文化勲章、日本学士院賞など、数々の権威ある賞を授与されてきた（巻末資料4も参照）。本節では、そのなかでも人文・社会科学系学問分野において二〇〇〇年代以降、受賞が相次いだ日本学士院賞を中心に、代表的な研究者と研究成果を紹介しておこう。

二〇〇二（平成十四）年、文学研究科の佐藤彰一教授が第九二回日本学士院賞を受賞した。名大の人文・社会科学系では、名誉教授だった阿《あ》閉《とじ》吉男が一九八〇（昭和五十五）年に受賞して以来、およそ二〇年ぶりのことだった（第5章4節参照）。

佐藤は一九四五年に山形県で生まれた。中央大学法学部に入学後、「法律家の卵」として裁判の傍聴を重ねるなかで、判決で人の命さえ奪うことが許される「国家というの

図13–17　佐藤彰一

は何か」との問題意識から、近代国家の枠組みを作ったヨーロッパの国家の起源へと関心が転回し、早稲田大学大学院文学研究科に進学して西洋史を専攻した（『クリオ』二一号、二〇〇七年）。その後、愛知大学法経学部助教授などを経て、一九八七年に名大文学部に助教授として着任し、九一年に教授となった。大学院学生時代にフランスのカン大学で学ぶなど、若い頃から西洋の研究者と交流し、海外の学会で研究発表を重ねた。またパリ社会科学高等研究院やコレージュ・ド・フランス、プリンストン大学など海外の大学で客員教授として招かれ、講演や講義を行った。

授賞対象となった『修道院と農民―会計文書から見た中世形成期ロワール地方―』（名古屋大学出版会、一九九七年）は、メロヴィング期トゥールのサン・マルタン修道院が農民からの賦課徴収用に作成した文書を徹底的に分析することで、七世紀ロワール地方の農民世界を再現しようとしたものだった。伝存状況の劣悪さと扱いの困難さゆえに、現地の研究者ですら手をつけようとしなかった同文書を用いて、古文書学や古書体学を駆使した綿密な史料分析と、国制史や教会史など諸学問の成果を活用する手法により、歴史像の再構築を成し遂げたきわめて特色ある著作と高く評価された。

佐藤は、世界最高水準の研究拠点形成を目指して二〇〇二年に文科省が開始した二一世紀COEプログラム（第9章1節参照）として、文学研究科人文学専攻から申請・採択された「統合テクスト科学の構築」の拠点リーダーを務めた。引き続き〇七年からはグローバルCOEプログラム「テクスト布置の解釈学的研究と教育」の拠点リーダーとなり、名大における国際的な教育・研究拠点の形成に貢献した。〇三年からは名大の高等研究院で院長を務めた。〇九年に定年を迎えて退職し、名誉教授となっている。

図 13-18　安藤隆穂

世界へ発信する社会思想史

二〇〇九（平成二十一）年には、経済学研究科教授の安藤隆穂が『フランス自由主義の成立―公共圏の思想史―』（名古屋大学出版会、二〇〇三年）により第九九回日本学士院賞を受賞した。安藤は、一九四九（昭和二十四）年に愛知県で生まれ、大学紛争真っ只中の六八年に名大法学部に入学した。講座派マルクス主義と、丸山眞男や大塚久雄に代表される市民派知識人との連携が築き上げた近代的個人、近代社会と市民社会といった戦後的諸価値を否定し、その克服を叫ぶ思想運動が昂揚をみせていた時期だった。時代状況に翻弄されながらも、安藤は戦後的諸価値の再点検を試みようと教養部在籍中から内外の社会科学の諸文献に学び、学部進学後は東洋政治思想史の観点から日本の近代にアプローチしようとしたという。しかし、方法論的行き詰まりから社会思想史の水田洋のゼミナール（第5章4節参照）に入るべく経済学研究科に進学した。

水田の主宰する社会思想史研究室のディシプリンを受け継いだ安藤は、フランスの空想的社会主義者のシャルル・フーリエを対象としてスミス的近代社会のフランスでの受容を検討し、そこからフランス革命期の啓蒙思想家コンドルセとその夫人ソフィーを中心にフランス啓蒙思想へと研究を進展させた。一九七九年に経済学部助手となった後、講師、助教授を経て、九四年に教授となった。この間、十八世紀啓蒙思想から革命思想への発展過程を描いた研究により経済学博士の学位を取得した。

日本学士院賞の授賞対象となった『フランス自由主義の成立』は、フランス自由主義に関するそれまでの研究がフランス政治思想史の枠内にとどまっていたのに対して、イギリス経済思想（アダム・スミス）とドイツ文学（ロマン主義）の側からも光を当てるこ

図 13–19　中西聡

とで、まったく新しい思想像の発見に成功したものであり、日本からこそ発信できる独創性を持つ研究成果として高く評価された。

その後、安藤は二〇一〇年に高等研究院の副院長に就任し、一三年からは高等研究院長を務めた。そして一七年に定年退職し、名誉教授となった。

越境する経済史

二〇一二（平成二十四）年には経済学研究科教授の中西聡が『海の富豪の資本主義―北前船と日本の産業化―』（名古屋大学出版会、二〇〇九年）により、第一〇二回日本学士院賞を受賞した。中西は一九六二（昭和三十七）年、愛知県に生まれた。東京大学経済学部に入学し、経済学研究科を修了後、東京大学社会科学研究所の助手となった。その後、北海道大学経済学部助教授を経て、九九年に名大経済学部助教授に就任し、二〇〇四年に教授となった（一三年に慶應義塾大学に転出）。

中西は、博士論文をもとにした最初の単著において、経済史学の課題である人間の経済活動の歴史的展開を、①出発点としての経済活動の成果の交換のあり方、②その交換のあり方を変容させる中心的な担い手の活動、③交換のあり方の変容が人間生活にどのような影響を与えたか、の三つの局面から分析することで一つの時代の経済史分析を完結させたい、と研究の全体像を展望した（『近世・近代日本の市場構造』東京大学出版会、一九九八年）。

授賞対象となった『海の富豪の資本主義』は右のうち②に位置づけられるものだった。同書で中西は、十九世紀から二十世紀初頭にかけて日本海沿岸航路で活躍した北前

図 13–20　小池和男（1965 年頃，法政大学専任講師時代，HOSEI ミュージアム提供）

船の船主がいかに資本蓄積を行い、その蓄積資金の投下が近代日本の地域経済の産業化をどう特徴づけたか、ということを主要な北前船主の経営帳簿や地域経済と資産家群に関する統計資料を収集・分析することで究明した。同書は、従来分離されがちだった近世史と近代史を結びつけた画期的業績であり、経済史・経営史研究の水準を顕著に向上させたものと高く評価された。近世史と近代史、経済史と経営史のそれぞれを隔てる壁の乗り越えを企てる挑戦的研究だったことが評価されたのである。

労働経済学研究の深化

さらに二〇一四（平成二十六）年には、名大経済学部で助教授・教授を務めた小池和男が、文化の向上発展において特に功績顕著な者のなかから、文科大臣の文化審議会への諮問により決定される文化功労者として選ばれた。

小池は新潟県で一九三二（昭和七）年に誕生した。東京大学教養学部を卒業後、大学院社会科学研究科に進学し、労働経済学を専攻した。六三年に「日本の賃金交渉―産業別レベルにおける賃金決定機構―」により経済学博士の学位を授与された。法政大学講師などを経て、七〇年に名大経済学部に助教授として赴任し、七八年に教授となった。八一年に京都大学に転出したが、二〇一四年に名古屋大学特別教授に就任した。

小池の研究は、終身雇用・年功賃金・企業別組合という日本に特徴的な雇用慣行が日本経済の後発性もしくは前近代性に由来するという学界の通説を厳しく批判するものだった。小池は、「知的熟練」をキーワードに、日本では熟練を反映して賃金が決定されること、企業内ＯＪＴ（On the Job Training）で熟練が形成されるため長期雇用には労使双方に合理性があり、また昇進や移動・配転・解雇等が労働者と企業の間で生起するため企業別組合が合理的であることなどを実証的に解明したとして、高く評価されている。

第14章　名古屋大学から Nagoya University へ

1　グローバル大学への道

国際化推進プランの策定

本章では、法人化後の名大が、国際性豊かな学風を基盤としてさらなる国際化を進め、特にアジア諸国との交流という面において特色ある事業を展開していった歴史について述べる。まず本節では、国際化に係る方針や組織、国際化を推進するうえでの全学的な枠組みとなった事業をみていく。

名大では、一九九〇年代に入ると留学生の受け入れや学術交流協定の締結が著しく増加し、国際性豊かな学風が確立していった（第10章2節参照）。また、高等教育のグローバル化を背景に、学内における研究・教育・開発協力の国際的な志向性はさらに高まり、部局や各研究者の取り組みを、大学として包括的・組織的に支援する体制を整備する必要性が認識されるようになった。

二〇〇五（平成十七）年四月、新設が予定されていた国際交流協力推進本部の中核となる、教員を室員とする国際企画室が設置された。そして同室が中心となり、同年十二

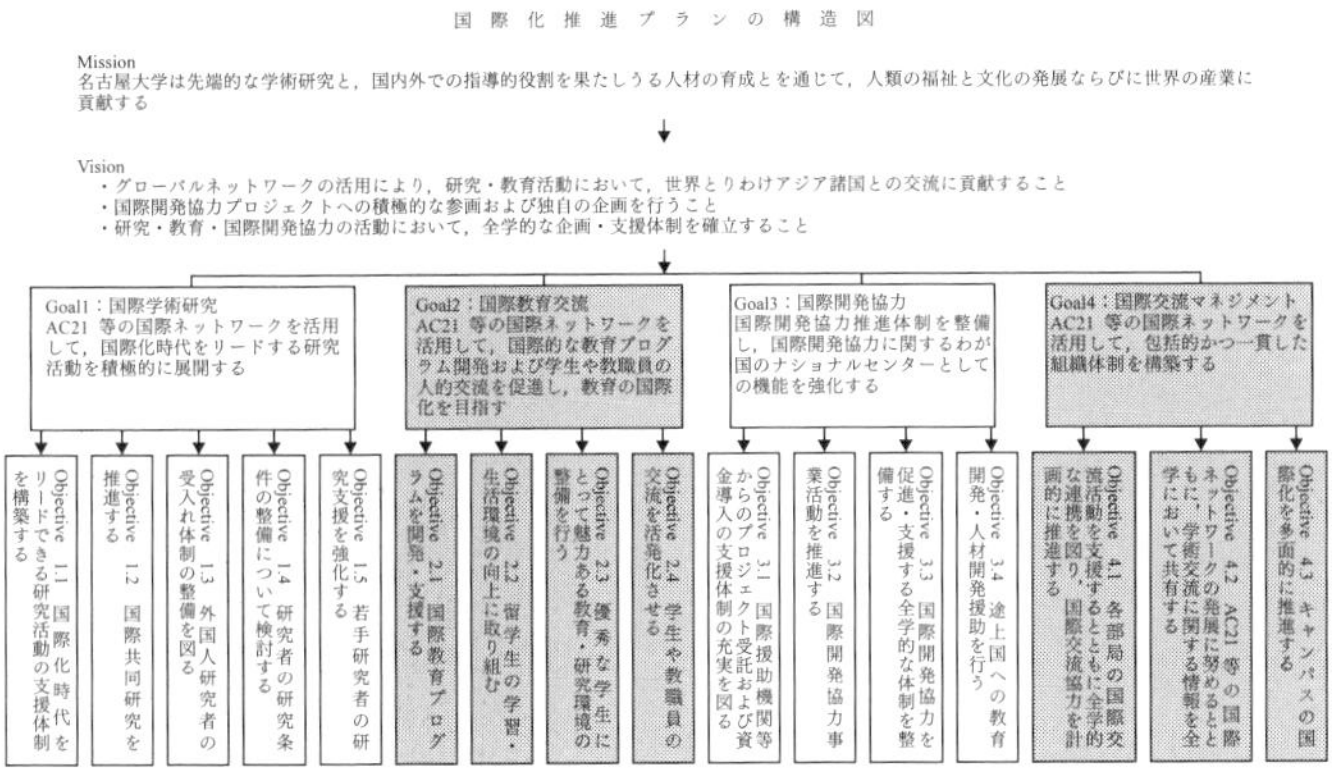

図 14-1　国際化推進プランの構造図（ミッションからオブジェクティブまで）

月に「名古屋大学国際化推進プラン—国際連携によるワールドクラスの研究重点大学をめざして—」を策定し、これを学外にも公表した。同プランは、〇〇年に制定した名古屋大学学術憲章の一節「名古屋大学は先端的な学術研究と、国内外での指導的役割を果たしうる人材の育成とを通じて、人類の福祉と文化の発展ならびに世界の産業に貢献する」をミッションとして位置づけた。また、ビジョンとして、「グローバルネットワークの活用により、研究・教育活動において、世界とりわけアジア諸国との交流に貢献すること」、「国際開発協力プロジェクトへの積極的な参画および独自の企画を行うこと」、「研究・教育・国際開発協力の活動において、全学的な企画・支援体制を確立すること」を掲げた。

さらに、ビジョンに掲げた課題を推進する過程で達成すべき到達点として、国際化時代をリードする研究活動を積極的に展開する「ゴール1：国際学術研究」、国際的な教育プログラム開発及び学生や教職員の人的交流を促進し、教育の国際化を目指す「ゴール2：国際教育交流」、国際開発協力推進体制を整備し、国際開発協力に関するわが国のナショナルセンターとしての機能を強化する「ゴール3：国際開発協力」、包括的かつ一貫した組織体制を構築する「ゴール4：国際交流マネジメント」を設定した。これらの実施に際しては、ＡＣ21等の国際連携ネットワークを活用することが想定されていた。さらに、それぞれのゴールにはいくつかのオブジェクティブ（目標）が、またそれぞれのオブジェクティブにはいくつかのアクション（行動）が設定されるという構造になっていた（図14―1）。

これをうけて、二〇〇六年四月、国際交流協力推進本部が設置された。同本部は、理

図 14–2　濵口道成総長
（2009 年 4 月–15 年 3 月）

事を本部長とし、国際企画室員、AC21推進室長（同室も推進本部に属することになった）、大学院国際開発研究科長、留学生センター長、農学国際教育協力研究センター長、法政国際教育協力研究センター長、研究・国際交流委員会委員の若干名などから構成されていた。国際企画室には、国際化推進プランの四つのゴールに対応した、国際学術研究部門、国際教育交流部門、国際開発協力部門、国際交流マネジメント部門を置いた。

グローバル30

二〇〇九（平成二十一）年四月に就任した濵口道成総長は、「名古屋大学からNagoya University へ」をスローガンに掲げ、運営指針である「濵口プラン」の中で、大学運営の五つの骨子の一番目に「世界に通ずる人材の育成」、二番目に「世界トップレベルの研究推進」を挙げた。濵口総長は、世界に通用する教育と研究を展開することをもって国際化としたのである。その濵口総長が就任早々に取り組んだ大型プロジェクトが、グローバル30であった。

グローバル30（以下、G30）とは、二〇〇八年七月に文科省及び関係五省が策定した、日本の国際競争力向上のため二〇年を目途に受け入れ留学生三〇万人を目指す、いわゆる「留学生三〇万人計画」をうけて、文科省によって推進された事業である。当初は、三〇万人計画の先頭に立つ三〇大学を採択して重点的な財政支援を行うものであったが、〇九年度に名大を含む一三大学が採択された直後から、民主党等の連立内閣のいわゆる行政事業仕分けによって、予算規模の縮小と事業の組み直しが行われた。事業は第一次採択の一三大学のみで実施されることになり、正式名称も当初の「国際化拠点整備

図 14–3　文学研究科附属「アジアの中の日本文化」研究センターの設置（2013 年 4 月）

事業」から「大学の国際化のためのネットワーク形成推進事業」に変更された。なお一三大学は、一〇年十一月にG30の強化を求める共同声明を発表している。以下のG30についての記述は、事業仕分け後の内容に基づくものとする。

G30において、採択大学に特に取り組みが求められたのは、①英語による授業で学位取得が可能なコースの導入、②国際公募等による外国人教員の配置、③留学生を集める海外でのリクルート活動、④海外大学共同利用事務所の設置、の四つであった。

名大の取り組み

①については、二〇一一（平成二十三）年十月から、学士課程として自動車工学、物理系、化学系、生物系、国際社会科学系の五プログラム、博士課程（前期課程・後期課程）として物理数理系、化学系、生物系、医学系、経済・ビジネス国際、比較言語文化の六プログラムを、英語だけで単位が取得できるG30国際コースとして新設した。これに伴い、学部学生が十月に入学できるように名古屋大学通則が改正された（大学院学生は以前より可能）。こうした多様なプログラムを開設できた背景には、各分野の教養科目を一部局で開講するのでは教員の負担が過大になるため、複数の部局によって講義を共有化するなど、部局の壁を乗り越えたカリキュラム設計があった。一四年十月からは、文学部及び大学院文学研究科それぞれが、「アジアの中の日本文化」プログラムを開設した。財政支援年度終了後には、博士課程として環境土木工学、地球環境科学のプログラムが増設されている。また、大学院国際開発研究科では、三専攻のうち二専攻で、ほぼすべての講義を英語で実施するようになった。そのほか、国際的な成績評価方法であ

図 14-4　石田記念インターナショナルレジデンス妙見

るＧＰＡ（Grade Point Average）制度の導入、教員の英語講義能力向上のための学内・海外研修などを行った。

こうした取り組みの結果、英語による講義は、二〇〇八年度には学部三六講義、大学院一四六講義であったものが、一二年度には学部二二一講義、大学院二八六講義になっている。これらの講義は日本人学生も受講することができ、学部専門科目単位数の五〇％を上限に単位の取得を可能にして、その英語力向上を図った。

②については、英語圏を中心に国際公募で一九名の外国人教員を新規採用した。それらの教員が各コースに平均三名配置され、初年次の講義を中心に担当した。新規採用した外国人教員には、最長一〇年間の雇用や、研究に参画できる環境の提供、研究の進展によっては特任教員から専任教員への身分移動も可能にするなど、魅力あるポストにする配慮を行った。

③については、延べ二一か国の高校を訪問して、Ｇ30国際プログラムの留学生のリクルート活動を行った。また、海外に出向いての活動ではないが、留学生から相談を受ける担当教員の増員や、留学生の就職をサポートするキャリアディベロップメントオフィスの設置、学内文書の英文化を推進する学内情報翻訳データベース（NUTRIAD）の構築、名古屋大学基金によるＧ30国際プログラム群学部奨学金の創設、などの受け入れ環境の充実も、リクルート活動を支える基盤整備といえる。留学生宿舎としては、二〇一〇年にはインターナショナルレジデンス（以下、ＩＲ）山手ノース（名古屋市昭和区高峯町）、一一年には石田記念ＩＲ妙見（同昭和区妙見町、図14-4）、一二年にはＩＲ山手サウス（同昭和区高峯町）を新築し、大幅に拡充された。一九（令和元）年にはＩＲ大幸

図 14–5　ウズベキスタン事務所開所式で挨拶する濵口総長（2010年3月）

（大幸キャンパス内）が竣工している。

④については、二〇一〇年三月にウズベキスタン事務所（タシケント）を開設した（図14–5）。名大は、同事務所を拠点に、他の採択大学と連携して、G30に関する広報活動を積極的に展開した。同事務所は、ウズベキスタン政府から準外交機関として認定された。

このような名大の取り組みは、二〇一四年度に実施された日本学術振興会のG30プログラム委員会による事後評価の結果、他の国立大学と同様にA評価を得た。特に、ウズベキスタン事務所を通じてのネットワーク構築、学術交流協定に基づく受け入れ・派遣学生数の増加が目標を大きく上回ったことが高く評価された。一方、課題や問題点としては、受け入れ留学生の質向上のためのさらなる情報発信、英語によるG30国際コースの志願者数の一層の増加、日本人学生による大学院コースの受講、外国人教員の採用が目標を下回っていること、などが指摘されている。このうち、国際コースの受講志願者数については、学部コースは一三年度から、大学院コースは一四年度から著しい増加に転じた。

国際教育交流本部の設置

G30に対する国の財政支援は二〇一三（平成二十五）年度で終了したが、その後もG30事業を継続的に推進する必要があった。また名大は、一一年度から始まった「大学の世界展開力強化事業」（文科省）にも複数件が採択された。一二年度には「国立大学改革強化推進補助金事業」（文科省）に採択され、同補助金事業として愛知教育大学、

図 14-6　名大 SGU 事業のウェブサイトに掲載された写真

三重大学とともに、「アジアを中心とする国際人材育成と大学連携による国際化の加速度的推進」事業を開始していた。

二〇一三年十月、こうした状況に対応するため、国際化支援組織の強化策として、国際交流協力推進本部を国際教育交流本部に改組し、留学生センターを廃止してその機能を同本部に統合する組織改革を行った。国際教育交流本部には、国際教育交流センター（留学生受入部門、教育交流部門、アドバイジング部門、キャリア支援部門、海外留学部門、大学間連携室からなる）、国際言語センター（日本語・日本文化教育部門、英語教育部門からなる）、国際連携企画センターが置かれた。留学生センターの機能は、留学生の受け入れや派遣に関しては国際教育交流センターに、日本語教育に関しては国際言語センターに移行した。名大生の海外留学を促進するための部門が設置されたことも注目される。国際交流協力推進本部の国際企画室の機能は国際連携企画センターに移され、AC21推進室も同センターに入った。また、この改組に伴い、各部局に置かれていた留学生担当講師が国際教育交流センター教育交流部門国際推進教員を兼任することで、同講師の全学的な国際関係業務への関与を強化した。

「アジアのハブ大学」を目指して

G30の財政支援期間終了後、名大の国際化を加速する大きな枠組みになったのが、二〇一四（平成二十六）年度から始まり現在も進行中の、文科省の「スーパーグローバル大学創成支援事業」（以下、SGU事業）であった。SGU事業は、世界レベルの教育研究を行うトップ大学や、先導的試行に挑戦し日本の大学の国際化を牽引する大学など、徹底した国際化と改革を断行する大学を重点支援することにより、日本の高等教育の国際競争力を強化することを目的とする事業である。同事業では、一四年度から最大一〇年間にわたり国からの財政支援が行われる。名大は、同事業のうち、世界大学ランキングトップ一〇〇を目指す力のある大学が選ばれる、タイプA（トップ型）の一三大学の一つに採択された。

名大は、SGU事業の構想を「二一世紀、Sustainable な世界を構築するアジアのハブ大学」と名付けた。「Sustainable（持続可能な）」は、名大が特に二十一世紀に入って研究の理念に掲げてきたキーワードの一つである。「アジアのハブ（結節点、接続）大学」は、それまでの名大の取り組みを踏まえて当時の濵口道成総長が目指したアジア諸国との連携強化路線の一環として位置づけられる。この構想を実現するため、「世界トップレベルを目指す先端研究強化」、「海外トップ大学とのジョイントディグリー実施」、「世界を牽引する人材の育成」、「アジアにおける拠点の展開」を戦略の柱として位置づけた。

SGU事業の推進・支援体制としては、二〇一五年三月にスーパーグローバル運営本部を設置し、その下に運営委員会ほかの委員会や、予算部会、実施計画部会を置いた。同年十月には、国際共同教育・研究活動への支援を推進する運営支援組織として、国際共同教育研究プログラム推進室を設けた。一六年三月には、国際教育交流本部を改組して国際機構を設置した。同機構は、国際連携企画センター、国際教育交流センター、国際言語センターから構成されるのは改組前と同じだが、新たに国際企画部門、国際連携部門、海外危機管理部門が置かれるなど、国際連携企画センターの機能が強化された。

図 14–7　アデレード大学

二〇一四年度以降、アジアサテライトキャンパス学院の設置、海外の大学との連携ネットワークの強化、留学生数のさらなる増加、名大生の海外留学数の増加（これらについては次節参照）、海外の大学とのジョイントディグリーの構築など、SGU事業の一環として位置づけられた国際化関連事業が大きな成果をあげた。海外の大学と共同で博士課程プログラムを運営し、一つの共通の学位を授与するジョイントディグリープログラムについては、一五年六月に医学系研究科がアデレード大学（オーストラリア、図14–7）との間に、「名古屋大学・アデレード大学国際連携総合医学専攻」を設置することに成功した。これは、日本初の試みである。一九（令和元）年五月現在、医学系研究科、理学研究科、生命農学研究科が合わせて六つのプログラムを実施している。

二〇一七年度に実施された日本学術振興会のスーパーグローバル大学創成支援事業プログラム委員会による中間評価では、名大は最高のS評価を与えられた。S評価となったのは、Aタイプ採択一三大学のうち二大学のみである。

2　国際化の諸相

受け入れ留学生の推移

本節では、留学生の受け入れや学術交流協定の締結、留学した名大生数などの国際化の指標となる数字の変化や、その他の様々な国際化を目指す取り組みについて述べる。

名大に在籍する留学生数は、二〇〇四（平成十六）年（五月一日現在）には一一九四人

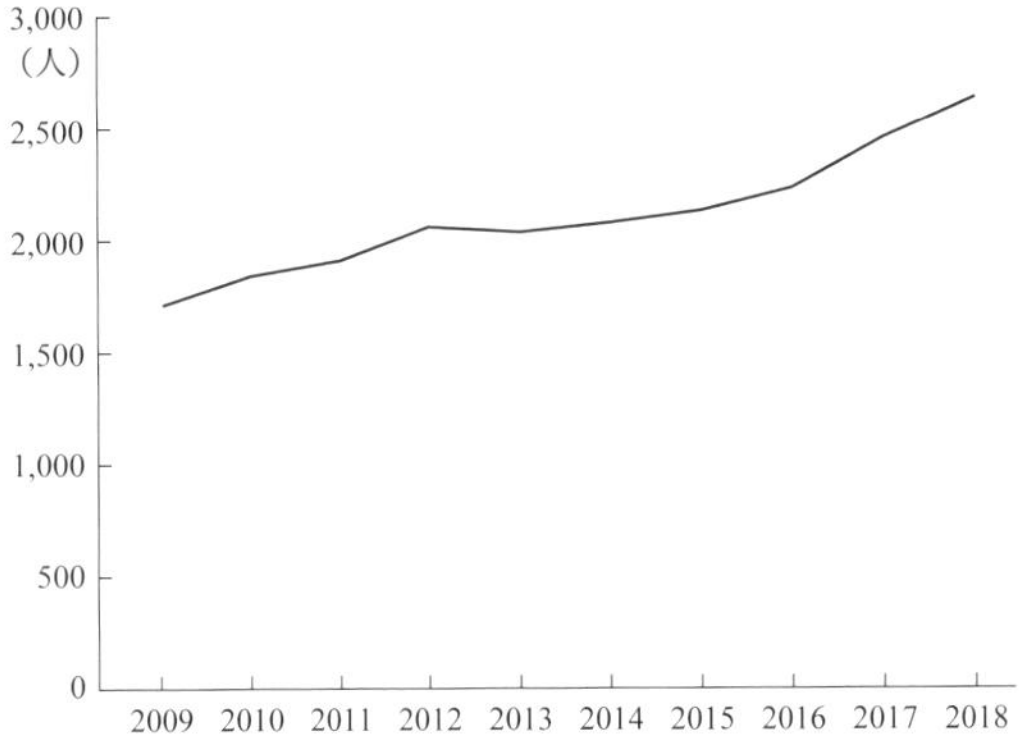

図 14–8　名大の留学生受け入れ実績（2009–2018 年度）

に達したが、その後数年は横ばいとなり、〇八年でも一二一四人にとどまっていた。ただこの時期は、日本全体の数も同様に伸び悩んでいた。

それが、グローバル30（以下、G30）が始まった二〇〇九年からは、再び増加に転じている。近年の名大では、留学生の数を示すに際し、五月一日現在の在籍数ではなく、当該年度内に在籍していた数（受け入れ実績、短期留学生の数をもれなく反映できる）を採用しているので、その数で述べると、〇九年度の一七一七人が、G30、SGU事業を経て、一八年度には二六四一人となった（図14–8）。高等教育機関全体の数では、一一年から一四年にかけて停滞期がみられるが、名大は一三年度のみ前年度よりやや減っているものの、それ以外は一貫して増加している。日本学生支援機構の調査によると、二〇一八年五月一日現在の在籍留学生数の比較では、名大は全大学中一三位、国立大学中八位である。ただし、留学生数全国第一位の早稲田大学は、数では名大の二倍以上であるが、全学生（学部・大学院）に占める留学生の比率は約一〇・九％なのに対し、名大の方が約一二・一％と高くなっている。

留学生の出身国・地域については、中国が圧倒的に多い状況は二〇〇四年以降変わっておらず、一八年度の受け入れ実績数では全体の約四七・一％とさらに比率が上がっている。これに対し、〇四年には約一一・九％で三位以下を引き離して二位であった韓国は、伸び率がそれほど高くなく、一八年度受け入れ実績総数に占める割合は、二位ではあるが約七・一％と低下した。その一方で、ベトナム（約二・八％から約四・五％）やインドネシア（約三・四％から約四・二％）などの東南アジア諸国が伸びている。

部局別では、二〇〇四年（五月一日現在在籍数）においては工学研究科・工学部（約一

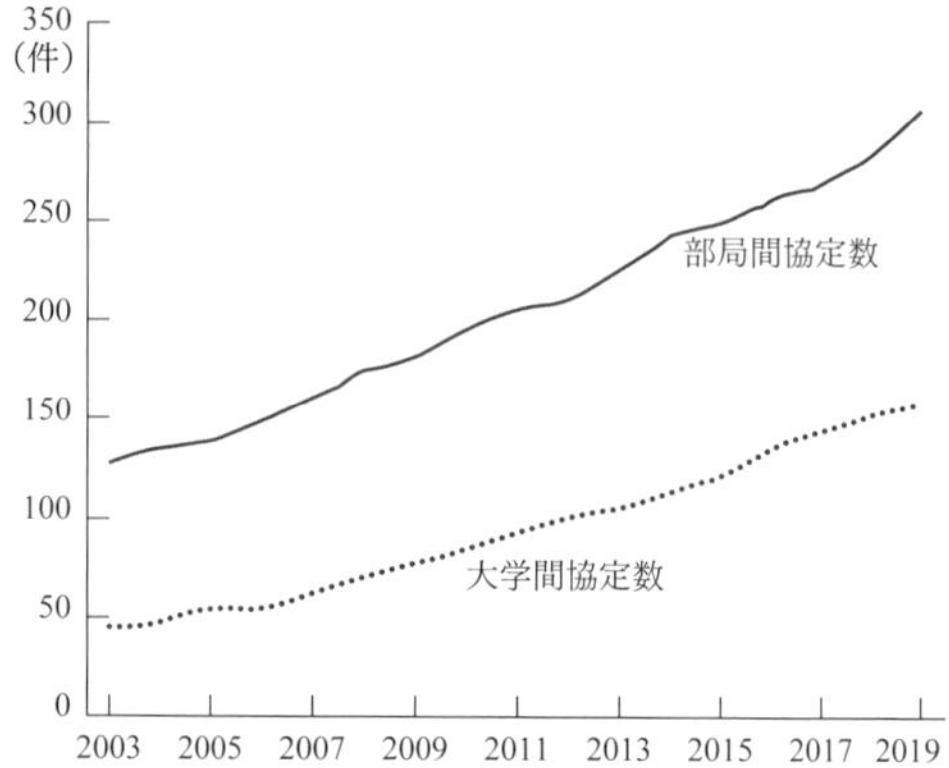

図 14–9　名大の学術交流協定締結数（2003–2019 年度）

八・三％）、国際開発研究科（約一四・三％）、国際言語文化研究科（約一四・一％）が多く、他の部局を引き離していた。これが一八年度（受け入れ実績）になると、工学研究科・工学部（約二〇・三％）、人文学研究科・文学部（約一四・二％）、法学研究科・法学部（約九・二％）の順になった。人文学研究科・文学部が二位になったのは、一七年度に文学研究科と国際言語文化研究科が統合されたためである（第12章2節参照）。その他の部局も、軒並み大きな伸び率を示した。特に理学研究科・理学部が約五・四倍、情報学研究科（情報科学研究科）・情報学部（情報文化学部）が約四・八倍と著しい。

さらに増加する学術交流協定

第10章2節で述べたように、一九九〇（平成二）年から二〇〇三年の時期において、名大が海外の大学等との間で締結した学術交流協定は、全学間協定が一八件から四四件、部局間協定が三〇件から一二八件（名大側の複数部局が合同で締結した協定は一件として数える）と大幅に増加した。図14–9のようにその後も増加は止まらず、一九（令和元）年（五月現在、本項では以下同じ）には全学間協定が一五八件、部局間協定三〇七件となった。いずれも、増加した数ではその前の時期をはるかに上回っている。〇四年から一九年の一五年間は、増加するペースもほぼ一定である。特に全学協定は約三・四倍に急増した。

部局間協定の内訳をみると、二〇〇四年は一四件と目立って多くはなかった工学研究科が、一九年には三九件（工学研究科を含む複数部局が合同で締結した部局間協定も一件として数える、この段落では以下同じ）で最も多くなった。これに次ぐ三六件の環境学研究科は、〇四年ではわずか二件であり、その増加が際立っている。これに続くのは、法学研究科（三一件、〇四年二〇件）、理学研究科（二八件、〇四年二七件）、医学系研究科（二八件、〇四年八件）である。特に医学系研究科の増加率が高い。法学研究科は、このほかにもCALE（法政国際教育協力研究センター）の協定が、〇四年の一件から一九年の一〇件へと大幅に増加しており、アジア法整備支援事業の展開（後述）が見て取れる。理学研究科では、この期間中に六つの部局間協定が全学協定に発展している。

　協定締結大学の国別では、中国（二〇一九年五八件、〇四年三〇件）とアメリカ（一九年五七件、〇四年三〇件）が一、二を争う状況は変わっていない（全学間協定と部局間協定を両方とも締結している場合は二件として数える、以下同じ）。この時期の特徴としては、アジアにおける中国以外の国の伸びが著しいことがある。特に韓国は、〇四年の九件が一九年には四二件まで増えている。ヨーロッパでは、ドイツが最も多いのは変わらないが、それに次ぐのがフランスからイギリスになった。

海外に渡る名大生たち

　第10章2節で述べたように、名大が外国から受け入れた留学生の数は、一九八〇年代から九〇年代にかけて著しい伸びを示し、二十一世紀に入る頃には一〇〇〇人を超えた。それに比べると、外国へ留学する名大生の数は少なく、二〇〇二（平成十四）年度でも一四五人にとどまっていた。〇五年度には一八八人まで増えたもののその後は伸び悩み、〇九年度になっても一五〇人であった。

　そのようなか、二〇〇九年四月に就任した濵口道成総長は、名大生の海外留学にも

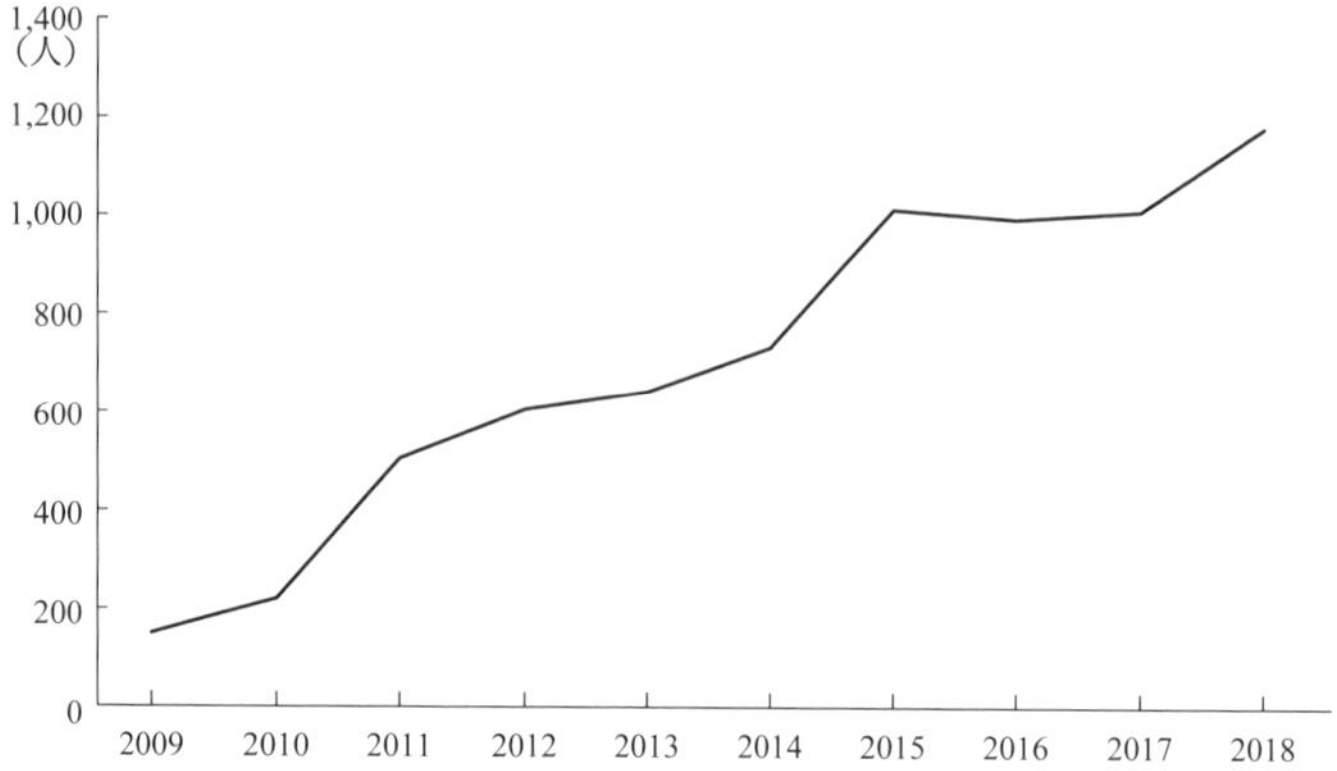

図 14–10　名大生の海外留学者数（2009–2018 年度）

積極的であり、そのための教育の質の向上に取り組んだ。代表的なものは、海外留学の前提となる学生の外国語能力の強化である。特に英語については、〇九年度から一・二年次において、独自の教材やカリキュラムにTOEFLやCriterionといった世界標準試験の活用を組み合わせた英語教育を実施した。そのほかにも、上海の同済大学での中国語研修、フライブルク大学でのドイツ語研修など、英語以外の言語を含めた語学研修（短期研修）プログラムを通じて、地元志向が強いと言われがちな名大生に異文化に直接ふれる機会を増やした。前節で述べた、G30の国際コースを日本人学生が受講しやすいようにする配慮もその一環である。

また、博士課程教育リーディングプログラム（後述）を通じて、多くの学生を海外研修に派遣した。さらに、「大学の世界展開力強化事業」（文科省）による学生交流プログラムの推進などを通じて、海外への留学や研修を学修単位として認める制度を設けた。そのほか、名古屋大学基金（第15章2節参照）を利用して、海外留学奨励制度を創設し、モナシュ大学（オーストラリア）、ストラスブール大学（フランス）、フライブルク大学等への短期語学留学参加者や交換留学派遣者への支援として、渡航費補助を行った。

これらの施策や、留学生センター海外留学室（二〇一三年十月から国際教育交流センター海外留学部門）の取り組み、また前述のようにこの時期に学術交流協定が大きく増え、交換留学の選択肢が充実したこともあり、濵口総長の任期最終年度の一四年度には、七三三人もの名大生が海外留学を経験するようになった。濵口総長は、一〇〇〇人を目指したいと述べて任期を終えたが、実際に翌一五年度には一〇〇〇人を突破した（図14–10）。

留学先としては、二〇一八年度（海外留学者全体で一一七九人）では、アメリカが二〇五人と最も多く、それに九六人の中国が次ぎ、これにオーストラリア、フランス、ドイツ、タイ、韓国が続く（いずれも七〇人台）。地域でいえば、アジア（オセアニア、中東を除く）が五二九人、ヨーロッパ（ロシアを含む）が三〇七人、北米（アメリカとカナダ）が二二八人となっている。

国際コンソーシアムの重層化

二〇〇二（平成十四）年に設置された国際学術コンソーシアム（以下、AC21、第10章2節参照）は、〇四年七月、第二回AC21国際フォーラムをシドニー大学主催で開催した。そこでは、名大との全学間学術交流協定締結校というこれまでの加盟資格の撤廃、メンバー大学・機関からの年会費徴収、隔年で開催される国際フォーラムの主催大学の学長が就任する会長（President）制度、全加盟大学・機関が参加するAC21ベンチマーキングとAC21世界学生フォーラムの開始等が決定され、AC21が本格的に稼働する準備が整った。

第一回世界学生フォーラムは名大が担当し、愛・地球博（愛知万博）に合わせ、二〇〇五年七月二十九日から八月八日にかけて名大等で開催した。この世界学生フォーラムは、その後も二年に一度、国際フォーラムと交互に行われるようになった。そのほか、AC21では、名大がメンバー大学・機関との様々な大学間シンポジウムを開催したように、メンバー大学・機関が共同研究や協力プロジェクトを推進して、日常的な連携を強化していった。〇七年度に名大が、文科省の国際産学官連携プロジェクトを推進する一

図 14-11　渡辺芳人

二大学の一つとして採択された際にも、ＡＣ21が重要な推進母体となった。これらの結果、海外では世界的なコンソーシアムの一つとして認知されるようになった。

ただその一方で、学内にはその活動があまり知られておらず、日常的な大学運営や教育研究との関係が密接ではないという批判もあった。また、メンバー大学・機関が思うように増えず、フォローする地域をさらに拡大することも課題であった。渡辺芳人副総長兼ＡＣ21推進室長は、二〇一〇年三月の『ＡＣ21通信』において、名大が〇九年度にＧ30に採択されたことを踏まえ、これまでのＡＣ21の活動はまずは脱輪させずに前に進めることが重要であったが、これからは名大の国際化と軌を一にする戦略的な活動が求められる段階に入った、と述べている。

これ以降、渡辺担当副総長（二〇一二年度から理事・副総長）のもと、名大の国際コンソーシアム活動は、ＡＣ21以外のコンソーシアムにも積極的に参加する形で推進されることになった。一二年三月には、日本とイギリスの一一大学（二〇〔令和二〕年五月現在一二大学）が、新たな国際共同研究を創出し、政府・産業界・民間非営利団体との協働を通じてグローバル社会が抱える課題解決への貢献を目指す、ＲＥＮＫＥＩ（Japan-UK Research and Education Network for Knowledge Economy Initiatives）が結成され、名大もこれに加盟した。また、一七年から一九年にかけて、日本の八大学とスウェーデンの七大学が両国の学術的連携強化を目指す「ＭＩＲＡＩプロジェクト」に参加した（二〇年以降も継続）。名大は、同プロジェクト準備の日本側幹事校であった。一七年には、環太平洋地域の大学で構成されるＡＰＲＵ（Association of Pacific Rim Universities）に加盟した。

図14–12　タシケント国立法科大学における名古屋大学日本法教育研究センター開所式（2005年9月）

アジア法整備支援事業の展開

一九九〇年代に入ると、法学部は学部創立四〇周年事業として「アジア・太平洋地域法政研究教育事業」を進め、九八（平成十）年度からは市場経済化・政治的民主化の途上にあるアジア諸国への法整備支援事業に本格的に取り組むようになり、九九年度からは留学生の受け入れにも力を入れるようになった。二〇〇〇年には、法学研究科の部局内組織としてアジア法政情報交流センターが設置され、これが〇二年に、部局から独立した法政国際教育協力研究センター（ＣＡＬＥ）に発展した（第9章4節参照）。

二〇〇五年九月、ウズベキスタンのタシケント国立法科大学に名古屋大学法教育研究センターが設置された（図14–12）。同センターは、同国の学部学生を対象に四年間にわたり日本語教育及び日本法教育を実施し、日本語による日本法研究を行える人材を育成するとともに、それらの学生のうち特に優秀な者を名大の法学研究科の学生として受け入れ、より本格的な日本法研究能力を養成するという、名大独自の取り組みを行った。その後、〇六年九月にモンゴルのモンゴル国立大学、〇七年九月にベトナムのハノイ法科大学、〇八年九月にカンボジアの王立法経大学、一二年一月にベトナムのホーチミン市法科大学、一三年六月にミャンマーのヤンゴン大学、一四年一月にインドネシアのガジャマダ大学、同年二月にラオスのラオス国立大学にも設置され、日本法教育研究センターは七か国八か所となった（ミャンマーでの名称は日本法律研究センター）。また、法学研究科とＣＡＬＥはこれと併行して、文科省や日本学術振興会等の大型研究プロジェクトに数多く採択されるなど、アジア法整備支援事業に関する研究を積極的に推進した。

このような法学研究科とＣＡＬＥの取り組みと実績が評価され、文科省の助成によ

図 14-13　アジア法交流館（CALE）

り、五階建て、延べ面積五四九七㎡のアジア法交流館が新築され（図14-13）、二〇一六年三月に落成式典を挙行した。同館は、二〇〇人規模の大カンファレンスホール「アジアコミュニティフォーラム」のほか、法学図書室分室としてのアジア法資料室などを備えている。また、筒井宣政（株式会社東海メディカルプロダクツ会長）・筒井陽子（同副会長）夫妻の寄附による茶室「白蓮庵」、矢橋ホールディングス株式会社の寄附による「コミュニケーションガーデン」など、留学生や海外からの来訪者に日本の伝統文化や四季を感じてもらえる施設も付設された。

博士課程教育リーディングプログラム

文科省による「博士課程教育リーディングプログラム」は、優秀な学生をグローバルに活躍するリーダーへと導くため、世界に通用する質の保証された学位プログラムを構築・展開する、博士課程前期課程・後期課程を一貫した大学院教育の抜本的改革を支援する事業である。採択されたプログラムには、二〇一一（平成二十三）年度から一九（令和元）年度にかけて、最大七年間にわたる財政支援が行われた。

同プログラム事業の公募には、全国の大学から三二七件の応募があったが、採択は六二件であった。名大からも積極的な応募が行われ、「PhDプロフェッショナル登龍門」、「グリーン自然科学国際教育研究プログラム」、「実世界データ循環学リーダー人材養成プログラム」、「フロンティア宇宙開拓リーダー養成プログラム」、「「ウェルビーイングinアジア」実現のための女性リーダー育成プログラム」、「法制度設計・国際的制度移植専門家の養成プログラム」の六件が採択された。これは東京大学に次ぐ数である。同プ

図 14–14　PhD プロフェッショナル登龍門のコア・スポーク方式概念図

ログラム事業は、専門分野の枠を超えての構築・展開が目指されたため、六件のうち五件のプログラムに複数の部局が参加した。

特に、「ＰｈＤプロフェッショナル登龍門」（以下、ＰｈＤ登龍門）は、国内外の各界で活躍しグローバル社会を牽引するトップリーダーを養成する、採択数の少ない「オールラウンド型」の大型プログラムであった（図14-14）。参加部局も、高等研究院とすべての学部・研究科（採択年度に設置の創薬科学研究科は除く）という、全学を挙げての事業であるため、特に本部直属の運営支援組織としてＰｈＤ登龍門推進室が置かれた。ＰｈＤ登龍門は、既存の博士課程教育が目標としているような学術分野で活躍するプロフェッサーではなく、博士号を持ち社会の各分野でリーダーとして実践的に活躍する職業人（ＰｈＤプロフェッショナル）を養成することを目標としていた。

また、六件のプログラムへの運営支援・調整等を行うため、理事または副総長を機構長とするリーディング大学院推進機構が設置された。

二〇一九年度までに、日本学術振興会の博士課程教育リーディングプログラム委員会等による事後評価が行われたが、名大のプログラムは最高評価であるＳ評価が三件、それに準ずるＡ評価が三件であった。三件以上の採択があった大学のうち、一件もＢ評価以下がなく、しかも半分がＳ評価であった大学は名大のみである。

アジアサテライトキャンパス学院

名大は、アジア諸国において、法政国際教育協力研究センター（ＣＡＬＥ）の法整備に関わる人材育成プログラムや、医学系研究科のヤングリーダーズプログラム（ＹＬＰ、

図 14–15　「アジア諸国の国家中枢人材養成プログラム」の遠隔指導

第10章2節参照）等を提供し、修士の学位を取得させることにより、副大臣、大臣秘書官、局長クラスなどの政府等の幹部候補者の育成に貢献した。ただ、さらに博士の学位取得を希望する者が少なくないにもかかわらず、日本には発展途上国の行政官等を対象とするプログラムがほとんどなかった。

そこで名大は、二〇一四（平成二十六）年度から、アジア諸国の政府等の幹部に対して、長期に職場を離れることなく博士の学位取得を可能にする事業として、「名古屋大学アジアサテライトキャンパス」と、日本国内の名大キャンパスとの連携によるハイブリッド型プログラムである「アジア諸国の国家中枢人材養成プログラム」（以下、養成プログラム）を立ち上げた。これは、国際貢献であると同時に、ひいては当該国における名大や日本のプレゼンス向上を目指すものである。

養成プログラムは、アジア法整備支援事業で設置した名大の海外拠点を活用しつつ、中核となる研究指導教員等の現地派遣、現地大学等の教員の名大特任教員としての採用、情報通信技術を活用した遠隔指導（図14–15）、名大での短期スクーリングとそれに際しての奨学金等の経済的支援、等を行うものである。同プログラムには、法学研究科・医学系研究科・生命農学研究科・国際開発研究科が参画し、二〇二〇（令和二）年五月現在は環境学研究科・教育発達科学研究科も加わっている。

そして二〇一四年八月、養成プログラムの実施を統括する教育研究組織として、名古屋大学アジアサテライトキャンパス学院を設置した。このキャンパス学院には、各国のサテライトキャンパスにおいてプログラムを実施する海外キャンパス部門、参画研究科の指導教員と連携して学生教育を行う特任教員からなる国内教育部門、コーディネイト担当教員と事務職員からなる運営支援部門が置かれた。サテライトキャンパスの設置国は、当初はベトナム・モンゴル・カンボジアであったが、一五年度にはウズベキスタン・ラオス・フィリピンが加わった。その後、一七年度からは事業計画の見直しが行われ、設置国をこれ以上拡大せず、厳しい予算状況と各国のサテライトキャンパスの取り組みの発展性を考慮して、フィリピンとカンボジアの拠点の機能強化を重視した事業を行っていくことになった。

海外拠点の拡大

法人化後の名大は、その国際化戦略に伴い、外国に公式な拠点が置かれ、それが急速に増加したことも特徴の一つとして挙げることができる。ここでは、前述したものを含めてまとめる。

初めての全学的な海外拠点は、二〇〇五（平成十七）年十一月に開設された上海事務所である。同事務所は、中国の高等教育・研究機関等との学術交流の推進、名大の広報活動、海外同窓会の中国における連絡窓口等を目的として設立されたが、やがて活動範囲が中国全土に拡大し、交流活動を積極的に開拓していくようになったため、一四年六月に中国交流センターと改称した。〇八年一月には、全学的事務所であると同時に国際的な産学官連携拠点として、アメリカのノースカロライナ州に現地非営利法人「名古屋大学テクノロジーパートナーシップ」（NU Tech）を設立した（第13章2節参照）。また、一〇年三月には、G30の情報発信、留学生のリクルート支援などを目的とする海外共同利用事務所として、ウズベキスタン事務所を設置した（前節参照）。同年五月には、名

図 14-16　バンコク事務所開所式での記念撮影

大と長い交流の歴史を持つフライブルク大学が所在するドイツのフライブルク市に、ヨーロッパセンターが開設されている。

二〇一四年には、タイにバンコク事務所が設置された（図14-16）。同事務所は、名大が一二年に文科省の「大学の世界展開力強化事業～ASEAN諸国等との大学間交流形成支援～」に採択され、「ASEAN地域発展のための次世代国際協力リーダー養成プログラム（Campus ASEAN）」を実施することをうけて設置されたものである。

そのほかにも、前述のように、アジア法整備支援事業の展開のなかで七か国八か所に日本法教育研究センター等が、「アジア諸国の国家中枢人材養成支援事業」のなかで六か国にアジアサテライトキャンパス拠点等が設置されている。なお、モンゴルには、日本法教育研究センター・サテライトキャンパス拠点のほか、モンゴル国立大学・名古屋大学レジリエンス共同研究センター（二〇一六年二月）、名古屋大学モンゴル国立教育大学子ども発達共同支援センター（同年九月）が設立された。

また、海外からの留学生や、現地で名大による教育を受けた者が増えたことをうけて、全学同窓会の海外支部が設置されるようになった。二〇〇五年に韓国・バングラデシュ・上海・タイに設置されたことを皮切りに、北京・ベトナム（〇七年）、カンボジア（〇八年）、モンゴル（〇九年）、ウズベキスタン（一〇年）、台湾（一一年）、ラオス（一二年）、インドネシア・ミャンマー（一三年）、フィリピン（一四年）、マレーシア（一六年）と設立が続き、一四か国に一五か所の支部を有するまでになった。

第15章　連携と貢献

1　産学官連携体制の充実

大学発ベンチャーの育成

二十一世紀に入り、産業構造の変動や国際競争の激化、多様性尊重への意識の高まりのなかで、名大は従来とは異なる次元で社会や地域とのつながりを強く意識するようになった。本章では、新たな段階へと進んだ連携と貢献の諸相をみていくことにしよう。

初めに取り上げるのは産学連携への取り組みである。科学技術基本計画が第II期に入った二〇〇一（平成十三）年以降、そのイノベーション志向が鮮明になった。なかでも、大学で研究・開発された知的財産を基盤にして創業される、大学発ベンチャー創出は大きな課題であった。大学発の技術を、製品やサービスの形に仕上げ、事業化することはリスクを伴うため、既存企業では開発に参入しにくい。こうした困難を抱える大学発の技術の事業化を通して、研究成果を社会に還元し、地域経済や日本経済の発展に寄与することへの期待が、大学発ベンチャー創出に向かわせたのである。〇一年、経済産業省が大学行政に乗り出して「大学発ベンチャー一〇〇〇社計画」を発表し、〇二年度

図 15-1　インキュベーション施設

から〇四年度までの三年間に大学発ベンチャーを一〇〇〇社設立すると表明したことがその表れである。

こうした世情のなか、名大は、産学連携の業務を推進し名大のシーズを活かしたベンチャー企業を育成する全学的な共用施設として、インキュベーション施設を〇五年に設置した。名大の研究成果を活用してベンチャー事業を立ち上げようとする際に利用できるオフィスである。当初の利用資格は企業設立に至るまでの段階に限定されていたが、のちに、名大のシーズを活用して起業したベンチャー企業や、名大の研究成果を活用する、もしくは活用予定である設立後三年以内のベンチャー企業にも門戸が開かれた。

二〇一六年七月には、名古屋大学発ベンチャー称号授与制度が制定された。名大と当該ベンチャー企業との関係を明確にするとともに、名大における研究成果の社会発信、構成員のベンチャー起業へのモチベーション向上、名大とベンチャー企業との連携強化などが目的である。申請資格は、新たな技術またはビジネス手法をもとに起業した企業で、名大構成員が所有する知的財産権ないしは名大における研究開発成果を活用しているか、名大構成員（過去を含む）が設立に深く関与している場合などと定められている。

称号が授与されると、長期にわたる施設貸付や商業登記における使用、名大シンボルロゴと名古屋大学発ベンチャーロゴの使用、学術研究・産学官連携推進本部による他企業等への紹介や仲介、名大主催の各種イベントや名大広報誌等における積極的広報などの利点が得られるほか、学術研究・産学官連携推進本部による半期に一度の指導助言も受けられる。ただし、当該企業の製品、サービス等の内容及び品質を保証するために称号を使用してはならないと定められている。称号には、名古屋大学発ベンチャーと名古

表15-1　名古屋大学発ベンチャー・名古屋大学発学生ベンチャーの称号を授与されている企業一覧（2021年4月現在）

1	APTJ株式会社	A	33	株式会社Harmony For	G
2	一般社団法人GEOASIA研究会	G	34	SyncMOF株式会社	E
3	株式会社ヘルスケアシステムズ	C	35	株式会社Meis Technology	C
4	株式会社PREVENT	C	36	OnClouds株式会社	A
5	株式会社SNAPSHOT	A	37	株式会社日本中性子光学	D
6	株式会社セラノスティック研究所	C	38	株式会社iCorNet研究所	C
7	株式会社J－ARM	C	39	レアバリアント株式会社	C
8	株式会社シムス	B	40	Link T&B株式会社	E
9	高齢社会街づくり研究所株式会社	G	41	アイクリスタル株式会社	A
10	株式会社エミットジャパン	A	42	一般社団法人モビリティと人のデータラボ	G
11	有限会社ユビグラフ	A	43	クアドリティクス株式会社	A
13	株式会社サイエンスインパクト	A	44	Dアミノ酸ラボ株式会社	B
14	NUProtein株式会社	B	45	株式会社フィトメトリクス	A
15	株式会社Photo electron Soul	D	46	一般社団法人プラントオープンイノベーション推進機構	B
16	NU－Rei株式会社	E			
17	株式会社U－MAP	F	47	株式会社ポットスチル	G
18	ストレックス株式会社	B	48	株式会社CYPE Technology	A
19	超臨界技術センター株式会社	F	49	株式会社オンコイムンセラテック	B
20	株式会社フレンドマイクローブ	E	50	ZATITECH合同会社	A
21	合同会社BeCellBar	C	51	一般社団法人里モビニティ	G
22	iBody株式会社	C	52	株式会社U's science	C
23	グランドグリーン株式会社	B	S01	株式会社トライエッティング	A
24	株式会社キスモ	A	S03	ZAZA株式会社	A
25	株式会社BioCMOS	C	S04	株式会社オプティマインド	A
26	Lawin株式会社	G	S05	株式会社Acompany	A
27	株式会社TARVO	A	S06	株式会社Sonoligo	A
28	NU－Medライフケアシステムズ株式会社	C	S07	株式会社TOWING	B
29	LaView株式会社	C	S08	ジークス株式会社	C
30	Icaria株式会社	C	S09	株式会社マップフォー	A
31	株式会社Craftide	C	S10	株式会社ブレインフォー	A
32	メドリッジ株式会社	C	S11	株式会社Hashup	A

注）社名の左の数字等は称号番号（番号にSが付いているのは学生ベンチャー）。社名の右のアルファベットは下記の主な技術分野。
A：IT/IoT・AI
B：バイオテクノロジー
C：創薬・医療・ヘルスケア 関連
D：機器製造
E：環境・エネルギー
F：素材・材料など（バイオ を除く）
G：その他サービス

図 15–2　名大ファンド創設合意を発表する記者会見後の記念撮影（2015 年 10 月）

屋大学発学生ベンチャーの二種類があり、二〇二一（令和三）年四月現在の授与企業数はそれぞれ五一社、一〇社である（表15–1）。

二〇一八年五月には、学生ベンチャーとしてインキュベーション施設への入所第一号が誕生した。学生ベンチャーからの熱意と大学からの学生ベンチャーへの期待によって、インキュベーション施設関連の規程が改正され、学生ベンチャーには入所にかかる費用の一部または全額が免除されることになっている。

ベンチャーファンドの設立

政府は二〇一四（平成二十六）年六月十四日に閣議決定した日本再興戦略における「大学改革」の項で、「今後一〇年間で、二〇件以上の「大学発新産業創出」を目指す」とし、その達成のために「国立大学による大学発ベンチャー支援ファンド等への出資を可能とする」とした。背景には、「大学発ベンチャー一〇〇〇社計画」の通りに設立数を達成したものの、その後も成長できるような大学発ベンチャーはあまり多くなかったことがあった。こうして大学発ベンチャーへの投資とベンチャー企業を育成する担当人材・手腕とについて、梃入れが始まったのである。

名古屋大学、名古屋工業大学、豊橋技術科学大学、岐阜大学、三重大学（以下、五大学）は、二〇一六年に、名古屋大学・東海地区大学広域ベンチャー一号投資事業有限責任組合（名大ファンド）を設立した。運営事業者として選定されたのは、日本ベンチャーキャピタル株式会社で、地元企業や金融機関から二五億円の出資を受けて、五大学のベンチャー企業を支援することになった。

図 15–3　西三河 5 市「首長誓約」（名大の学術コンサルティングによる）

さらに名大では、同社の寄附金により「ＧＡＰファンド」を創設した。大学の技術について、ベンチャー化する際の投資リスクを減らす目的で、社会実装にふさわしい技術を事前に選りすぐるべく、検討のための資金を提供するものである。併せて起業家教育に対しても寄附が行われている。

二〇一九年には第二号のベンチャーファンド、「名古屋大学・東海地区大学広域ベンチャー二号ファンド」が設立された。運営事業者には、学術的なシーズの事業化ノウハウを蓄積してきたBeyond Next Venturesが選定された。最大二〇億円規模で、五大学において研究成果の実用化を目指す学生や教員に投資するとともに、投資先への技術移転や経営者を含む人材派遣など、起業準備・事業化支援から出資・成長支援まで、一貫した支援体制をとっている。

多様化する産学官連携

大学における研究開発が国の競争的研究開発資金にばかり頼らないようにという要請が、近年ますます強まっている。この対策として加速されている産学官連携は多様化をみせてもいる。いくつかの事例を紹介しよう。

名大では、二〇一五（平成二十七）年十一月より、学術コンサルティング制度を開始した（図15–3）。企業その他の団体からの委託を受けて、名大の教職員がその教育、研究及び技術上の専門知識に基づき指導及び助言を行い、委託者の業務または活動を支援するもので、学術コンサルティング料を委託者が負担する。民間等との共同研究であれば新たな知の創出が成果として求められるところであるが、この制度下ではその必要は

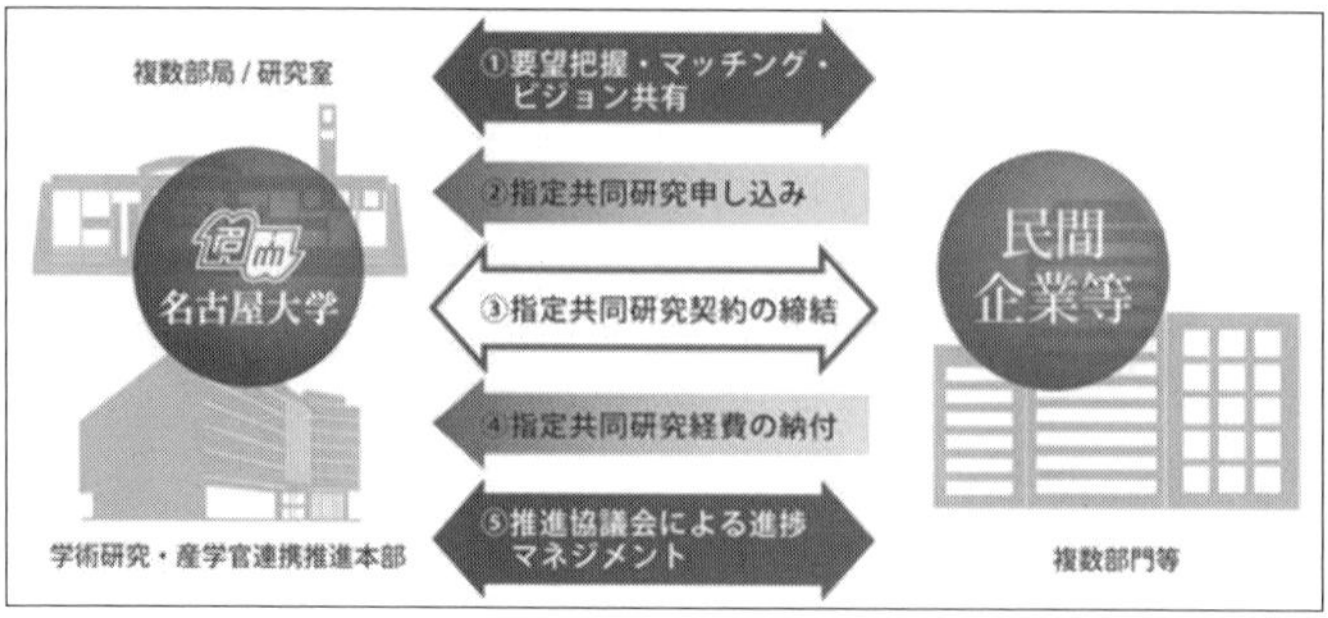

図 15–4　指定共同研究制度

ない。依頼内容を聴取して問題の本質を見極め、必要な情報・指導を提供する点に新規性を持つ制度である。従来型の各種制度では対応が難しかったものの、大学の社会貢献が期待される領域を対象とするものであり、先行する他大学の事例をみながら、その導入が議論され、教員に対するヒアリングの結果も踏まえて実現された。委託元が学術コンサルタントとなる名大教員を指名することができるが、技術相談窓口を通じて最適な教員を紹介する仕組みもある。

二〇一六年九月には、指定共同研究制度が始まった。「組織」対「組織」の本格的共同研究を、学術研究・産学官連携推進本部による一貫したサポートのもとに推進しようとするものである（図15–4）。民間企業等と名大とが組織的な連携体制を構築し、組織一丸となって研究開発を推進するための、新しい共同研究の枠組みである。従来の共同研究は、民間企業等のニーズを土台に、民間企業等と大学の教員とが個人または研究グループ単位で研究を行い、特定の課題・分野での研究成果を導くことを目的としていた。これに対し、指定共同研究は、産業構造の変化や国際競争激化等の社会状況を踏まえ、将来のあるべき社会像を共有しながら、民間企業等と名大とが「組織」対「組織」の契約を交わす。分野横断的な研究領域にも対応し、その展開力強化に大学が組織的に貢献しようとするものである。

研究員（学生）制度は、二〇一六年に創設された。博士課程後期課程在籍の学生に、リサーチアシスタント（ＲＡ）とは異なる研究員としての身分を付与して、フルタイム雇用する制度である。雇用財源は、民間企業との共同研究である。産学連携教育の本格化ともいえるであろう。博士後期とはいえ学生を一人の研究者と見なすこと、また、民間企業との共同研究に参画することを学業と見なすという点が、これまでと大きく異なっている。それゆえ、学生を雇用する際にプロジェクト責任者が留意すべき点、学生自身の留意点について、マネジメント体制が整えられるなどの配慮がなされている。

二〇一六年には、名大におけるクロスアポイントメント制度の対象を民間企業等にも拡大した。名大教員が、民間企業の会社員としての身分も持ち、双方から勤務時間によって按分された給与を受けることができる仕組みである。企業における最先端の知見を大学教育や研究へ展開することにより、専門性の高い人材の育成や知見の獲得につながることが期待されての変更である。企業においても、大学の教育・研究実績や学術分野のネットワークを企業活動に活かすことができ、大学の研究成果の早期の製品化を励起するものと見込まれている。

学生が取り組む起業

東海地区では従来、産学連携が活発に行われてきたものの、大学発ベンチャーの設立は少なく、起業を目指す学生等も少なかった。そこでこの地区を拠点に、前述の五大学が連携して、イノベーティブな新規事業を生み出すことのできる「トンガった」人材を育成・支援しようとしているのが Tongali プログラムである。

Tongali では、東海地区の産学が連携して、自らのアイデアや技術で、世の中に大変革をもたらそうとチャレンジする人材、専門分野における基礎能力と鋭利なマインドセットを基盤として併せ持ち、イノベーションをリードする人材を育成することが目的と定められた。これまで東海地区産学連携大学コンソーシアムが母体となり実施してき

図 15–5　Tongali ビジネスプランコンテスト（2020 年度）

たTongaliスクールを拡大する形で、体系的な教育システムを構築している。モチベーション、マインドセット・スキルセット、起業実践、産学連携・オープンイノベーション、グローバル展開をテーマにコースワークを実施し、社会実装の場も提供している。広く参加者を募る一方で、起業等に対する意欲のある学生には、密に育成・支援ができるプログラムとなっている。これらの教育プログラムを核とし、持続可能なベンチャーシステムの基盤を東海地区に構築することを目指している。

二〇一六（平成二十八）年に五大学を対象としたファンドが創設されたのを契機としてプロジェクトが発進し、起業家教育の実施やビジネスプランコンテストなどの各種イベントを開催するとともに、スタートアップ準備資金やコワーキングスペースの整備を推進してきた。一七年度には、文科省「次世代アントレプレナー育成事業（EDGE–NEXT）」に採択された。プロジェクトの運営は五大学協働で、各大学の得意分野の融合による相乗効果が期待されている。また、五大学以外でも東海地区の大学の在籍者・卒業生であれば誰もが参加できるため、その結集による化学反応も期待されている。

Tongaliの取り組みは学外からの評価も得ている。たとえば、二〇一九年には、名大の学生チームがキャンパスベンチャーグランプリ全国大会で入賞し、また、事業の成長性や社会への貢献度を評価して表彰するCNBベンチャー大賞（中部ニュービジネス協議会主催）において、名古屋大学発学生ベンチャーが最優秀賞を受賞した。

図 15–6　第1回ホームカミングデイ

2　社会とのつながりのなかで

法人化後の名大と地域社会・大学コミュニティ

名大は、二〇〇〇（平成十二）年に制定した学術憲章の中で、「その立地する地域社会の特性を生かし、多面的な学術研究活動を通じて地域の発展に貢献する」と謳った（第11章1節、巻末資料3参照）。〇二年には全学同窓会が創設され、大学のコミュニティとの積極的な連携強化が図られるようになった（第11章2節参照）。さらに〇六年の教育基本法改正、〇七年の学校教育法改正を背景に、大学には教育研究の成果を社会に提供してその発展に寄与する社会貢献がより強く求められるようになった。

また、法人化後の名大は、自主的・自律的で柔軟な運営を行う余地が広がる一方で、国からの運営費交付金は減少の一途をたどり、それに伴って競争的資金への積極的な対応や、外部資金の確保が広く求められるようになった（第12章1節参照）。名大にとって、地域社会への貢献や大学コミュニティへの情報発信などを一層推進し、それらとの連携をさらに強化しつつ、大学への支援や協力を得ていくことが、日本の基幹的総合大学としての使命を果たし世界において卓越した大学に発展するためには不可欠になったのである。

本節では、右のような状況を背景とする取り組みについて述べる。

図 15–7　名古屋大学の集い
（2010 年ホームカミングデイ）

ホームカミングデイ

名大では、二〇〇五（平成十七）年度から、名古屋大学ホームカミングデイ（以下、HCD）を毎年度秋（〇八年度から原則として十月第三土曜日）に開催するようになった。HCDは、名大の諸活動を学外の人々に理解してもらうため、豊田講堂をメイン会場として全学的なイベントを行うとともに、各部局でも教育研究等の紹介や施設の公開、同窓会関連等の諸行事を行うものである。全学同窓会と大学生協からも全面的な協力を得ている。

HCDは、アメリカの大学等で一般的な行事を取り入れたもので、日本でもその多くは母校に卒業生を招くことを趣旨としている。ただ名大では、卒業生のほか、元教職員、学生の保護者等、さらには地域住民をも広く対象としているところに特徴がある。それらの人々を名大の「家族」と捉えて連携や相互理解を深め、しかも知識基盤社会の中核機関としての地域貢献・情報発信を図る、大学の重要行事の一つとなっている。

二〇〇六年度の第二回からは、各回独自のメインテーマを掲げ、その年の担当部局がテーマに沿った全学行事を行うようになった。また、規模を拡大し、全職員を挙げての行事として位置づけた結果、この年以降は毎年三〜五〇〇〇名の参加者を得られるようになった。〇七年度の第三回は、秋ではなく、豊田講堂の全面改修・増築工事の完成に合わせて、〇八年二月に「豊田講堂改修竣工式・同竣工記念ホームカミングデイ」として開催した。〇九年度の第五回は、HCDの中で名大の創立七〇周年（創基一三八周年）記念式典等が行われた。

二〇一〇年度の第六回からは、卒業後一〇周年、二〇周年、三〇周年、四〇周年、五

図 15–8　名古屋大学基金が行うホシザキ奨学金の授与式（2019年）

〇周年を迎えた卒業生に特に招待状を送付するようになった。また同年度からは、メイン行事として、豊田講堂ホールで行う「名古屋大学の集い」が始まった（図15–7）。これは、前述の周年記念同窓生や名古屋大学基金の高額寄附者のほかは事前予約制としたが、名古屋フィルハーモニー交響楽団のコンサートなどが人気で、毎年定員をはるかに上回る応募者がある。一七年度からは、工学研究科によるテクノ・フェア名大、秋の大学祭である秋革祭（名大秋祭）がＨＣＤと同日に行われるようになった。

名古屋大学基金の創設

二〇〇六（平成十八）年三月、創立七〇周年記念事業の一つとして、「名古屋大学基金」（以下、基金）が創設された。これは、法人化後の名大が長期的な計画を立てるにあたって必要な、将来にわたる安定的な財政基盤を整備するためのものである。

創設にあたっては、理事を委員長とし、学外及び学内の委員からなる基金運営委員会を設置し、これが基金の運営及び運用方針の策定等を行うこととした。同時に、全学同窓会会長の豊田章一郎を会長とし、そのほかの学外委員（全学同窓会役員や経営協議会委員）及び学内委員（名大役員及び部局長等）からなる基金支援会を置き、これが寄附金の広報及び募金活動にあたることになった。基金は、教育・研究環境整備事業、学生育英事業（図15–8）、国際交流事業その他の事業に充てるものとされた。

基金には、一口一万円から寄附することができ、土地の寄附や建物建築による寄附、遺贈による寄附など、様々な形式が可能とされた。高額寄附者に対しては、感謝状が贈られるとともに、豊田講堂ホワイエ等の銘板への氏名の掲示や、感謝状贈呈式や懇談

図 15–9　名古屋大学基金感謝の集いのミニコンサート（2017 年）

会、コンサートなどを行う「名古屋大学基金感謝の集い」への招待、といった形で謝意を表した（図15–9）。

二〇一六年度からは、特定基金制度の本格的な運用を開始した。特定基金は、役員会の承認を受けた特定の趣旨、目的及び内容を冠する支援事業を指定して、基金への寄附を行うことができるようにしたものである。特定基金への寄附は、寄附金額全体の八〇%を上限にその特定支援事業に支出することができるものとされた。初年度には、特定基金として「工学部・工学研究科支援事業」、「青色ＬＥＤ・未来材料研究支援事業」、「アジア法律家育成支援事業」、「女性リーダー育成支援事業」、「名高商・名大経済学部・経済学研究科一〇〇周年記念支援事業」、「医学系未来人材育成支援事業」、「大学発ベンチャー応援事業」、「名古屋大学修学支援事業」が設定された（二一年十月現在、三二事業）。一七年七月には、基金における募金活動を一層推進するため、総長に直属し、財務担当理事が室長を務めるDevelopment Office（通称ＤＯ室）を設置し、専任で募金活動を行う職員を配置した。また、これと同時に、募金活動の重要事項を審議するものとして、総長を議長とする基金戦略会議を設置するなど、体制の強化を図った。

基金は、創基一五〇周年（二〇二一〔令和三〕年）までに二〇〇億円の募金を目標に創設されたが、二〇一〇年度まではおおむね順調に募金額を増やしたものの、それ以降伸び率がやや鈍化した。しかし、一六年度に大口の有価証券による寄附等により急増し、その後も伸びを示して、一八年度には累計一六〇億円（物納、有価証券等を含む、現金の寄附件数一六九一件）に達した。そして二一年十月には、目標額二〇〇億円を達成した。基金の運用益は、各種の奨学金・給付金の事業資金となり、国内外の多くの学生

図15-10　創立70周年（創基138周年）祝賀会（2009年10月）

の支援のために活用されている。

創立・創基記念事業とNU MIRAI

二〇〇七（平成十九）年四月には、〇九年の創立七〇周年を記念する事業を行うため、役員・副総長・部局長等からなる創立七〇周年記念事業委員会を設置し、その下に事業の実施組織として行事委員会を置いた。そのほか、〇六年から始まった名古屋大学基金（前項参照）、いずれも〇七年に完成した豊田講堂全面改修・増築工事（第16章2節参照）、名古屋外科支援機構の建設寄附による愛知医学校記念碑（トーエネック株式会社本社前）も、同記念事業の一環とされた。

行事委員会が行った事業としては、二〇〇九年十月のホームカミングデイの日に行う記念式典、記念フォーラム、祝賀会（図15-10）のほか、名古屋大学基金高額寄附者の銘板設置、創立七〇周年記念誌の製作及び記念展示会の実施などがあった。また、記念事業の準備過程で、名大の沿革の起点についてあらためて検討され、〇八年七月の役員会において、名古屋県仮病院・仮医学校が設置された一八七一（明治四）年をもって「創基」とし、この時の記念事業にも「創基一三八周年」を冠することが承認された。

しかし、二〇〇八年九月から始まったいわゆるリーマンショックにより、記念事業の大幅な見直しを余儀なくされた。すなわち、経済不況のため就学・入学が困難な学生がいること、名古屋大学基金への協力を呼びかけている企業も経営が苦しいことなどに配慮して、事業予算を当初の三分の一程度に削減し、その削減分を学生の支援事業等に充てることにした。ただ、部局による記念行事への支援を取りやめたほかは、予定されて

図 15–11　オークマ工作機械工学館

いた行事や事業はいずれも規模を縮小して行われた。

その後、二〇一九（令和元）年の創立八〇周年にあたっては、二〇年の豊田講堂及び名大祭六〇周年、二一年の創基一五〇周年も合わせた一連の周年事業として、「プロジェクト NU MIRAI」を掲げた。これは、二〇年度に予定されていた東海国立大学機構の設立を名大として大きな飛躍の機会と捉え、大学ブランドの確立、卒業生・在校生・教職員の大学への帰属意識の強化、大学の財政基盤の充実を図るため、世界水準の研究と人材育成を目指す事業や、多様な文化の理解、女性の活躍推進、自由闊達な学風の継承等、ダイバーシティの尊重を目指す事業、人類が直面する課題にアジアとともに挑む国際的な事業を行おうとするものであった。本書もその事業の一つである。そのほかに大規模なものとしては、工学部七号館地区の再開発（第16章2節参照）、「未来に活かす博物館」などが構想された。ただ、それらには寄附等の外部資金が必要なため、名古屋大学基金等への募金キャンペーンとの連動が重視された。

社会からの様々な支援

そのほか、二〇〇七（平成十九）年に完成（竣工式は〇八年）した、豊田講堂全面改修・増築工事（第16章2節参照）は、トヨタ自動車株式会社及びトヨタグループ各社が工事費の全額を負担して建設寄附されたものである。一一年に竣工した石田記念インターナショナルレジデンス妙見の敷地は、財団法人石田財団が解散する際に、同財団が所有する建物や有価証券等とともに寄附された。一七年に開館したジェンダー・リサーチ・ライブラリ（本章3節参照）は、その建物及び所蔵図書・資料のいずれも篤志家と

図 15–12　クラウドファンディング「小さな体に寄り添い守る。最前線で闘う小児医療の現場に光を」に関わる名古屋大学医学部附属病院小児チームのスタッフ

公益財団法人東海ジェンダー研究所の寄附によるものである。二〇二〇（令和二）年には、オークマ株式会社からオークマ工作機械工学館が建設寄附された（図15–11）。これらは、主なものだけを挙げたに過ぎない。また、企業や自治体等による寄附講座や寄附研究部門、産学協同の研究センター・研究講座・研究部門も多く設置されている（本章1節参照）。

新しい支援の方法も展開しつつあり、その一つにクラウドファンディング（以下、CF）がある。これは、群衆（crowd）と資金調達（funding）を組み合わせた造語であり、インターネットを通して自分の活動について発信することで、それに共感した人や活動を応援したいと考えた不特定多数の人から資金を募る仕組みをいう。名大では、二〇一八年からCFサービス業者のREADYFOR株式会社と包括契約を結び、寄附型CFの支援業務を開始した。二〇二一年五月現在で、医学部附属病院「小さな体に寄り添い守る。最前線で闘う小児医療の現場に光を」（図15–12）、減災連携研究センター「戦災で埋もれた「昭和東南海地震」の記録と記憶を後世に残したい」、名古屋大学フォーミュラチームFEM「名古屋大学FEMチーム一五年目の挑戦。日本最速のEVマシンを！」など、大きなものは千万円単位から小さなものは数十万円単位まで、一五プロジェクトがエントリーし、いずれも目標額を大きく上回る寄附を集めた。

地域・大学の防災と減災

二十一世紀初頭、国の防災戦略の大幅な見直しに伴い、中京圏広域が地震防災対策強化地域、同推進地域に相次いで指定され、地域の特性に応じた防災戦略の探究が急務と

図 15-13　災害対策室の看板上掲（2003 年 1 月）

なった。これに対し名大では、二〇〇一（平成十三）年設置の大学院環境学研究科が、環境学研究の二本柱の一つとして地震の予知・防災を含む「安全・安心学」を掲げ（第11章2節参照）、〇三年には附属地震火山観測研究センターを附属地震火山・防災研究センターに改組した。その一方で、名大内の防災は、自主的な災害対策を積極的に行う態勢には至っていなかった。

二〇〇二年九月、同年四月に名古屋市など愛知県内の五七市町村が新たに地震防災対策強化地域に指定されたことをうけて、学内共同教育研究施設として災害対策室が設置された（図15-13、〇六年度からは運営支援組織として位置づけられた）。同室は、①安心・安全なキャンパス整備・維持活動の支援、②地域社会における防災協働体制の構築を目指す実践研究ならびに社会連携活動、③地域防災の実現を目指す新たな文理融合型研究開発の推進、を任務とした。

①については、災害対策室が担当理事及び施設管理部と相談しながら企画立案し、環境安全防災委員会、同自然災害対策等専門委員会等において審議のうえ決定する形で、災害時の危機管理体制、規程類の整備、非常備蓄、放送・伝達設備の整備、安否確認方法の整備、防災訓練の高度化、災害情報の提供、防災教育の企画・実施、建物内の安全性確保、などを順次実施し、学内の防災体制が確立されていった。二〇一二年四月には、消防法の改正をうけて、平時から確実な防災対策を行いつつ非常時には直ちに災害対策統括本部（一三年六月から災害対策本部及び災害対策部局本部）に移行できる体制を構築するため、それまでは環境安全衛生推進本部（施設管理部担当）が担当してきた防災・防火関連業務を、新設の運営支援組織である防災推進本部（総務部担当）に移管し

図 15-14　減災館
（2014年竣工）

た。

②については、環境学研究科が設置時から推進している「安全安心学プロジェクト」、及び二〇〇二年度から継続する地域貢献特別支援事業「中京圏における地震防災ホームドクター計画」が活動の基盤となった。具体的には、防災アカデミーなどの地域・学内の一般向け講演会・シンポジウム、NSL（Network for Saving Lives）、名古屋地域地震防災研究会などの地域の専門家を対象とした勉強会・連絡会、防災に関する県・市・大学の交流会の開催、「防災拠点創成・地域共同支援システム」など地域防災のための各種システムの開発、「行政・住民のための地域ハザード受容最適化モデル創出事業」（文科省防災研究対策普及事業）、災害アーカイブの整備、などが挙げられる。③については、災害対策室の教員による意欲的な研究が展開された。

そして二〇一〇年十二月、国難に喩えられるほどの被害が想定される南海トラフ地震の切迫性に対する危機感の高まりを背景に、一八人の兼任教員からなる減災連携研究センター（以下、減災センター）が設置された。②、③の機能は減災センターに移行し、災害対策室は学内防災に専念することになった。東日本大震災発生後の一二年一月には、専任教員を配置するとともに、研究連携部門、社会連携部門を置くなどの改組を行い、学内共同教育研究施設となった。同年四月からは、企業による三つの寄附研究部門が開設されている。また、地震火山・防災研究センターは、地域防災研究分野が減災センターへ移行し、地震火山研究センターとして改組された。一四年二月には、減災センターの新しい拠点として減災館が竣工した（図15-14、第16章2節参照）。

二〇一七年七月には、減災センターに強靭化共創部門が新設された。これは同年度、名大に減災センターを中核とする「階層的強靭化共創社会を実現するための連携研究拠点形成事業」が措置され、同年七月に「あいち・なごや強靭化共創センター」が設立されたことをうけたものであった。この強靭化共創センターは、中部産業界の賛同を得て、名大が愛知県・名古屋市と共同で設立したもので、センター長は名大の教員が務めることになった。同センターは、産学官協働による地域強靭化を図るべく、大規模自然災害時においても愛知県・名古屋市を中核とした中部圏の社会経済活動を維持するための研究開発や事業を、戦略的に推進する体制を整えることを目標に掲げた。

減災センターはそのほか、南海トラフ広域地震防災研究プロジェクト（文科省委託研究事業）、戦略的イノベーション創造プログラム（内閣府委託研究事業）、南海トラフ巨大地震克服のための大学力を結集した東海圏減災プロジェクト（東海圏減災研究コンソーシアム）等を実施するとともに、複数の公的機関との協定の締結や自治体・企業からの多数の受託研究員・受託研究の受け入れを行った。また、「減災アゴラ」、「本音の会」、「西三河防災減災連携研究会」等の地域力向上につながる企画を行うなど、幅広い活動を展開した。

3　男女共同参画への取り組み

ワークライフバランス促進支援

名大の男女共同参画を目指す取り組みは、二〇〇三（平成十五）年に設置された男女

図 15–15　こすもす保育園

共同参画室（第11章2節参照）を中心に、地域と連携しつつ様々な事業を展開した結果、世界的な評価を得るに至り、名大の大きな特色の一つとなった。本節ではこの経緯について述べる。

大学の法人化とともに、男女共同参画の取り組みも、理念や提言から、新しい時代にふさわしい実質的、実践的な内容へと変化していった。二〇〇三年公布の次世代育成支援対策推進法では、仕事と子育ての両立を図るために必要な雇用環境の整備等が事業主に求められた。名大も両立支援の取り組みとして、学内保育所の設置を検討することとした。

二〇〇三年から育児支援ワーキンググループを中心に、認可保育園では対応しづらい大学という職場環境に柔軟に対応できる保育所の設置を目指した。その結果、〇六年に東山地区にこすもす保育園（定員三〇名、図15–15）、〇九年に鶴舞地区にあすなろ保育園（定員四〇名）を設置することができた。両園ともに利用希望者が急増したため、それぞれ定員を二倍に増やし、合わせて一四〇名の保育を行うこととなった。一三年度には医学部附属病院の協力のもと、あすなろ保育園において病児保育も開始した。

就学児については、共働きやひとり親世帯において、子どもの小学校入学を期に仕事と育児の両立が困難になる、いわゆる「小一の壁」を乗り越える方策として、学童保育所の検討が進められた。その結果、二〇〇九年に東山地区に学内学童保育所ポピンズアフタースクールが設置された。同所は、常設型の事業所内学童保育所としては全国初となるものであり、キャンパスの特長を活かした多彩な教育プログラムを提供する施設としても、全国的に注目された。

また同年、男女共同参画推進専門委員会は、「平日の就業時間以外の会議開催の原則禁止」をはじめとする「子育て中の教職員を応援するアクションプラン」(二〇一六年に「教職員のワークライフバランスを応援するアクションプラン」に改称)を提案し、いち早く全学に向けて働き方改革を呼びかけた。

女性教員増員策

名大では、二〇〇一(平成十三)年度から男女共同参画に関する全部局へのアンケート(一一年度以降は「女性教員増員のための部局アンケート」に改称)及び部局長へのヒアリングを実施し、女性教員採用施策に反映させてきた。〇五年には、公募人事サイトの冒頭に女性教員比率を向上させるための積極的改善措置(ポジティブ・アクション)に関する文言を掲げ、この原則に従って人事選考を行うことを内外に示した。

二〇〇七年度以降は、文科省科学技術振興調整費に採択された女性研究者支援プログラム(「発展型女性研究者支援名大モデル」「名古屋大学方式女性研究者採用加速・育成プログラム」)を契機として、全学措置による人件費を活用して各部局に女性教員採用のインセンティブを付与する発展型ポジティブ・アクションプロジェクトや、女性リーダー(PI)登用のための全学運用定員ポストを用いた女性教員増員策を実施することとなった。こうした施策の結果、一九年五月の時点で、名大の女性教員比率は一七・五%となった。

二〇一九(令和元)年十月には、両施策は「女性教員比率二〇%達成のための女性教員増員策(若手女性教員増パッケージ)」に発展的に継承され、さらなる積極的採用が図

図 15–16　あいち男女共同参画社会推進・産学官連携フォーラムシンポジウム 2011「イクメンについて考える」

られることとなった。

新規採用の女性教員には、高等教育研究センターと男女共同参画室の連携により、その成長を支援するメンタープログラムが提供されてきた。このプログラムはワーキングウーマン・パワーアップ会議「メンター・アワード二〇一二」において優秀賞を受賞し、産業界からも評価されるものとなった。

社会連携

二〇〇三（平成十五）年、「あいち男女共同参画社会推進・産学官連携フォーラム」（会員は愛知県・名古屋市・愛知県経営者協会・名古屋大学）が設立された。このフォーラムは、各分野の推進施策の有機的連携を通じて、社会全体の男女共同参画推進に寄与することを目的とし、毎年協同でセミナー等を開催してきた（図15–16）。

二〇一四年には、フォーラム事務局である名大が、文科省「女性研究者研究活動支援事業（連携型）」に採択されたことをうけ、従来のフォーラム会員に加え、名古屋市立大学、豊橋技術科学大学、トヨタ自動車、愛知中小企業家同友会とも連携を図ることで、「AICHI女性研究者支援コンソーシアム」を構築した。

二〇一八年には名大が、文科省「ダイバーシティ研究環境実現イニシアティブ（全国ダイバーシティネットワーク組織）」事業の東海・北陸ブロックの幹事校となるに及んで、機関相互の協力関係の構築、連携強化、女性の活躍推進、国内外の取り組み動向の調査、経験知見の全国的な普及を図る一方、附属病院を中心とした働き方改革を積極的に推進することとなった。

図 15–17　「「ウェルビーイング in アジア」実現のための女性リーダー育成プログラム」入講式（2018 年度）

女性リーダー育成

二〇一三（平成二十五）年、日本学術振興会「博士課程教育リーディングプログラム」（第14章2節参照）に「「ウェルビーイングinアジア」実現のための女性リーダー育成プログラム」が採択された。これは、濵口道成総長の発案により、束村博子男女共同参画室長をコーディネータとする、男女共学の国立大学では初の女子学生を対象とした教育プログラムであった（図15–17）。この採択を機に名大では、大学院学生を対象に、マネジメント能力と高い専門性を兼ね備えた次代を拓く女性リーダーの育成に力を注ぐこととなった。

こうした取り組みは国際的にも評価され、二〇一五年には、国連機関UN Womenによる女性の権利と男女平等を支援する事業「HeForShe」を推進する世界の一〇大学に、名大は日本で唯一選出された。選出をうけて一七年には、男女共同参画推進体制の拡充と研究・教育機能強化のため、男女共同参画室を男女共同参画センターに改組した。

また、同年の文科省「ダイバーシティ研究環境実現イニシアティブ（特色型）」に採択されたことにより、女性研究者トップリーダー顕彰など、女性研究者の上位職登用に向けた取り組みや女性研究者リーダーシッププログラム、研究力向上のための研修をさらに充実させ、東山キャンパスだけでなく、大幸及び鶴舞キャンパスにおいても開催することとなった。

二〇二〇（令和二）年には、松尾清一総長主導のもと、全国の大学に先駆け、教育研究評議会の女性評議員の割合は、原則二割を下回らないとする学内規程改正を実施し、全国から大きな反響を得た。

図15–18　国連本部における Parity Report（大学版ジェンダー平等報告書）記者発表（2016年9月20日）

ジェンダー平等

「HeForShe」事業は、ジェンダー平等のための国際的な連帯運動である。名大ではその趣旨を踏まえ、大学における女性の地位向上や大学内での暴力撤廃、ジェンダー・センシティブなキャンパス作り、男女間の偏見の撤廃等に関わる啓発活動を行ってきた。男女共同参画センターも参画室当時から、所属教員を中心に、全学教育科目において日本語と英語による全学向けジェンダー科目を開講し、学生のジェンダー理解の向上に努めてきた。

このように、ジェンダー教育の重要性が認識されるなか、二〇一七（平成二十九）年には篤志家と公益財団法人東海ジェンダー研究所の寄附により、ジェンダー研究推進のための活動施設である名古屋大学ジェンダー・リサーチ・ライブラリ（GRL、図15–19）が、東山地区に創設された。

GRLは、ジェンダーに関する研究、男女平等意識の啓発・普及に向けて、フェミニズム、ジェンダー研究に関わる多様な資料を収集・保存する一方、国内外のジェンダー研究者・図書館・研究機関と連携し、ジェンダー研究を実践的に発展させていくことを目的としている。

開館以降、第一線で活躍する国内外のジェンダー研究者を講師として招聘して連続セミナーやシンポジウムを企画開催し、その成果を年報『GRL Studies』やニューズレター『GRL News』、専用サイトを通じて公開する体制を整えた。

二〇一八年度からは、国内外のジェンダーに関する研究の普及・推進が期待できる集会に対し、開催費の一部を助成するジェンダー研究集会開催助成金を開始し、一九年度

図 15–19　ジェンダー・リサーチ・ライブラリ（GRL）

には、ジェンダー研究の振興への意欲を有する学内研究者からなるＧＲＬ連携研究員制度も開始された。

ダイバーシティ推進については、二〇一八年に「ＬＧＢＴ等に関する名古屋大学の基本理念と対応ガイドライン」を策定し、ジェンダー平等の実現、障害のある構成員の支援、文化的多様性を持つ構成員の支援、性的個性に基づく差別の是正をはじめとする施策を着実に実行していくための「個人の尊厳を守り多様な個性を尊重する名古屋大学基本宣言」を行うことで、大学としての姿勢を明らかにした。

第16章　最近の学生生活とキャンパス

1　法人化後の名大生

入学者の動向

本章では、二〇〇四（平成十六）年の法人化後の名大生の諸相と、名大生が学び、世界水準の研究が展開される場であるキャンパスの整備状況について述べる。本節ではまず、名大生の入学状況、調査からみる意識や経済状況、課外活動、卒業後の進路などについてみていく。

二〇〇四年度以降の学部学生の入学総定員数は、学生数の適正規模と教育の質的保証の観点などから政府による入学定員管理が厳格化したこともあり、ほとんど変化がみられなくなった。〇四年度に法学部を二五人削減して入学総定員数が二〇九五人となってから、〇八年度まで変化がなく、その後医学部が〇九年度と一〇年度に計一二人増員して二一〇七人となって以後は、一九（令和元）年度まで一定である。学部単位の定員もほぼ変わらないが、一七年度に設置された情報学部（第12章2節参照）が一三五人と、それまでの情報文化学部より六〇人増員したことに伴い、工学部の定員が六〇人削減さ

図 16–1　入学式での新入生たち（2019 年）

れて六八〇人となった。ただしこれは、工学部情報工学コースが情報学部に合流したことによる。

入学者数は、二〇〇四年度（二二三六名）から一五年度（二二一九名）まではほぼ変わらず、一六年度以降はごくわずかながら減少傾向にあり、一九年度は二一七一名となっている。女子学生の割合も、〇四年度から一九年度まで三〇％前後で推移しており、一九九〇年代からの女子学生の増加は頭打ちとなった。入学者の出身（高校所在地）については、九〇年代以降、地元出身の比率がやや下がったものの、それでも愛知県が五〇％前後、東海三県が六五～七〇％程度、静岡を加えた東海四県が七〇～七五％程度で推移する状況が現在まで続いている。このように、〇四年度以降については、学部入学者の構成はほぼ一定になった。

大学院博士課程前期課程（二〇一八年度から大学院博士前期課程）については、〇四年度以後も、法科大学院・創薬科学研究科の新設（第12章2節参照）や工学研究科・情報科学（情報学）研究科の増員などにより、名大全体の定員は増加している。その一方で入学者数については、文系の各研究科が減少しているため、全学的にはほぼ一定である。大学院博士課程後期課程（一八年度から大学院博士後期課程）は、入学定員はやや減員されたもののほとんど変わっていないが、入学者数は研究科を問わず減少し、〇三年度の六二九名が一九年度には四五七名となった。これには、博士号取得者の就職難が背景にあると思われる。

図16–2　工学部天野浩研究室（2015年度）

学年暦の改編

国立大学法人になった二〇〇四（平成十六）年度から、学年暦が大きく改編された。まず、春季休業が四月一日～四日とされ、これに伴って四月八日が原則であった入学式が四月五日になった。それまで入学式の後に行われていた新入生ガイダンス等が入学式の前になり、入学式の直後から第一学期の講義が開始されるようになった（ただし〇六年度から、ガイダンスは入学式後に戻り、第一学期の講義開始は四月十日前後と遅くなる）。また、五月一日の名古屋大学記念日が休業日から外された。最も大きく変わったのは、第一学期の講義が、期末試験を含めて夏季休業前に終了するようになったことである。このため夏季休業の期間は、七月二十四日～九月七日であったものが八月八日～九月三十日とされ、時期が遅くなるとともにやや長くなった。ただ、その代わり秋季休業が廃止され、第二学期は夏季休業が終わった翌日の十月一日に始まり、冬季休業（十二月二十八日～一月七日）を挟んで、期末試験が終わるのが二月半ばくらいとなった。卒業式が三月二十五日を原則とするのはこれまで通りである。なお、一七年度から、新制名古屋大学設置以来の正式な学期名称であった第一学期・第二学期が、名古屋大学通則の改正により春学期・秋学期に変更された。

目的意識と満足度

ここでは、名大が隔年で調査を実施し、翌年に結果を公表している『学生生活状況調査報告書』によりながら、法人化後の学部学生の生活をみる。なお、特にことわらない限り、この項で示す数値の変化は、二〇〇二（平成十四）年から一六年までの一四年間

図 16–3　理学部篠原久典研究室（2008 年度）

の変化のことを指すものとする（この調査は、一六年が最後となった）。

まず大学生活の目的（複数回答可）については、「専門知識・技術を身につける」は一・六％下降して五一・七％になったものの、「学問・研究をする」が九・二％上昇して六〇・七％、「学歴・資格を得る」は六・七％上昇して三七・八％、「いい所に就職する」は一一・三％上昇して二六・四％となっている。また、「良き友人を得る」は一四・二％下降して二八・六％、「サークル活動に力を入れる」が一・六％下降して一三・七％となった。最も大きな変化をみせたのは「青春をエンジョイする」で、二〇〇二年（三七・六％）までは少しずつながら増加傾向にあったが、〇四年から明らかな減少傾向になり、一六年には二〇・三％まで減っている。一九九〇年代からの傾向であった、就職のために知識や技術、資格を得ることを重視する学生像が、より鮮明になったといえる。また、青春を謳歌するための大学生活というイメージは薄れつつあるようである。

授業の出席状況と満足度の上昇傾向も継続している。出席状況は、一九九〇年代に「九〇％以上」と回答した者の比率が大幅に上昇したが、二〇〇二年の六二・九％からさらに上昇し、一六年には七三・一％に達した。満足度（研究指導を含む）は、「満足している」が一五・七％上昇して二五・七％、「まあまあ満足している」が九・三％上昇して四九・五％となり、二つを合わせると七五％を超える。この増加は、「どちらとも言えない」と「やや不満」が大きく減ったためであり、「やや不満」と「不満である」を合わせても九・一％にとどまっている。

授業以外の時間を過ごす場所については、図書館が一三・二％上昇して四二・九％に達した。また、二〇〇二年には第二位だった学内食堂・喫茶室がさらに下降し、研究室

図16–4　北部厚生会館 PCコーナー（2016年頃）

（一六年一九・八％）が第二位になっている。一日の授業以外の勉強時間は、一時間未満が五三・五％から四一・一％に減少したが、それでもまだ勉強をしない学生が多い。ただその一方で、一時間以上三時間未満はほとんど変わっておらず、三時間以上勉強している学生が八・六％から二一・一％と大きく増えていることが注目される。ただ、勉強時間や図書館で過ごす学生は増えたが、読書量は一九九〇年代以来一貫して減り続けている。九二年には一か月に本をほとんど読まない学生は二一・六％であったが、一六年には四二・九％になっている。もっとも、これはインターネットの普及も背景にあろう。一六年には九六・八％が自分専用のパソコンを持っており（〇二年には七〇・八％）、インターネットへの接続頻度が「ほぼ毎日」と答えた学生は、〇二年の四九・一％が一七年には九八・三％になっている。

なお、一九九〇年代以降、とりわけ法人化後は、大学の環境・設備への学生の満足度も高くなっている。九二年には「満足している」五・五％、「まあまあ満足している」二一・一％であったものが（環境と設備が同一項目）、二〇〇三年には一〇・六％と三三・〇％（環境と設備の平均値）、一六年には三一・〇％と四〇・七％（同前）となった。一六年に「不満である」と答えたのは三％程度に過ぎない。また、大学生活全体の満足度は、九二年でも「満足している」一六・八％、「まあまあ満足している」五四・七％と高かったが、一六年には二九・五％と五六・〇％とさらに上昇している。

経済状況

ここでも『学生生活状況調査報告書』によって、学生の経済状況をみる。

法人化後における名大の学部の年間授業料は、国が示す標準額に従っており、二〇〇四（平成十六）年度の五二万八〇〇〇円が翌〇五年度に五三万五八〇〇〇円に改定されたが、それ以降は据え置かれている。その一方で、法人化後も日本の平均年収は減少し続け、特に〇八年のいわゆるリーマンショックにより大きく落ち込んだ。その後、やや回復はしているものの、ようやくリーマンショック前の水準に戻ったというところである。

定期的か臨時的かを問わず、アルバイトに従事する学生は、二〇〇二年の七三・四％が一六年には八五・一％まで増加している。特に〇六年（七四・八％）から〇八年（八三・八％）に大きく増加した。アルバイトの目的としては、生活費等のすべてを賄う、生活費以外の勉学費用のみを賄う、勉学費用の不足分を補う、の合計（〇二年一四・九％）は、一〇年に五・一％上昇して一八・九％になったが、その後はまた減少して一六年には一三・八％に戻っている。一六年の「旅行・娯楽・課外活動費を賄うため」六九・四％は、過去最高の数字となっている。

アルバイトの職種（複数回答可）は、「家庭教師・学習塾講師」が、近年減少傾向にあるものの現在も依然として第一位だが、近年は家庭教師が激減して学習塾講師が増えており、二〇一六年は家庭教師一七・五％、学習塾講師四〇・四％となっている。また、コンビニエンスストアの店員などの「販売・サービス」が一貫して増加し、一九九〇年の一二・八％が一六年には五三・三％となった。

奨学金の給貸与を受けている割合は、一九九〇年代以来、おおむね二〇～二五％の間を推移していたが、二〇一〇年には〇八年から一〇・九％跳ね上がって三七・一％となった。ただしその後は減少して以前の水準に戻っている。

図16-5　名大祭の「ごみステーション」（2014年）

家庭からの金銭的援助の月額は、二〇一〇年に四万円未満の割合が五五・二%と過去最高となり、特に二万円未満が三六・〇%ときわめて高くなっている。これはリーマンショックの影響と思われるが、一六年には以前の水準に戻っている。ただし、一〇万円以上の割合が、一〇年に一三・七%と、〇二年の約半分になった後、一六年も一六・五%と、リーマンショック以前の水準に戻り切れていない。以上の調査結果に、消費税増税や社会保険料負担増等も加味すると、家庭からの援助が減少傾向にあることは否めず、アルバイトを必要とする学生や実際に従事する学生が増えている前述の調査結果と整合する。

近年の名大祭

近年の名大祭（口絵15）では、長い歴史を持つ伝統的な企画が姿を消したり、やり方の修正を余儀なくされることが目立つようになった。

第一回から続いていたファイヤーストームは、二〇〇九（平成二十一）年の第五〇回が最後となった。名大祭の娯楽化の象徴であった「グリーン（ベルト）フェスティバル」（一九七七（昭和五十二）年～）と「アマチュアバンドコンサート」（八二年～）も、娯楽化の定着をうけて、それぞれ〇二年、〇六年を最後に終了した。プレ企画では、七二年に始まった徹夜スケートが、〇九年に徹夜企画ではなくなり、一五年からは行われなくなった。また、名大生らしさの解明を目指して七九年から作成が始まった『名大生白書』（第6章1節参照）も、一八年には「白書企画」としてパンフレットに統合され、翌一九（令和元）年にはそれもなくなった。

図 16–6　第 59 回名大祭（2018 年）の盆踊り（雨天のためシンポジオンで行われた）

新しい動向としては、二〇〇三年（第四四回）からの、「地域社会との調和と交流」と銘打っての取り組みが挙げられる。これは、東山キャンパス周辺の宅地化がさらに進むなか、騒音や路上駐車の問題に対する地域住民からの苦情や批判に対応するものであった。準備・撤収作業の時間帯の見直し、当日のスピーカー音量等の制限、名大祭終了後の打ち上げの禁止、地域住民との懇談会や挨拶回りなどが行われた。〇六年からは、「地域を巻き込む名大祭」をテーマとして、現在も続く盆踊り企画（図16–6）など、地域住民が参加しやすい名大祭にする取り組みを行った。

二〇〇五年からは、「バリアフリーマップ」がパンフレットに掲載されるなど、バリアフリーへの取り組みが本格化した。〇九年（第五〇回）のパンフレットには、「授乳・おむつ換えスペース」の設置や、身体障がい者や高齢者、子ども連れでも参加しやすい「バリアフリー企画」の表示などがみられる。昨今では、イスラーム教徒の人々に配慮した、飲食物のハラール表示なども行われるようになった。

そして二〇〇八年、その後の名大祭のあり方を変える事件が起こった。三日目の土曜日に、模擬店の一つが供した食べ物によって食中毒が発生し、被害者は七七人に及んだ。直接的な原因は、以前から禁じていたはずの当日以外の事前調理であったが、多くの市民が来場する名古屋でも屈指の大イベントであるだけに、名大祭の衛生管理のあり方が厳しく問われることになった。翌〇九年は、飲食物関係の模擬店が一切禁止された。一〇年からは、模擬店の衛生管理体制を厳格にし、承認された模擬店以外での飲食物の取り扱いは既製品に限り、模擬店も土曜日・日曜日のみとなった。模擬店の数も、第二グリーンベルト北側の一角に収まる三十数店に限定された。こうして、第二グリー

図16-7　リオ五輪出場決定後，松尾清一総長を表敬訪問する鈴木亜由子選手（2016年6月）

ンベルトの南北両側に一〇〇以上の模擬店がひしめき合っていた、それまでの名大祭の景観が大きく変わることになった。

しかし、日本の大学祭の娯楽化を象徴する模擬店の数が激減しても、名大祭の入場者はまったく減ることはなく、むしろこの後さらに増えて、最近は毎年八万人もの入場者で賑わっている。当日企画の数も、全体としては増加傾向にあり、特に二〇一五年には一八一企画を数えた。ただ、学術関係の企画の割合は、一五年にはまだ三三・七％あったものが、一九年には一九・四％と急激に低下している。また、一七年から名大祭本部実行委員会と名大祭一・二年生実行委員会が一本化して名大祭実行委員会になると、実行委員会企画が減少した。有志による娯楽企画中心の傾向がさらに強くなったといえる。

名大生アスリートの活躍

近年、運動部では、抜群の個人成績を残す名大生がみられるようになっている。

鈴木亜由子（二〇一四〔平成二十六年〕年経済学部卒）は、第一三回世界ジュニア陸上競技選手権大会（モンクトン）女子五〇〇〇m日本代表（一〇年）、日本学生陸上競技対校選手権大会女子五〇〇〇m二年連続優勝（一一年・一二年）、第二七回ユニバーシアード競技大会（カザン）女子一万m優勝・女子五〇〇〇m二位、などの成績を収めた。卒業後は、日本郵政グループ女子陸上部に所属し、日本のトップ長距離ランナーとして活躍している。一六年には、第一〇〇回日本陸上競技選手権大会（日本陸上）の女子一万mで優勝、女子五〇〇〇mで二位となり、同年のリオデジャネイロオリンピックの女子

図16‐8　2005年度にフィールドを人工芝化した「山の上」の陸上競技場

五〇〇〇mに出場した（図16‐7）。その後、マラソンに転向し、二一（令和三）年の東京オリンピックに出場した。

二〇一四年には、漕艇部の榊原舞子（農学部四年）と関根優佳（医学部三年）が、全日本大学選手権大会ボート競技女子舵手なしペア種目で優勝するとともに、同年の第九二回全日本選手権大会女子舵手なしペア種目でも準優勝した。一九年には、第一〇三回日本陸上競技選手権大会の男子四〇〇mハードルで、小田将矢（工学研究科二年）が五位、真野悠太郎（医学部五年）が六位に入った。真野は前年にも七位に入賞している。そのほか、相撲部の田中周一（〇六年工学部卒）が、国立大学出身としては三人目、旧帝国大学出身としては初めて相撲界に入門し、「舛名大」を四股名《しこな》としたことが社会的な話題となった。一九年には、硬式野球部の松田亘哲《ひろあき》が、ドラフト会議で中日ドラゴンズに育成一位として指名され、育成選手として入団した。また、オリエンテーリング部からは、ジュニア世界オリエンテーリング選手権大会や世界大学オリエンテーリング選手権大会に、日本代表として出場する選手が多く出ている。

団体としては、オリエンテーリング部が、二〇〇七年度と〇八年度の日本学生オリエンテーリング選手権大会リレー競技部門男子選手権を連覇するなど、インターカレッジ上位の常連として活躍した。航空部は、第四七回（〇七年）及び第五一回（一一年）の全日本学生グライダー競技選手権大会団体戦で優勝した。陸上競技部は、全日本大学（女子）駅伝対校選手権大会の東海地区選考会で健闘し、男子は第四一回（〇九年）、第四二回（一〇年）、第四四回（一二年）、女子は第二五回（〇七年）、第二八回（一〇年）に全国大会への出場を果たした。〇五年には、戦前からの歴史を持つ第六七回東海学生

図16–9　2016年度卒業式（2017年3月）

駅伝対校選手権大会で優勝し、一九四二（昭和十七）年に名古屋高等商業学校（経済学部の前身、第2章2節参照）が優勝して以来六三年ぶりの快挙として、スポーツ紙に取り上げられた。

また、教育学部附属学校のことになるが、二〇一六年十月に附属中学校二年の藤井聡太が史上最年少で将棋のプロ棋士となり、デビューするや翌年にかけて無敗のまま二九連勝の新記録を達成するなど活躍し、附属高校への進学後は瞬く間にトップ棋士の仲間入りをしたことも、大きなトピックであった。

卒業生の進路

学部卒業者（二〇〇九〔平成二十一〕年度までは医学部医学科を除く、この項では以下同じ）に占める大学院進学者の割合は、法人化前よりさらに上がり、〇九年度以降は常に五〇％を超えるようになった（最も高かったのは一三年度の五三・二％）。〇三年度に三七・一％まで下がった就職者の割合も上昇に転じ、〇九年度にはリーマンショックの影響かいったん三七・六％に下がったものの、その後は再び上昇し、一八年度は四四・七％になっている。進学者・就職者以外の割合は、一〇年度から明らかに低下して、現在は五％程度になっている。

就職先の業種については、サービス業（医療・保険関係含む）が最も多く、とりわけ二〇〇九年度以降は三〇％から四〇％の間を推移し、医学部を中心とする医療・保険関係だけで二〇％から三〇％を占めるようになった。第二位は製造業で、〇三年度（二〇・九％）の後はやや増加したが、リーマンショックの翌〇九年度に急落し、一三年度には一六・一%まで下がった。その後やや増加して、一八年度は二二・七%である。これらに次ぐのが公務員で、〇六年度（一一・五%）と〇七年度（一〇・五%）は例外的に低かったが、その後リーマンショックの影響で急上昇し、〇九年度には二〇・〇%まで上がった。その後は減少し、近年は一三〜一四%程度で推移している。現在の学部ごとの特徴として、文学部は公務員、法学部は製造業と公務員、経済学部は製造業と金融・保険業、情報文化学部は製造業と情報通信業が多く、工学部は依然として製造業が約半分を占める、といったことは指摘できるものの、その前の時期に比べると相対的に業種が多様化している。

また近年は、一九九〇年代の大学院学生の急増を背景に、特に課程博士の学位を取得した博士課程後期課程修了者が安定した職に就けず、低収入を余儀なくされる、ポストドクター問題、高学歴ワーキングプア問題が深刻になった。法人化後の名大では、前述のように博士課程後期課程への入学者がかなり減少しているが、在籍者数の減少率はそれほどではなく（二〇〇三年度一七三二人、一九年度一六〇九人）、課程博士取得者の数も上下動はあるものの、それほど変わっていない（〇三年度四〇七人、一九年度四二八人）。このような状況をうけて、法人化後の名大も、文科省の事業を活用しつつ、博士人材のキャリア支援を積極的に行うようになった（第13章1節参照）。

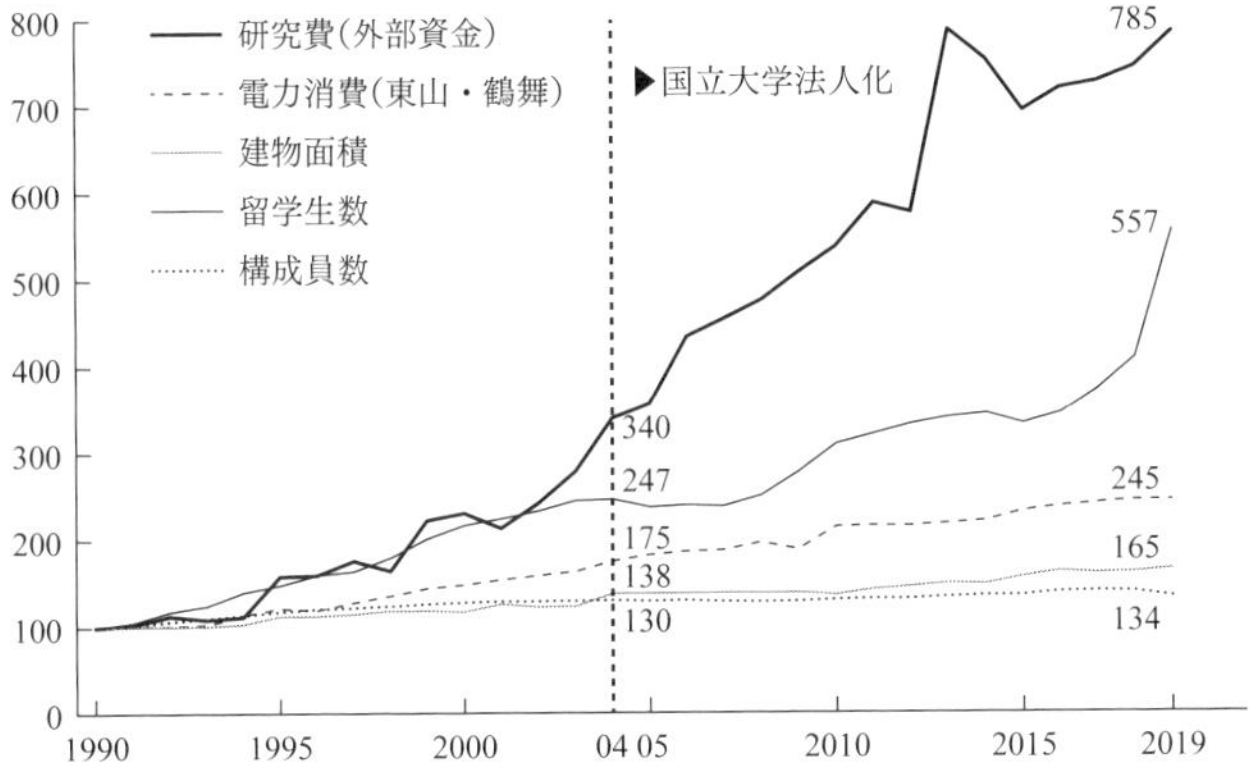

図16–10　名大における各指標の推移

2　現在のキャンパス環境へ

次に、近年、大きく変わりつつあるキャンパスや施設の様相と、それを支える計画コンセプトを中心に取り上げよう。

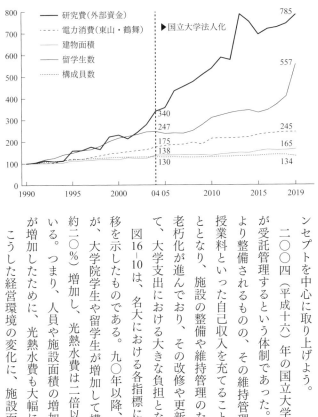

キャンパスマスタープランの刷新とマネジメント

二〇〇四（平成十六）年の国立大学法人化以前、施設は国から供与されたものを大学が受託管理するという体制であった。しかし法人化後、施設の多くは国からの補助金により整備されるものの、その維持管理には国からの運営費交付金に加えて、病院収入、授業料といった自己収入を充てることとなった。また、運営費交付金は毎年減少することとなり、施設の整備や維持管理のための新たな手法が必要になった。さらに、施設の老朽化が進んでおり、その改修や更新にかかる費用や、維持管理費、光熱水費が増大して、大学支出における大きな負担となっていた。

図16–10は、名大における各指標について、一九九〇年の数値を一〇〇としてその推移を示したものである。九〇年以降、学部学生や教職員の数はほとんど変わっていないが、大学院学生や留学生が増加して構成員数は約三〇％、施設面積は六五％（法人化後約二〇％）増加し、光熱水費は二倍以上に、外部研究資金の獲得額は八倍近くに増えている。つまり、人員や施設面積の増加以上に外部資金が増加して、研究が活性化し設備が増加したために、光熱水費も大幅に増えるという状況になっていた。

こうした経営環境の変化に、施設面で応答するために、施設の整備から運用に至る流

図 16-11　豊田講堂とシンポジオンをつなぐアトリウム（左は改修前の中庭）

れの管理が要請された。法人化以前のキャンパスマスタープランは、キャンパスや施設という物理的空間をどのような形にしていくかに主眼が置かれていたが、法人化後初めての「キャンパスマスタープラン二〇〇五」は、キャンパス・施設の品質と長期にわたって必要な施設コストとのバランスを取りながら最適な状態を保てるよう「ファシリティマネジメント」の考え方を取り入れ、経営への貢献を謳った日本で初めてのキャンパスマスタープランとなった。

次の「キャンパスマスタープラン二〇一〇」は、大学経営との連動をより重視した総合的なプランとなった。「①地球環境に配慮した低炭素エコキャンパス、②グローバル&ローカルに多様な連携を支援するキャンパス、③自由闊達な教育研究風土の基盤となるキャンパス」の実現を計画コンセプトとし、「キャンパスの持続的発展を支え、大学経営に貢献するファシリティマネジメント」を運営コンセプトとして掲げた点が特徴である。また、三〇年後の目指すべき理想像を示すフレームワークプランと、六年の中期目標期間に実施すべきアクションプランによる二段構えの計画を掲げている。

豊田講堂の全面改修

一九六〇（昭和三十五）年に建設された豊田講堂は、名大のシンボルとして広く親しまれてきたが、築四〇年以上を経過して、外壁の劣化や講堂内部の空調・音響設備の老朽化が進んでいた。二〇〇四（平成十六）年、学内に検討委員会を設けて計画案を作成し、入学式や卒業式での挨拶で登壇し自ら改修の必要性を実感していた豊田章一郎全学同窓会長（トヨタ自動車名誉会長）の理解も得て、再びトヨタ自動車及びトヨタグルー

図16–12　医系研究棟3号館（2014年竣工）

プ各社からの寄附を取り付けた。建物は、原設計者である槇文彦による設計、竹中工務店の施工により改修及び増築工事が実施され、〇七年に竣工した（口絵11）。

外観はオリジナルのデザインの保存継承を第一として、劣化した打放しコンクリートの表面を二〇ミリ削り取り、外側に三五ミリ増し打ちし、杉板型枠と既存コンクリート壁との五五ミリの空隙に新たにコンクリートを打設するという難易度の高い工法によって再生を果たした。また、ホールは、舞台と舞台袖を拡張し、客席は席の前後左右の間隔を広げることにより、改修前の約一六〇〇席から一二〇〇席へ数を減らし、同時に空調や音響設備の更新を行った。さらに、創立五十周年記念事業に際しての寄附により建てられた東側のシンポジオンとの間の外部空間をアトリウムとして増築し、ピロティ上部の半屋外スペースを内部化するなど、各種イベントに対応するパブリックスペースを拡張した（図16–11）。

改修された豊田講堂は、二〇一一年に、登録有形文化財に認定された。全国的に老朽化した多くの貴重なモダニズム建築が修復保全の機会を得ずに姿を消していくなか、豊田講堂の改修はコンクリート打放しをその意匠的特徴とする世界中のモダニズム建築の新たな再生手法として社会的にも大きな意味を持つ。

再開発の完成を迎えた鶴舞キャンパス

一九九〇年代後半に施設長期計画案が了承された鶴舞キャンパスでは、医学部、同附属病院とも、国の最先端医療に対する重点的予算配分等により、相次いで施設が整備され、二〇〇九（平成二十一）年、外来棟の整備と旧病棟の取り壊しをもって再開発が完

図 16–13　ドナルド・マクドナルド・ハウスなごや

了した。

研究施設としては、医系研究棟一号館（二〇〇〇年）、二号館（〇八年）に続き、機能的劣化が進行していたＲＩ実験施設や解剖実習室等の更新を含む医系研究棟三号館（図16–12）が一四年に完成し、基礎研究から臨床研究までを一体的に推進する拠点施設が完成した。

附属病院では、病棟の改築に続いて、中央診療棟（二〇〇五年）、外来棟（〇九年）が整備され、当初の長期計画とは姿を変えながらも整備が完了した。しかし、二〇年あまりにわたる再開発の期間中にも、医療技術の進展や社会情勢の変化によって、中央診療棟が建設後一〇年で早くも手狭となり、日帰り手術や外科系集中治療室、光学医療診療など、最先端の医療に対応した機能強化として中央診療棟Ｂ（一七年）を建設するに至った。

また、学内経費や寄附による施設整備も進められた。外来棟の建設に併せ、コンビニエンスストアやカフェを持つ福利施設・オアシスキューブ（二〇一〇年）を民間資金により整備し、一三年には、公益財団法人ドナルド・マクドナルド・ハウス・チャリティーズ・ジャパンにより、難病児及びその家族のための滞在施設としてドナルド・マクドナルド・ハウスなごやが建設された（図16–13）。その建設費用の二分の一は、名大からの寄附と医学部附属病院主体による募金活動によって集められた。また、毎日二〇〇〇人を超える外来患者による、慢性的な駐車場不足と周辺道路の渋滞を解消するため、五五〇台収容の外来用立体駐車場の整備を行った。

鶴舞キャンパスでは、既存の地区計画により定められていた容積率二三五％に達する

図16–14　インターナショナルレジデンス大幸とともに外構整備された大幸キャンパス（2019年頃）

見込みとなったため、容積率の緩和に向けて名古屋市との協議を行い、近隣住民の同意などを経て、二〇一五年八月に用途地域の変更と新たな地区計画の都市計画決定を受けた。これにより用途地域を第一種住居地域から近隣商業地域に変更、容積率が三〇〇％に緩和された。しかし、度重なる施設の整備により建て詰まりが進行し、緑地面積も減少して、大学らしい屋内外の憩いの空間が不足するようになっている。また、病棟建設から二〇年以上が経過し、ライフラインの老朽化や機能の陳腐化も進んでいることから、病棟の改修や建て替えを見据えた長期的な計画を再び策定する時期を迎えている。

大幸キャンパスの再出発

大幸キャンパスは、戦前に三菱重工業が生産施設として使用していた土地であり、多大な戦災を被ったが、戦後の平和政策により教育研究機関等に転用していた当地を名大が取得し、当初は附属病院分院として活用しつつ、現在の保健学科設立の拠点となった。

二〇〇一（平成十三）年に旧附属病院分院を保健学科南館に全面改修し、〇六年に旧本館の改築整備の前段階として東館が新築された。〇八年には旧本館の南側と中棟を取り壊し、新本館を新築した。旧本館の北棟については、改築建物完成時には取り壊す予定であったが、この建物が旧三菱重工業名古屋発動機製作所大幸工場の本館であり、零戦をはじめとする戦闘機の製造拠点から戦中・戦後の混乱期を生き延びた歴史的価値の高い建物であったことから、記念建物として保存すべきか否かの検討がなされた。その後、保健学科の教職員や学生とのワークショップも重ねる中で、キャンパスとしての機

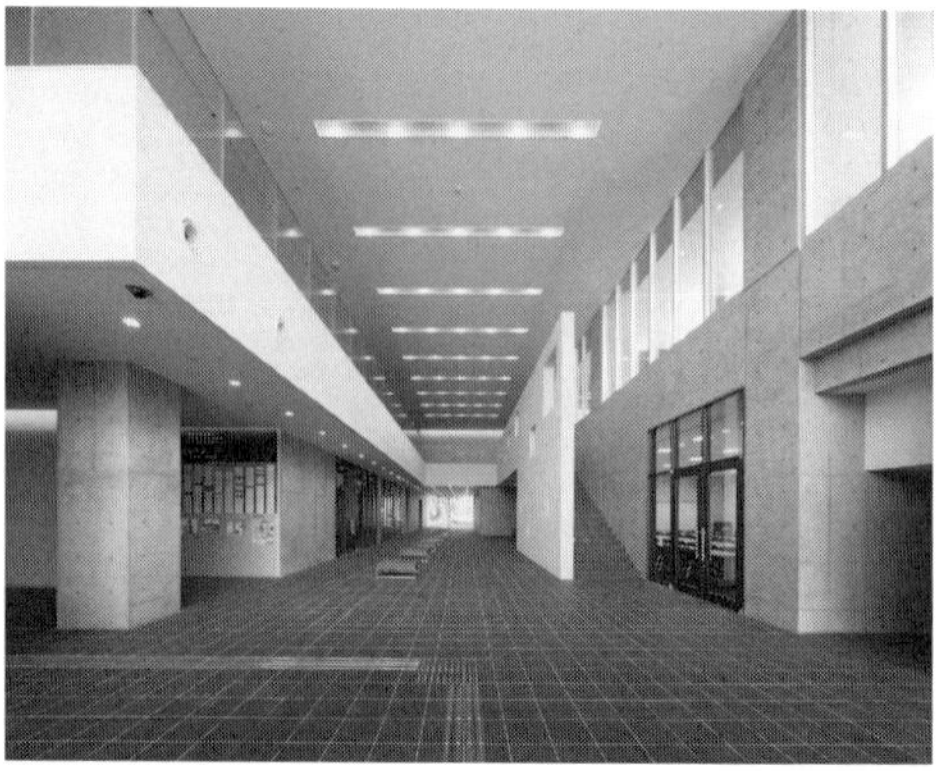

図 16-15　ES 総合館エントランスホール

能性や快適性を重視して解体が決定した。一九年には、国際化を積極的に展開するための新たな留学生宿舎として、インターナショナルレジデンス大幸を、民間の資金やノウハウを活用したＰＰＰ（Public-Private Partnership）事業によって整備した。併せて行った芝生の広場やモニュメント、桜並木等の外構整備によって、大幸キャンパスに新たな景観が創出された（図16-14）。

東山キャンパス東側理系エリアの変貌

東山キャンパスでは、法人化以降も耐震性能が劣り老朽化が進んでいた建物の改修整備が実施され、工学部・理学部の多くの建物のほか、教育学部附属中学校・高等学校（二〇一四〔平成十六〕年）、情報基盤センター（一九年、前掲図12-11）などの改修が行われ、大規模施設の耐震化や機能改善改修整備はほぼ完了した。

一方、法人化後、教育研究が活性化し、産学連携や国際化の進展とともにスペースの需要が増加した。特に四谷通り東側の工学系・理学系エリアでは、最先端研究拠点や産学連携施設の整備が数多く実現した。これらの施設は最新の研究に対応する機能性を備えるとともに、それぞれの場所や機能に応じた個性を持ちながら、日射を遮蔽し環境負荷を軽減する縦型ルーバーによる外装を共通化するなど「群造形」による新たな景観を創出している。以下に近年整備された主要な建物を紹介する。

ES総合館（二〇一一年、口絵8）は、旧工学部四号館の建て替えと、ノーベル物理学賞を受賞した益川敏英機構長、小林誠特別教授が率いる素粒子宇宙起源研究機構の新築整備を合築した総合研究棟である。低層部にはノーベル賞展示室やホール、工学図書

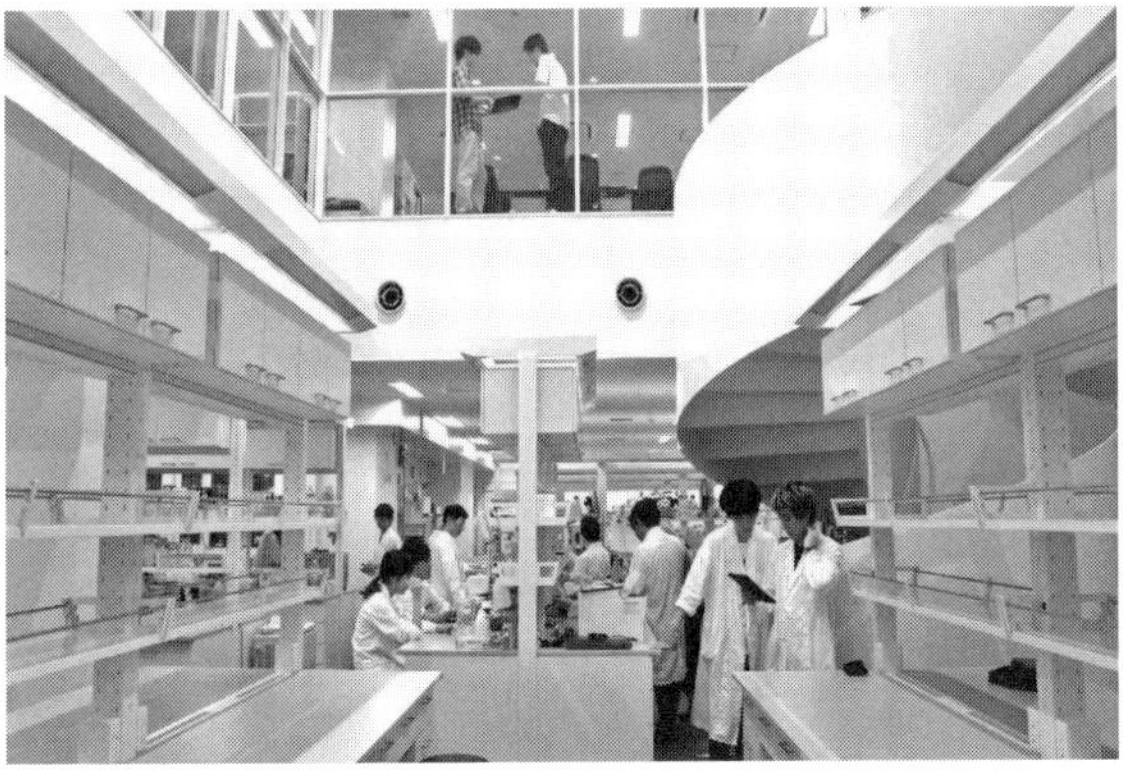

図16–16　ITbM ミックスラボ

室、レストランといった公開性の高い施設が置かれている（図16–15）。研究者同士の交流を重視し、廊下やロビーなどの動線空間を創造的研究のための出会いと議論の場とするほか、国立大学初となる全館LED照明の採用など、環境負荷低減型の建築が指向されている。

減災館（二〇一三年、前掲図15–14）は、平時は防災・減災に関する先端的研究、防災啓発や人材育成を、非常時には名大の災害対策本部の役割を担うとともに、広く地域の災害対応を担う施設である。基礎階と屋上実験室の免震構造によってきわめて高い耐震性能を持つと同時に、減災啓発のための体験型ギャラリーを有し、毎年一万人以上が来場する、地域に開かれた施設である。

NIC（ナショナル・イノベーション・コンプレックス、二〇一五年、前掲図13–4）は、世界水準のイノベーション創出を図る産学官連携の研究開発拠点である。低層階には学術研究・産学官連携推進本部が入居し、高層階には産学協同研究を進める企業が入居している。各階中央のスタジオ・キッチン・ブラウジングなどのコーナーが交流の空間を形成している（第13章2節参照）。

ITbM（二〇一五年、前掲図13–8、第13章2節参照）は、世界トップレベル研究拠点（WPI）トランスフォーマティブ生命分子研究所の施設である。化学・生物分野の融合研究を加速させる視覚的な一体感を持つミックスラボ（図16–16）は、実験室ゾーン（偶数階）とデスクゾーン（奇数階）の二層をセットに構成されている。四層分の吹抜けを持つ既存の施設を改修してエントランスホールとし、その四周を研究空間が取り囲む特徴的な建築となっている。

東山キャンパスの豊田講堂から農学部を結ぶ道路の東側の風致地区内は、一定以上の緑地率を確保する規制を受けている。また二〇〇八年、名古屋市によって東山キャンパスは建物の最高高さを三一m以下とする高度地区に指定されたことから、建て詰まりが加速するおそれが生じた。整備用地の確保と緑豊かで良好な環境の維持の両立のため、高さ制限の緩和を目指し「名古屋大学東山団地地区計画」の手続きを進め、一三年十二月に都市計画決定を受けた。これによって、周辺住宅地への影響が少ないキャンパス中心部においては、高さ六〇mまでの建設が可能となった。

リサーチパーク（旧プラズマ研究所跡地）の再開発整備

プラズマ研究所を改組した核融合科学研究所が一九九七（平成九）年に岐阜県土岐市に移転した後、東山キャンパスの東端に位置する研究所跡地は、共同教育研究施設地区として、独自の施設を持たない学内研究所・センター等の組織や、改修工事時の一時避難場所として活用されてきた。二〇〇四年にはこの地区に、高等研究院など競争的研究支援を受けたグループなどが一定期間集中的に利用する施設として高等総合研究館が完成した（前掲図11-12）。〇五年からは太陽地球環境研究所の東山キャンパスへの移転が始まり、旧核研施設に入居したものの、これらの施設は老朽化も進展しており、早期の再開発が望まれていた。こうした状況を踏まえ、キャンパスマスタープランでは、この地区を先端研究の拠点とする「リサーチパーク」と位置づけ再開発計画が進められた。

その後、この地区では、グリーンビークル材料研究施設（二〇一一年）、新たに組織再編された宇宙地球環境研究所の拠点となる研究所共同館Ⅰ（一三年、前掲図13-9）、創

図16–17　C–TECs ナレッジコモンズ

薬科学研究科の創設に伴って整備された創薬科学研究館（一五年、前掲図12–12）、未来材料・システム研究所と宇宙地球環境研究所の融合連携研究を推進する研究所共同館Ⅱ（一六年）が相次いで整備された（第13章2節参照）。

二〇一八年には、ノーベル物理学賞を受賞した天野浩教授がセンター長を務める未来エレクトロニクス集積研究センター（CIRFE）の実験棟として、エネルギー変換エレクトロニクス実験施設（C–TEFs、前掲図13–10）、翌年にはエネルギー変換エレクトロニクス研究館（C–TECs）が完成した。C–TEFsは、窒化ガリウム（GaN）研究における結晶成長・デバイスプロセス評価を同一スペースで行うことができる世界屈指のクリーンルームであり、GaN研究拠点の中核をなす施設である。C–TECsでは、四階の実験室フロアから六階の教員室フロアを貫く吹抜けと大階段によって連続的につながるナレッジコモンズを設け、複数の研究グループが分野横断的に研究を推進する環境が整備されている（図16–17）。一階のギャラリーラウンジには、寄附者の芳名板の役割を果たすとともに「情熱を増幅させ伝える」というCIRFEのミッションステートメントを表現する、アーティスト・河野ルルによる壁画が設けられた。

福利厚生施設やコモンスペースの充実

東山キャンパスの西地区では、既存施設の大規模改修を除けば、東地区に比べて施設の新築は少なかったが、二〇〇九（平成二一）年、中央図書館では、二階の閲覧室を学生の自主的・創造的な学習環境を支援するラーニング・コモンズに改修し、少人数での共同作業やディスカッションができるアクティブラーニングを見据えた環境へと変貌を

図 16–18　改築後の南部食堂

遂げた（口絵14）。一三年には、耐震補強と機能再生のための全面改修が実施され、内部は賑やかなラーニング・コモンズと静かな空間のゾーニングがなされた。一五年には、法政国際教育協力研究センター（ＣＡＬＥ）の、アジア法情報交流の拠点としての広場「アゴラ」をコンセプトに掲げたアジア法交流館が完成した（第14章2節参照）。

教育研究施設だけでなく、福利厚生施設、オープンなコモンスペースの充実も進められた。法人化以降、総長裁量による毎年一億円の経費などが学生用スペースの整備に充てられ、食堂、グラウンド、サークル棟の改築や改修が順次行われている。二〇一〇年には、食堂等の福利施設の絶対面積が不足していた南部地区において、旧南部食堂の改築整備が目的積立金によって実施され、「行けば誰かに会える場所」として、旧食堂の二倍以上の席数となり、多様な場を持つ施設へと生まれ変わった（図16–18）。

東地区でも、二〇〇六年に名大生協からの寄附などによってフォレスト（旧理系食堂）の改築・改修が行われた。また、中央図書館、全学教育棟、ＥＳ総合館、ＮＩＣなど、多くの施設に事業者の公募によってカフェやレストランが設置され、教職員や学生の居場所となるスペースがキャンパス各地に出現した。

多様な手法による新たな施設の整備

国からの運営費交付金や施設整備費補助金が減少するなか、文科省も、国立大学法人法を改正し、大学の裁量での資金調達や土地の活用範囲を広げて、国の財源に頼らない多様な財源による施設の整備や運営を推奨してきた。名大においても、目的積立金によりインターナショナルレジデンス山手を、民間の資金を活用するＰＰＰによってイン

図16–19　工学部新7号館地区完成予想図

ターナショナルレジデンス大幸を整備した。また、ジェンダー・リサーチ・ライブラリ（二〇一七〔平成二十九〕年）、オークマ工作機械工学館（二〇〔令和二〕年）といった施設を企業等からの寄附によって整備したほか（第15章2節参照）、産学連携施設を、入居する企業のテナント料によって整備したり、ネーミングライツによって特定のスペースの運営に企業から資金提供を受けるなど、多様な財源による整備や運営が進んでいる。

また、東山キャンパスで唯一耐震性能が十分ではなかった工学部七号館地区の再開発整備が、北部生協や寄附施設を含むＰＦＩ（Private Financial Initiative）事業として、二〇二三年の完成を目指して進められている（図16–19）。

教職協働による先進的な施設の整備と運用

法人化以降、名大では多くの先進的な施設の整備を行ってきたのと同時に、老朽化する施設についても予防的な保全によって更新や改修を行う仕組み作りや、全学の戦略に応じて利用できる裁量スペースの運用など、ファシリティマネジメントの取り組みを行ってきた。また、電気・ガス使用量を起源とする東山キャンパスのCO_2排出量は年間約七万五〇〇〇ｔと、名古屋市における工場などを除く業務部門において、最大のCO_2排出事業所となっており、鶴舞キャンパスを加えると名大は地域でも突出したCO_2排出事業者である。こうした状況に対し、「キャンパスマスタープラン二〇一〇」では、CO_2排出量を二〇一四（平成二十六）年までに〇五年比二〇％以上削減することを目標とした。この実現のために附属病院のＥＳＣＯ（Energy Service Company）事業の導入をはじめ多くの省エネルギー施策を実行し目標を達成した。

図 16–20　2016 年の東山キャンパスと30 年後の東山キャンパス（模型写真）（キャンパスマスタープラン 2016）

こうした取り組みは、建築系教員による施設・環境計画推進室等と実行組織である施設課との教職協働で展開したものである。この先導的かつ継続的な取り組みは高く評価され、二〇一五年に日本建築学会賞（業績）、一七年にインフラメンテナンス大賞文部科学大臣賞、一八年に省エネ大賞資源エネルギー長官賞など数多くの賞を得ている。

世界水準のサステナブルキャンパスに向けて

「キャンパスマスタープラン二〇一六」の、三〇年後のキャンパス像を描いたフレームワークプラン（図16–20）では、東山キャンパスのグリーンベルトにある中央図書館を地下鉄駅と直結する地下に沈め、地上部を緑化、南北両側の建物に全学教育スペースを再編することによって、グリーンベルトを多くの構成員や来訪者が集い地域に開かれたパブリックスペースとして再生することを目指している。

図16–21は、東山キャンパスが開設された一九四三（昭和十八）年の開学記念絵葉書である。渋沢元治初代総長は「緑の学園」構想を打ち出し、当時、名古屋市の東の外れであったこの丘陵地から、遥か西の名古屋の都心部を遠望し、地域の多大な支援によって開設されたキャンパスにあって、社会への貢献を誓う想いをこの絵に込めている。

戦後植えられたグリーンベルトのケヤキとクスノキの並木は見事な大木に育ち、一九六〇年に建てられた豊田講堂は改修工事による再生を経て登録有形文化財になり、その背後に広がる東山丘陵地につながる緑とも併せて、名大を象徴する景観を形成している。「緑の学園」構想は多くの時を経て実現したといってもよいであろう。

二〇二四（令和六）年には、地下鉄駅と中央図書館の間のグリーンベルトに、東海国

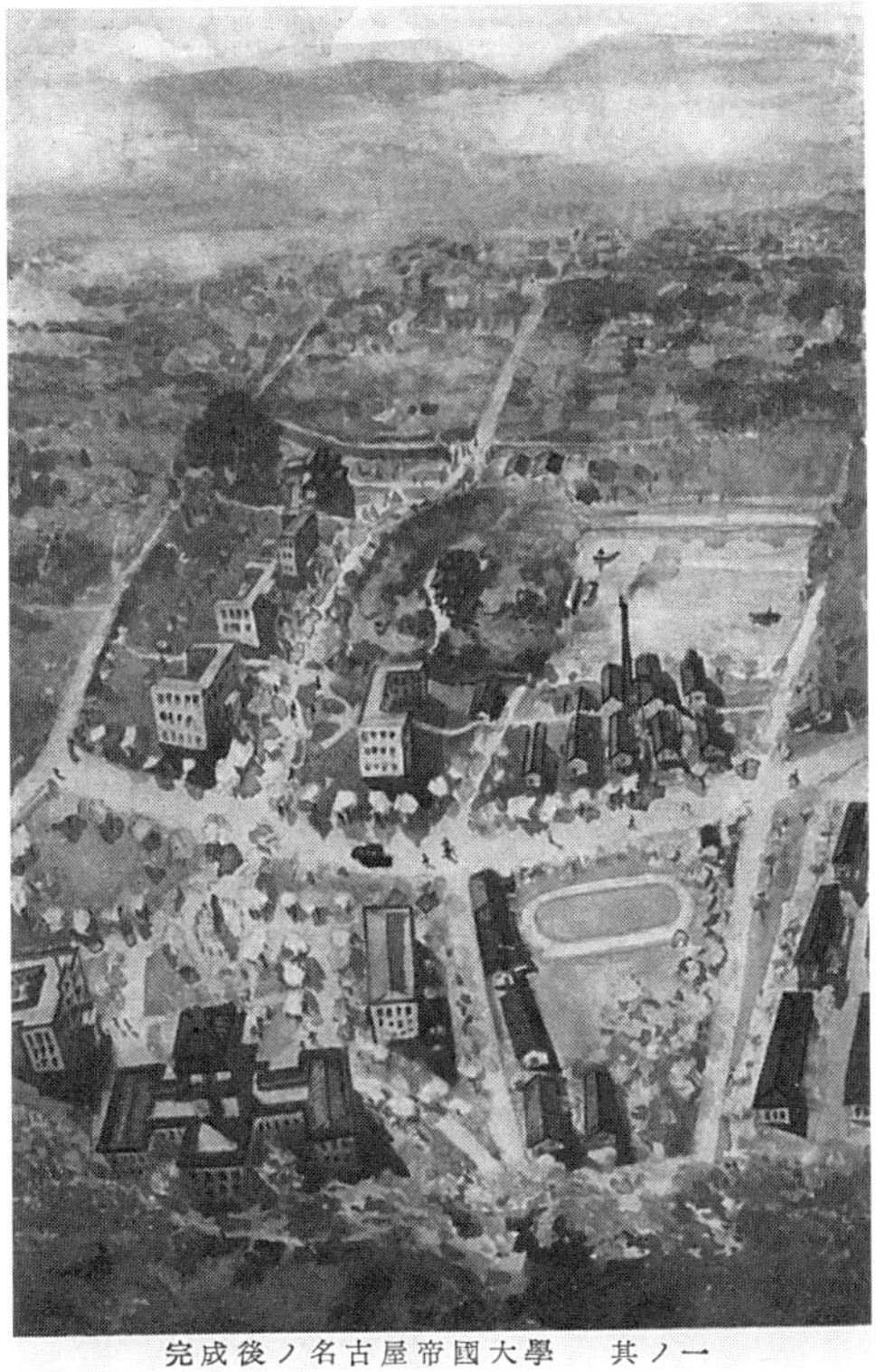

図 16–21　名古屋帝国大学開学記念絵葉書（1943 年）

図 16–22　東海機構プラットフォーム完成予想図

【東山キャンパス】

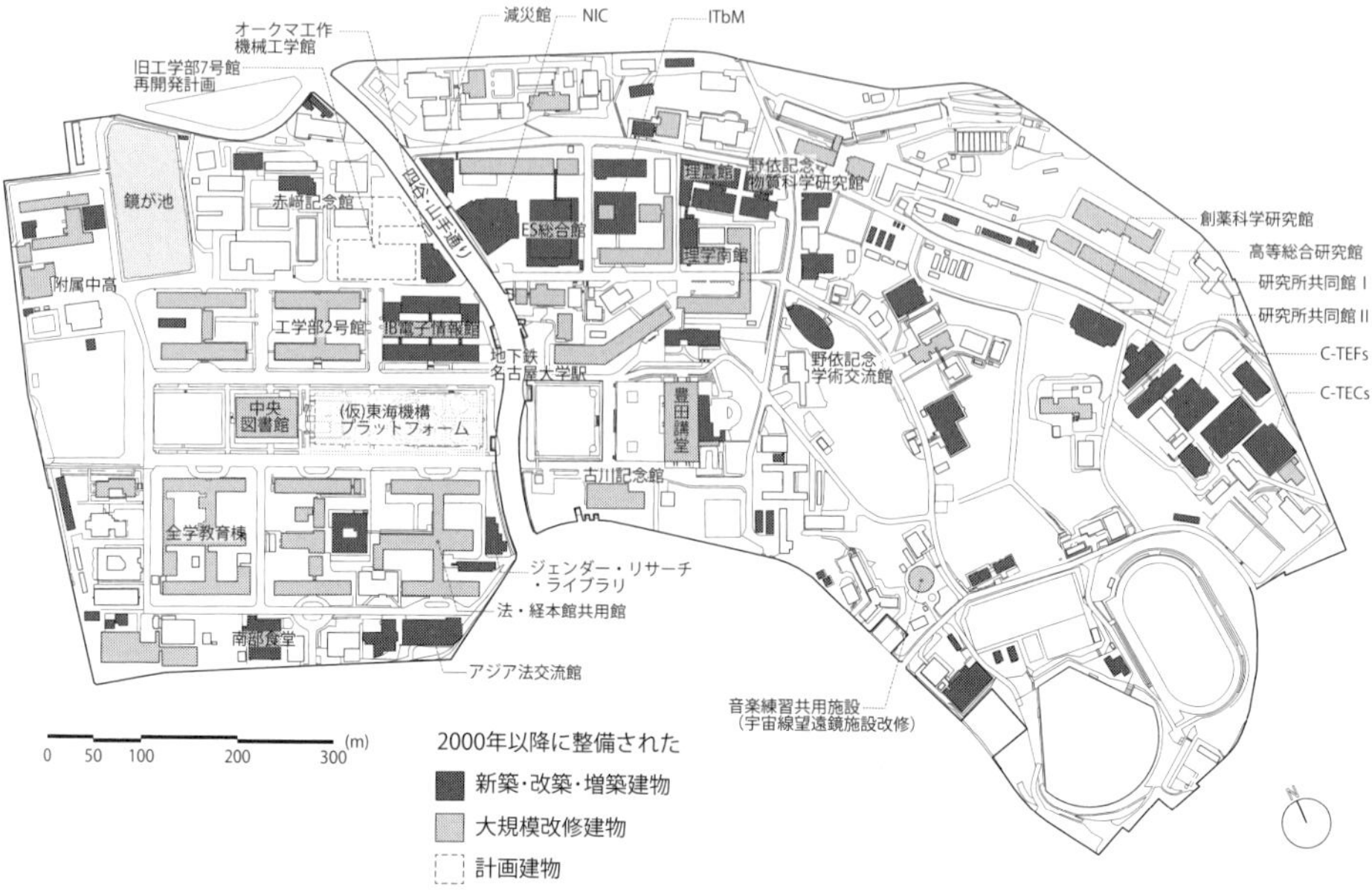
減災館
NIC
ITbM
オークマ工作
機械工学館
旧工学部7号館
再開発計画
四谷・山手通り
鏡が池
赤﨑記念館
ES総合館
理農館
野依記念
物質科学研究館
理学南館
創薬科学研究館
高等総合研究館
研究所共同館 I
研究所共同館 II
C-TEFs
C-TECs
附属中高
工学部2号館
IB電子情報館
地下鉄
名古屋大学駅
野依記念
学術交流館
中央
図書館
(仮)東海機構
プラットフォーム
豊田
講堂
古川記念館
全学教育棟
ジェンダー・リサーチ
・ライブラリ
法・経本館共用館
南部食堂
アジア法交流館
音楽練習共用施設
（宇宙線望遠鏡施設改修）
0
50
100
200
300
(m)
2000年以降に整備された
新築・改築・増築建物
大規模改修建物
計画建物

【鶴舞キャンパス】

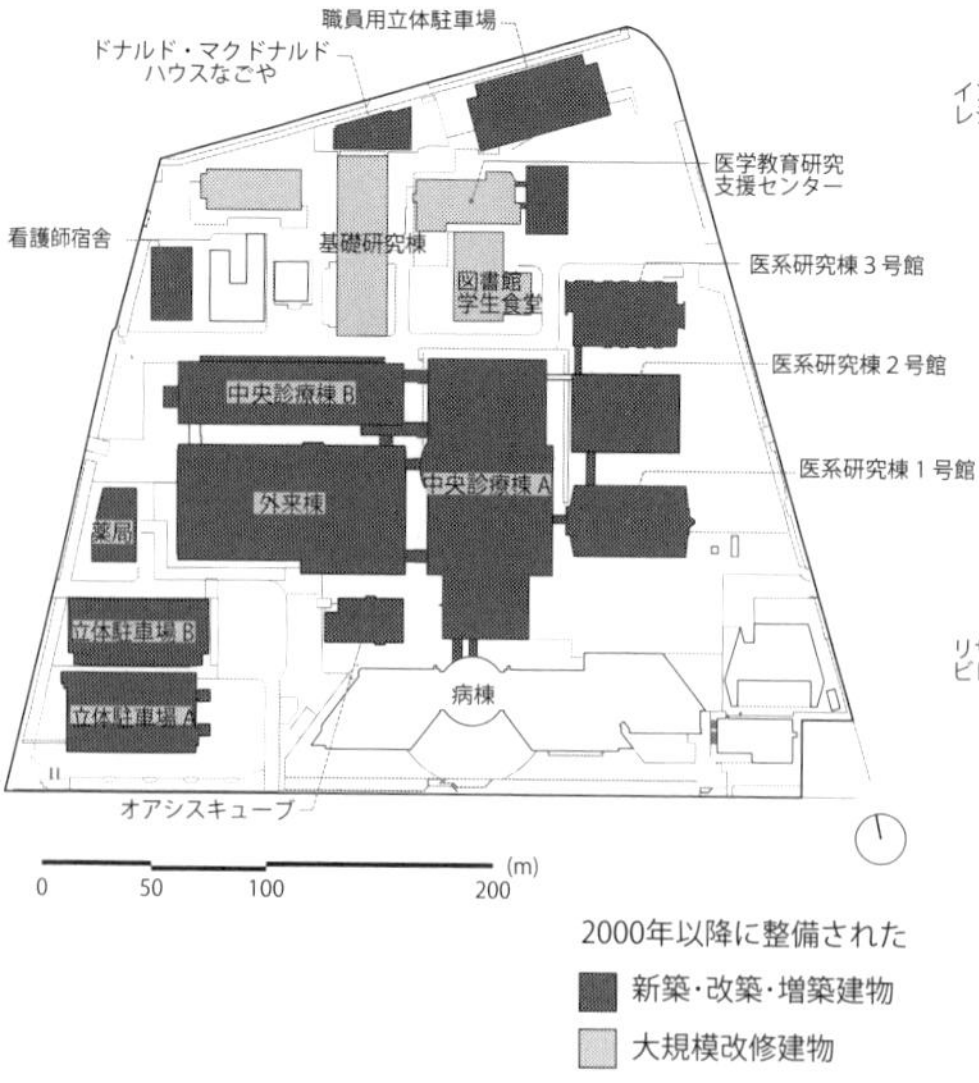
職員用立体駐車場
ドナルド・マクドナルド
ハウスなごや
医学教育研究
支援センター
看護師宿舎
基礎研究棟
図書館
学生食堂
医系研究棟３号館
医系研究棟２号館
中央診療棟 B
医系研究棟１号館
外来棟
中央診療棟 A
薬局
立体駐車場 B
立体駐車場 A
病棟
オアシスキューブ
0
50
100
200
(m)
2000年以降に整備された
新築・改築・増築建物
大規模改修建物

【大幸キャンパス】

インターナショナル
レジデンス大幸
保健学科別館
保健学科本館
保健学科東館
体育館
保健学科南館
エネルギー
センター
厚生会館
研究棟
リサーチャーズ
ビレッジ大幸
グラウンド
弓道場
0
50
100
200
(m)
2000年以降に整備された
新築・改築・増築建物
大規模改修建物

図 16–23　キャンパスの現在（近年整備された施設）

立大学機構設立のシンボルとなる「(仮称) 東海機構プラットフォーム」が整備されることとなった (図16-22)。日本を代表する建築家による提案のなかから選ばれた設計案は、地下鉄駅と直結し多くの人々が集う開放的な地下空間を、緩やかな窪みを持つ大きな屋上広場が覆うという新たな景観を生み出す。いまいちど開学の理念に立ち戻り、名古屋の都心部へと連なるこのキャンパスから、未来を見据えた大学にふさわしい新たな歴史を作ることが目指されている。

終　章　これからの名古屋大学

世界と日本の国立大学の課題

近年、デジタルトランスフォーメーション（DX）、AI、IoTの進歩と普及により、世界はかつてない規模とスピードで変化している。あらゆる領域でイノベーションが起こる一方で、人類自身の活動によりその生存をも脅かしかねない数々の深刻な課題に直面している。日本では、世界の変化に加えて、急速な少子超高齢化やハード・ソフト両面での制度疲労による社会経済活動の停滞が起こっており、日本社会の未来に暗い影を落としている。二〇一九（令和元）年の終わりに発生した新型コロナウイルス感染症の蔓延は二年以上も続き、社会の変化を一層加速させる要因になっている。

このようななか、日本の国立大学には世界を牽引する科学技術イノベーションの源泉として、そしてまた未来を創造し支える人材育成の場として、社会から大きな期待が寄せられている。日本が世界に先駆けて持続可能で強靭な人間中心の未来社会を創り上げ、人類的課題の解決に大きな貢献ができる国に転換してゆくために、国立大学が総合知による新たな価値の創出の源泉となり、社会との連携による科学技術イノベーション推進の原動力になることが重要である。

一方で国立大学は、基盤的な運営費交付金の持続的削減、大学自身の改革の遅れ、社会環境の変化など、複合的な要因により国際的なプレゼンスが年々低下しており、現状のままでは期待されるミッションを果たすことが困難になっている。国立大学が未来社会の創造に大きく貢献できるようになるためには、国や社会の支援と多様なステークホルダーとの密接な連携の下で、大学変革に果敢に挑む知恵と勇気が求められている。

二〇二一年度から始まった第六期科学技術イノベーション基本計画（五年）では、国立大学支援を含む積極的な政策が打ち出されており、これに基づいて世界と伍する研究大学の構築、若手研究者支援、規制緩和など、これまでにない規模の大型予算投入が開始されている。日本はようやく大学を含む科学技術予算の大幅増加策を講じ始めた感があり、国立大学にとっては研究力強化を図る絶好の機会であると同時に、大胆な改革を進める契機にしなければならない。

名古屋大学が目指す目標とビジョン

東海地域は製造業の世界的な集積地であり、これまで長年にわたり日本の経済や産業を支えてきた。しかし、先に述べたような世界と日本の変化の中で、東海地域が将来に向けて持続的で柔軟性のある社会に転換すること、すなわち、未来に向けた東海地域の創生は喫緊の課題である。このような地域に位置する名大には、基幹国立大学として、地域創生への貢献と世界と伍する研究大学への発展という二つの目標を達成することが求められている。

名大と岐阜大学（以下、岐阜大）の法人統合による国立大学法人東海国立大学機構（以下、東海機構）の設立は、「地域丸ごと変革」に貢献すると同時に、世界屈指の国立大学

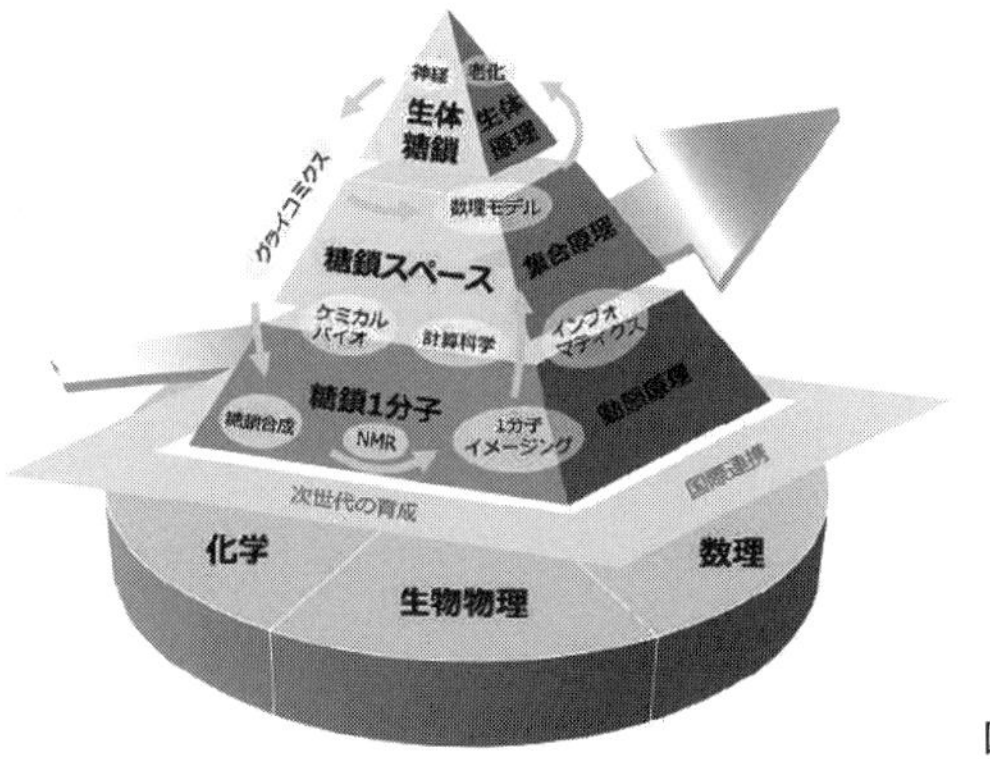

図終–1　iGCORE の研究概念図

法人として、日本そして東海地域から新たな大学モデルを創り出そうとする大きな挑戦である。そのため名大は、東海機構へとその規模や機能を拡大し、次項以降で述べるような目標とビジョンを掲げた。

名大が目指すのは、世界と伍する研究を行い、国際競争力の強化を担う旗艦大学(Flagship University)である。東海機構内には、旗艦大学と地域の中核となって東海地域の創生を目指す大学(群)が並立し、後者は岐阜大がその中心となって実現を期する。東海機構はその過程で、三番目、四番目の大学の参画の可能性を追求する。

世界屈指の研究成果の創出

現在の名大には、世界最高水準の研究拠点として、ノーベル賞受賞研究者の系譜を引くトランスフォーマティブ生命分子研究所(ＩＴｂＭ、第13章2節参照)、素粒子宇宙起源研究機構(ＫＭＩ、第12章2節参照)、未来材料・システム研究所未来エレクトロニクス集積センター(ＣＩＲＦＥ、第13章1・2節参照)があるが、これらに次ぐ研究拠点整備を進める必要がある。東海機構スタートアップビジョンで掲げた糖鎖生命コア研究拠点(iGCORE、二〇二〇〔令和二〕年四月設置、機構直轄)は国のロードマップ二〇二〇に「ヒューマングライコームプロジェクト」として掲載され、二一年には一月に設置された糖類生命コア研究所が共同利用・共同研究拠点の認定を受けるなど、世界最先端研究拠点を目指して急速に整備が進んでいる。名大と東海機構は、若手・女性・外国人等の多様な研究者が、インクルーシブ(あらゆる人を排除しない包摂的)な環境で思う存分その能力を発揮するとともに融合・連携して、新たな価値を創造できる研究大学を目指す

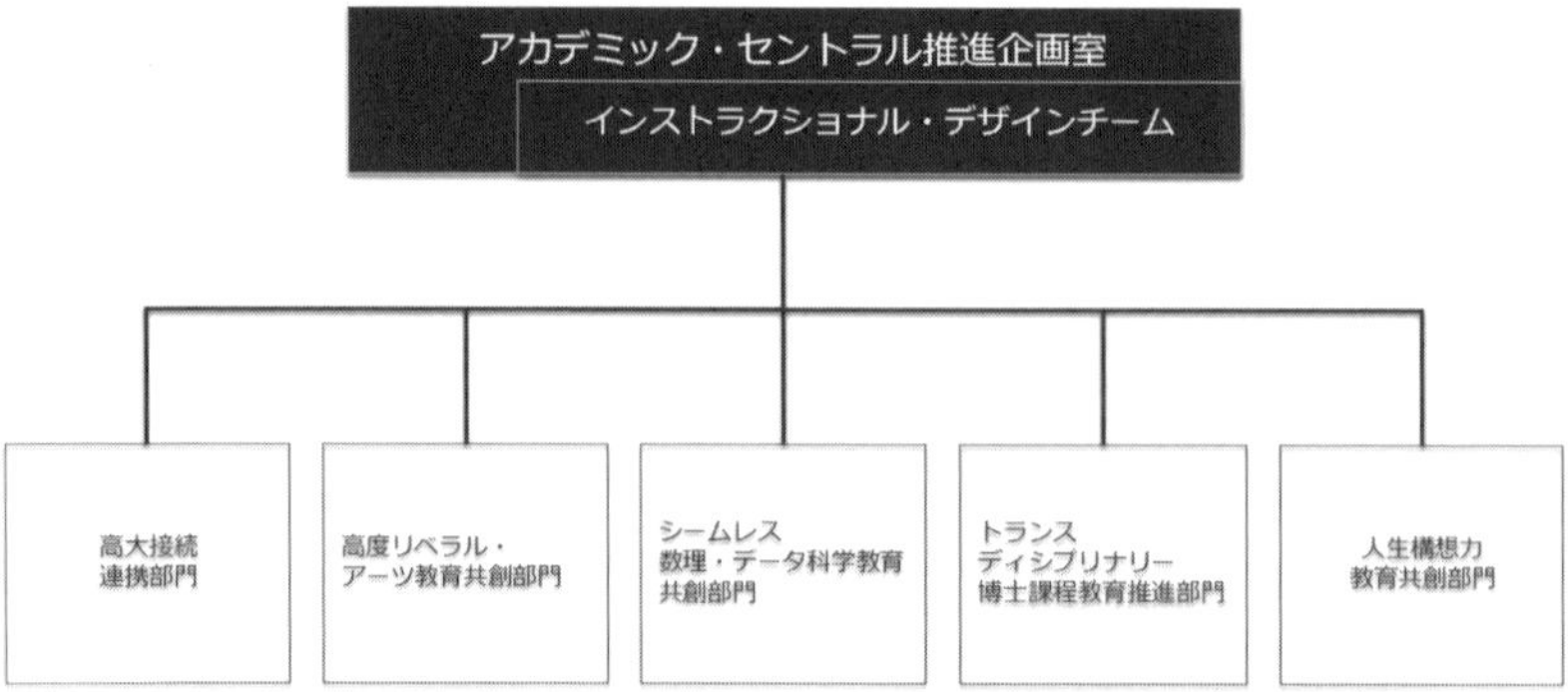

図終–2　アカデミック・セントラル組織図

大学改革を一層推進する。

国際水準の教育とキャンパスの国際化

これまでの名大は、教育の目標として、「勇気ある知識人」（名古屋大学学術憲章、巻末資料3参照）を掲げて来た。東海機構はこれを拡張し、「勇気をもって共に未来を創る人材」の育成を目標とした。また、今後名大が世界と伍する研究大学となるためには、国際標準の教育が必要である。名大と岐阜大の教育関係組織を連携させ、理念に基づいた教育を創造し推進するために二〇二〇（令和二）年度から機構本部に設置したアカデミック・セントラル（教育基盤統括本部）は、まさに国際水準の未来型教育の実現を目指している。

また、海外から有能な学生や研究者を惹きつけ国際交流を盛んにするために、新たな国際戦略の構築と実現は必須であり、ポストコロナ禍のニューノーマル世界においては極めて重要な課題である。そのため、名大及び東海機構の国際戦略を発展的に見直し、新たに北アメリカ、ＥＵ、アジア（将来はアフリカを含む）の三極に展開するグローバル・マルチキャンパス（ＧＭＣ）構想を企画し推進する。それには、名大がこれまで培ってきた国際関係の諸成果やネットワークを基盤として、支援組織を全面改組し、岐阜大とも連携して国際機能を格段に強化する必要がある。

TOKAI–PRACTISS とデジタルユニバーシティ構想

TOKAI–PRACTISS（Plan to Renovate Area-Chubu into Tech Innovation Smart Society）も、名

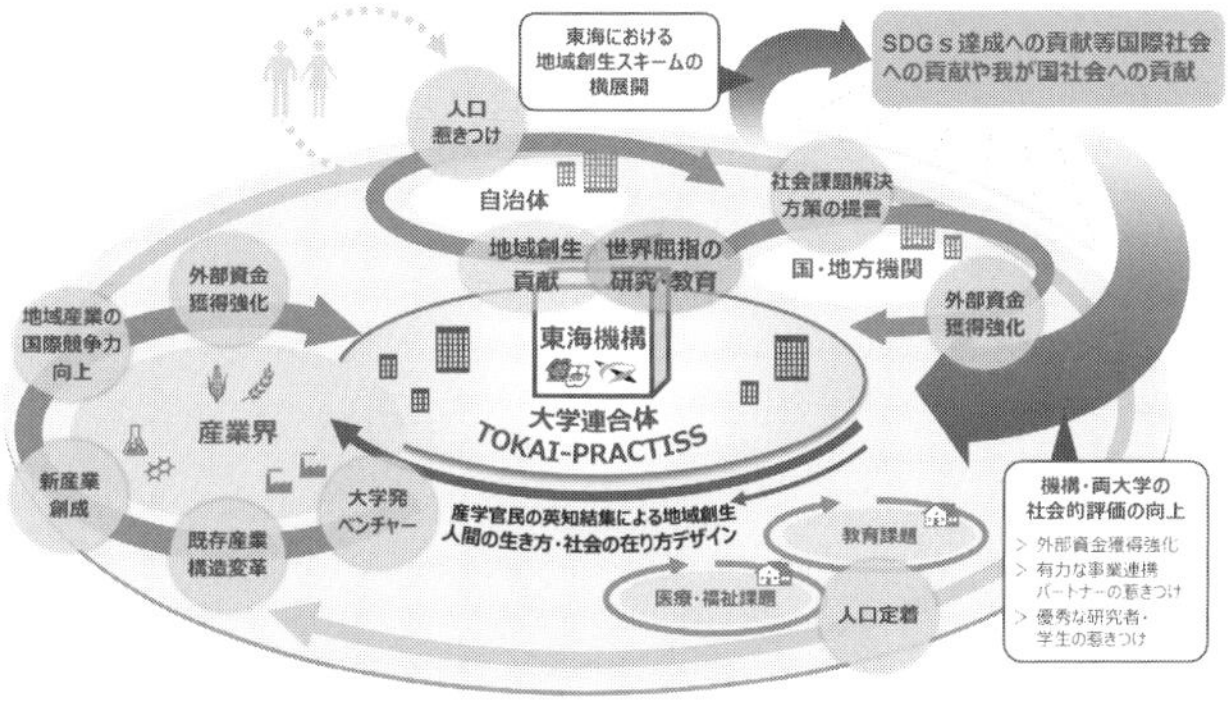

図終–3　TOKAI–PRACTISS 構想図

大が世界屈指の大学になるためのビジョンの一つである。東海機構を核とする大学連合体が、東海地域におけるアカデミアのプラットフォームを形成して、世界トップレベルの知と人材を産み出し、自治体・産業界・国・市民など多様なセクターとの緊密な協力・連携関係の構築により、地域の構造変革に貢献し世界に波及させるという構想である。

これは、科学技術だけでなく、人文・社会科学や融合系諸科学（環境学、国際開発学、情報学など）を含めた総合知により、人間中心の未来型地域の創造を目指すものであり、人類が直面している様々な深刻な課題の解決を世界的な視点をもって地域で具体的に実現しようとするものである。すでにスタートアップビジョンに掲げた事業に加えて、今後は新たな事業、例えば人類課題解決のためのカーボンニュートラル（脱炭素化）の取り組みや「東海地域丸ごと変革」の一端を担う「共創の場」構想など、機構内外からの提案を募り、新たな機構直轄拠点の拡張と整備を進める。

このような地域一体となった挑戦の成果を地域外に横展開するとともに広く地域や世界に情報発信し、SDGs（Sustainable Development Goals、持続可能な開発目標、二〇一五年国連サミット採択）への取り組みの国際的なリーダーとなるためには、東海機構自体のデジタルトランスフォーメーション（ＤＸ）が必要である。現在、東海機構では「一〇〇万人が利用する東海機構デジタルユニバーシティ構想」を推進しており、二〇二四（令和六）年（第四期中期目標計画期間の中間頃）の実現に向けて、二一年四月、東海機構にデジタルユニバーシティ（ＤＵ）室を設置した。

新法人下のガバナンスの確立

東海機構の設立により、名大は同機構が運営する大学の一つとなったが、一法人複数大学におけるガバナンスの構築は新しく挑戦的な課題である。特に、機構長と大学総括理事の権限・役割の明確化、機構及び各大学の運営のあり方、開かれた国立大学法人として運営への社会の声の反映が問題となる。

これらについては、二〇二二（令和四）年度から、機構長（法人の長）とそれぞれの大学総括理事（名大総長、岐阜大学長）は別の人物が務めるシステム、すなわち経営と教学の分離が実現する予定である。これにより機構長は財務経営や機構直轄事業を担当し、大学総括理事は各大学の教学に責任を持つこととなる。そして機構の経営協議会において外部の様々なステークホルダーの意見を取り入れ、機構全体でミッションを達成する体制となる。

また、大学外（社会）の意見を大学運営に反映させる仕組みについては、国においても「新たな合議体」の議論が進んでおり、これはアメリカの外部委員中心の大学理事会がモデルになっている。日本の国立大学では、経営協議会の実質化や外部委員の関わり方が問題になっているが、東海機構が社会からより広く深く認知され、支援を受けつつ機能強化を図るためにも、経営体としての東海機構のあり方も含め、実効性ある外部委員のあり方、関わり方は重要な課題である。

そして、機構の構成員の声を運営に反映させることは最も重要であり、構成員がモチベーションを高くして思う存分その能力を発揮できるような新たな日本型シェアドガバナンスを構築する必要がある。

あとがき

すでにご一読いただいた方は、本書には「第〇章×節参照」という表記が、下巻の方に多いことに気づかれたかもしれない。一九九〇年代以降、なかでも法人化後の国立大学においては、国の科学技術・教育政策を背景に、学長や大学本部の主導性が強まり、その意向が部局の方向性にまで大きな影響を与えつつ大学運営が行われるようになった。そのため、大学を構成する要素の結びつきが強くなり、本書では組織・研究・国際化・社会連携・学生生活・キャンパスといった項目別に節が立てられているが、それらの相互連関が、下巻の扱う時期において特に密接になっているのである。こうした時代の名大の歴史を、限られた字数の中でできるだけ記述が重複しないように配慮しながら、なおかつ全体像を俯瞰できるように構成することは容易ではなく、本書がとりわけ意を用いたところである。もちろん、そのつど前後を「参照」しなくても読み進められるようになっているが、それがこの時代の名大史の特徴を示すものでもあることをご理解いただければと思う。

＊

本書を編纂するにあたって、とても印象に残っている資料群が二つある。一つは、法人化に向けての時期に組織改革の全学的な検討の中心になった組織改革検討委員会の記録である。これによって、当時のドラスティックな改革の全体像を、臨場感を伴って理解することができた。もう一つは、同時期の「名大の将来を語る会」の報告冊子である。学内規則に明記されていない組織とはいえ、そこに集う教官たちの名大の将来像をめぐる大胆な議論は、貴重な歴史資産となろう。本書に盛り込めたのはごく一部に過ぎないが、これらの資料に接することができた意義は大きかった。検討委員会も語る会も、当時は学内からいろいろな批判があったことを聞き及ぶ。しかし、これらの資料がなければ、その批判の是非を検証することもできない。

これら二つの資料群は、実はすべてが東海国立大学機構大学文書資料室（以下、資料室）で歴史資料として保存・公開されているものではない。前者の多くは、現在でも大学本部の事務組織で公文書として管理されている。後者は、五冊のうち四冊は以前から資料室にあったが、最後の一冊は本部の財務部長室の改修工事で書庫を整理する際に、たまたま資料室に持ち込まれた。原稿執筆中のことである。もっとも現在の名大では、こうした将来の歴史資料を作成時から認識し、漏れなく資料室へ移管・提供するシステムが構築されている。検討委員会の記録も、作成後三〇年で移管される。資料室のような組織をアーカイブズ（文書館）というが、これを持つ日本の国立大学は数えるほどしかない。学術的な評価にも耐えうる大学史を編纂するにあたっては、こうした大学アーカイブズの存在がその背景にあることを知っていただければ幸いである。

＊

本書は、名大が創立八〇周年・創基一五〇周年等を記念する「プロジェクト NU MIRAI」事業の一環として製作された。二〇一六（平成二十八）年、総長を委員長、資料室長を副委員長、各部局長等を委員とし、編纂に関わる重要事項や編集の基本方針を審議する名古屋大学創立八〇周年記念史編纂委員会が設置された（のちに廃止され、一九年度からは理事を長とする教育研究評議会総務分科会が審議することになった）。同時に、資料室長を委員長とする、編集・執筆に関わることを行う編集専門委員会が置かれた（委員の氏名等は下巻の巻末を参照）。委員の先生方には、研究や校務などで多忙を極めるなか、原稿の執筆や様々なご意見をいただいたことに心より感謝したい。編集事務局に相当する組織は特に置かれず、その役割は資料室が担った。資料室のスタッフによる基本資料の調査やデータベース化等の作業がなければ、本書は完成しなかった。

名古屋大学出版会には、かなり早い段階から本書に関わっていただいた。特に橘宗吾編集部長と三原大地氏には、執筆者の打ち合わせ会にはすべてご同席のうえ、入稿前の原稿案の段階から多岐にわたる的確なご意見をいただいた。ここにあらためて謝辞を申し述べる。

編集専門委員会

（＊は執筆者，肩書は各巻の奥付参照）

委員長

竹下典行（大学文書資料室長，理事・事務局長）（2016 年 11 月～ 2017 年 1 月）

磯谷桂介（大学文書資料室長，理事・事務局長）（2017 年 1 月～ 2018 年 1 月）

上月正博（大学文書資料室長，理事・事務局長）（2018 年 1 月～ 2020 年 3 月）

髙橋宏治（東海国立大学機構大学文書資料室長，東海国立大学機構理事・事務局長）（2020 年 4 月～）

副委員長

吉川卓治（2016 年 11 月～）＊

委員（五十音順，肩書は 2021 年 12 月 31 日現在）

伊藤彰浩（2016 年 11 月～）＊

隠岐さや香（大学院経済学研究科教授）（2017 年 7 月～）

齋藤芳子（2017 年 7 月～）＊

榊原千鶴（2019 年 8 月～）＊

辻　篤子（中部大学特任教授）（2017 年 1 月～）

恒川和久（2019 年 4 月～）＊

羽賀祥二（2016 年 11 月～）＊

堀田慎一郎（2016 年 11 月～）＊

資料1　学部等沿革

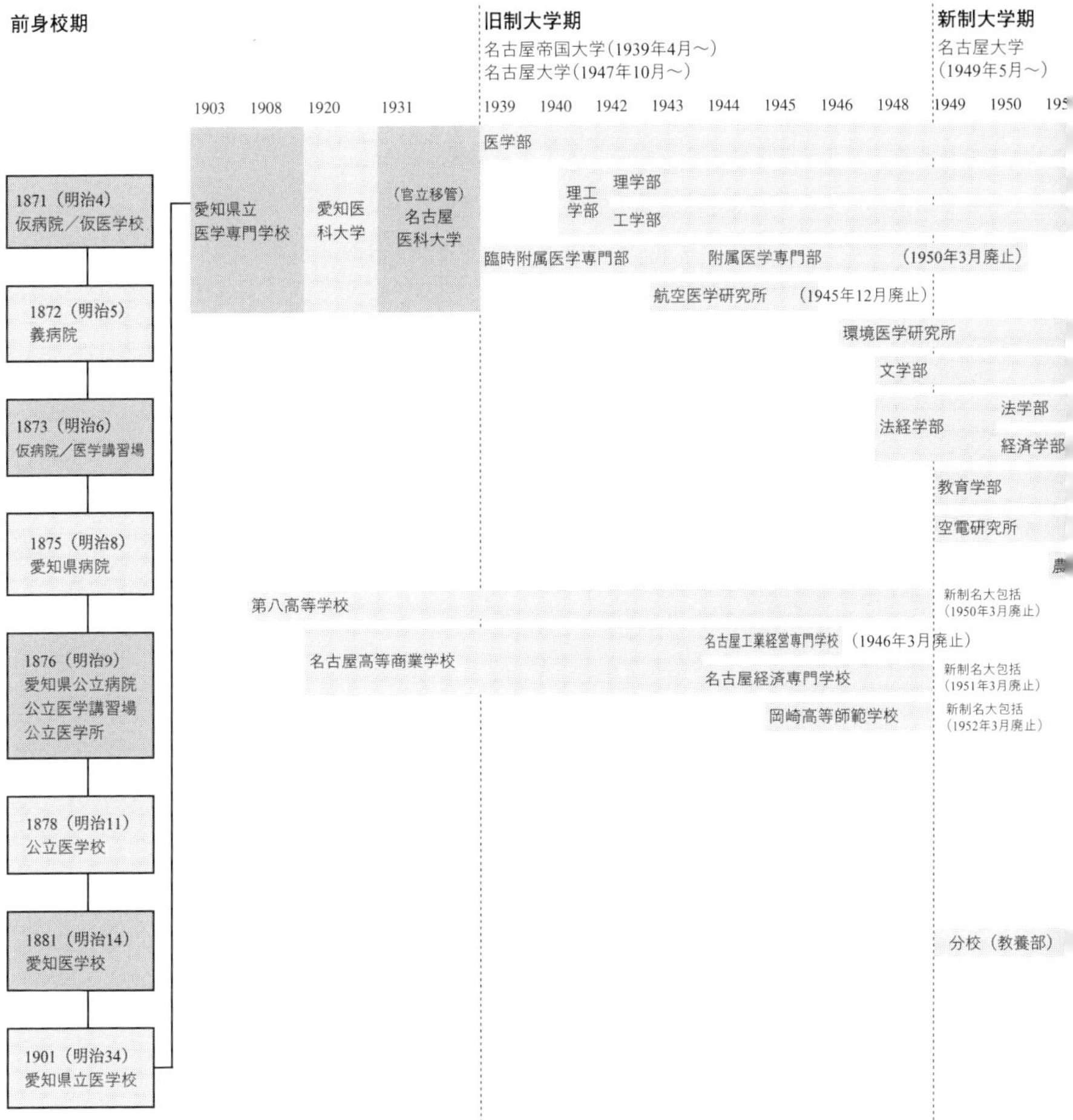
前身校期
旧制大学期
名古屋帝国大学（1939年4月～）
名古屋大学（1947年10月～）
新制大学期
名古屋大学
（1949年5月～）
1903
1908
1920
1931
1939
1940
1942
1943
1944
1945
1946
1948
1949
1950
1871（明治4）
仮病院／仮医学校
1872（明治5）
義病院
1873（明治6）
仮病院／医学講習場
1875（明治8）
愛知県病院
1876（明治9）
愛知県公立病院
公立医学講習場
公立医学所
1878（明治11）
公立医学校
1881（明治14）
愛知医学校
1901（明治34）
愛知県立医学校
愛知県立
医学専門学校
愛知医
科大学
（官立移管）
名古屋
医科大学
医学部
理工
学部
理学部
工学部
臨時附属医学専門部
附属医学専門部
（1950年3月廃止）
航空医学研究所
（1945年12月廃止）
環境医学研究所
文学部
法経学部
法学部
経済学部
教育学部
空電研究所
第八高等学校
新制名大包括
（1950年3月廃止）
名古屋高等商業学校
名古屋工業経営専門学校
（1946年3月廃止）
名古屋経済専門学校
新制名大包括
（1951年3月廃止）
岡崎高等師範学校
新制名大包括
（1952年3月廃止）
分校（教養部）

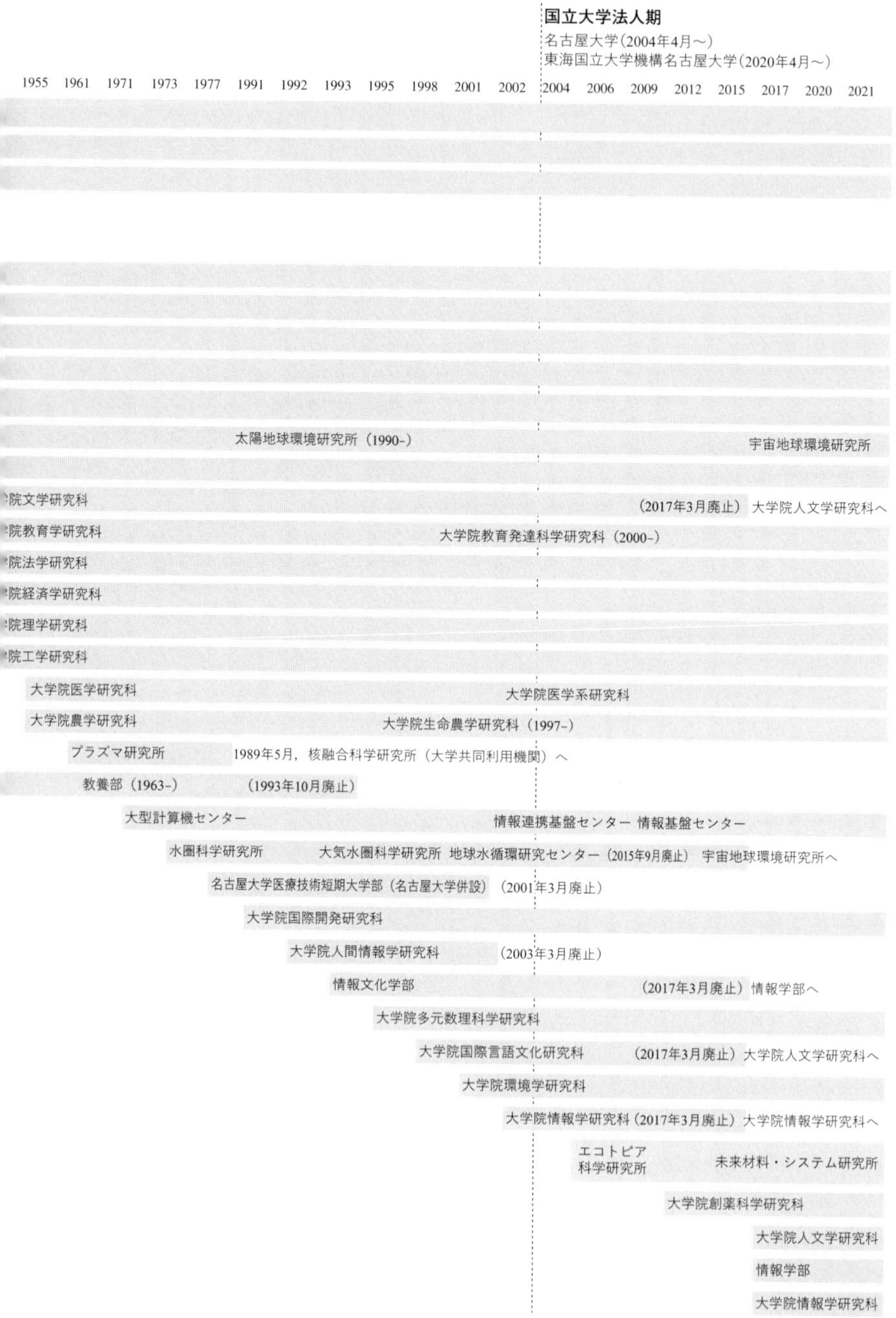
国立大学法人期
名古屋大学(2004年4月〜)
東海国立大学機構名古屋大学(2020年4月〜)
1955 1961 1971 1973 1977 1991 1992 1993 1995 1998 2001 2002 2004 2006 2009 2012 2015 2017 2020 2021
太陽地球環境研究所（1990-）
宇宙地球環境研究所
院文学研究科
（2017年3月廃止）大学院人文学研究科へ
院教育学研究科
大学院教育発達科学研究科（2000-）
院法学研究科
院経済学研究科
院理学研究科
院工学研究科
大学院医学研究科
大学院医学系研究科
大学院農学研究科
大学院生命農学研究科（1997-）
プラズマ研究所
1989年5月，核融合科学研究所（大学共同利用機関）へ
教養部（1963-）
（1993年10月廃止）
大型計算機センター
情報連携基盤センター
情報基盤センター
水圏科学研究所
大気水圏科学研究所
地球水循環研究センター（2015年9月廃止）
宇宙地球環境研究所へ
名古屋大学医療技術短期大学部（名古屋大学併設）
（2001年3月廃止）
大学院国際開発研究科
大学院人間情報学研究科
（2003年3月廃止）
情報文化学部
（2017年3月廃止）情報学部へ
大学院多元数理科学研究科
大学院国際言語文化研究科
（2017年3月廃止）大学院人文学研究科へ
大学院環境学研究科
大学院情報学研究科（2017年3月廃止）大学院情報学研究科へ
エコトピア
科学研究所
未来材料・システム研究所
大学院創薬科学研究科
大学院人文学研究科
情報学部
大学院情報学研究科

資料2　学内共同教育研究施設等沿革

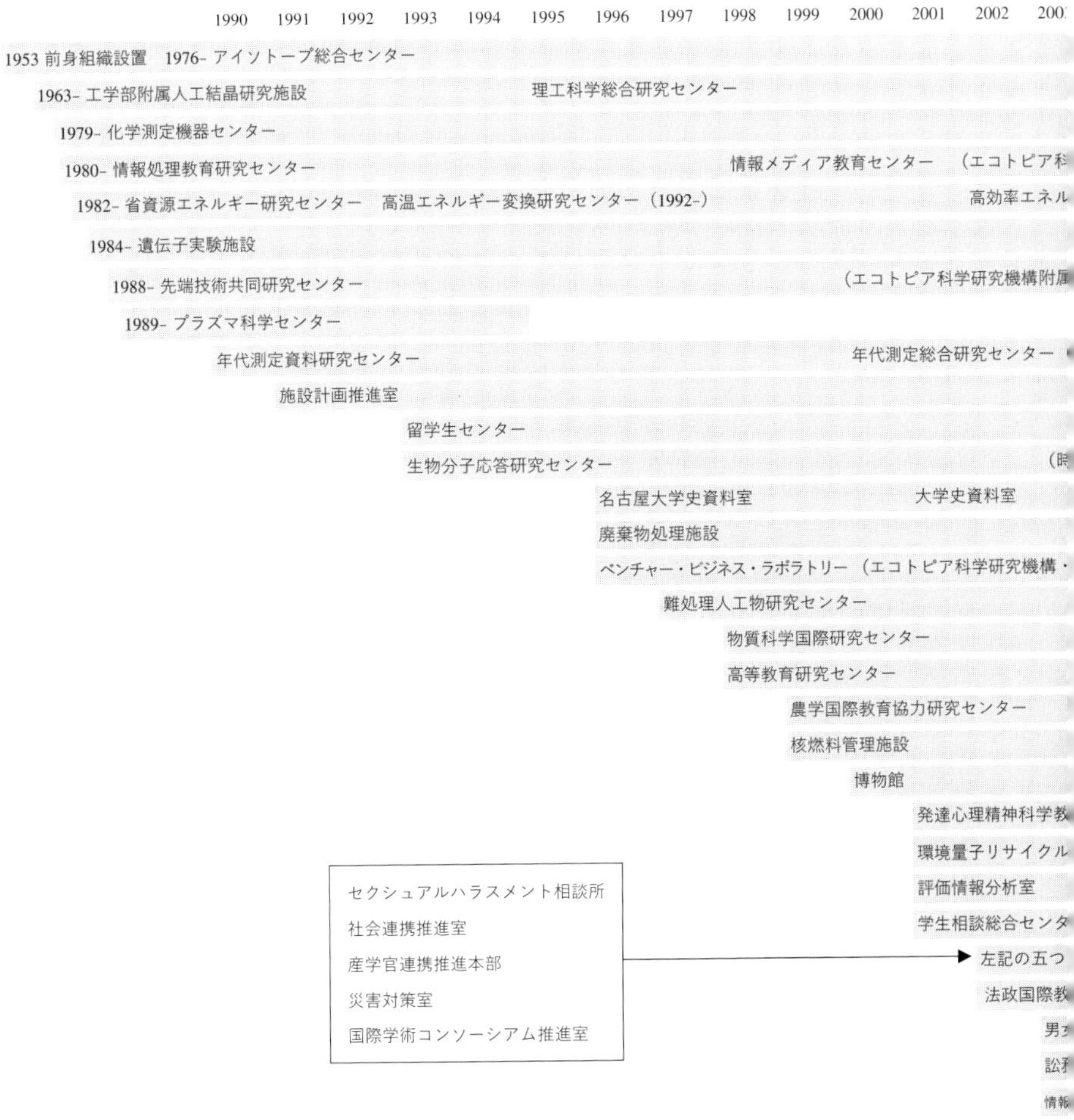
1990
1991
1992
1993
1994
1995
1996
1997
1998
1999
2000
2001
2002
1953 前身組織設置　1976- アイソトープ総合センター
1963- 工学部附属人工結晶研究施設
理工科学総合研究センター
1979- 化学測定機器センター
1980- 情報処理教育研究センター
情報メディア教育センター
1982- 省資源エネルギー研究センター
高温エネルギー変換研究センター（1992-）
1984- 遺伝子実験施設
1988- 先端技術共同研究センター
1989- プラズマ科学センター
年代測定資料研究センター
年代測定総合研究センター
施設計画推進室
留学生センター
生物分子応答研究センター
名古屋大学史資料室
大学史資料室
廃棄物処理施設
ベンチャー・ビジネス・ラボラトリー
難処理人工物研究センター
物質科学国際研究センター
高等教育研究センター
農学国際教育協力研究センター
核燃料管理施設
博物館
評価情報分析室
セクシュアルハラスメント相談所
社会連携推進室
産学官連携推進本部
災害対策室
国際学術コンソーシアム推進室

2005 2006 2007 2008 2009 2010 2011 2012 2013 2014 2015 2016 2017 2018 2019

トピア科学研究機構に統合改組
科学国際研究センターに統合
機構附属：2004のみ）　センターに統合
研究センター　エコトピア科学研究機構に統合改組（2004）

4のみ）　エコトピア科学研究所に統合改組

機能は博物館へ統合）　宇宙地球環境研究所に統合改組
運営支援組織へ移行
運営支援組織（国際教育交流本部）へ移行
）生物機能開発利用研究センター
文書資料室　運営支援組織へ移行
運営支援組織（環境安全衛生管理室）へ移行
附属：2004-2006）
トピア科学研究機構に統合改組

2018- 農学国際教育研究センター（改組）
運営支援組織へ移行

センター　2015- 心の発達支援研究実践センター（改組）
ンター　エコトピア科学研究機構に統合改組（2004）
企画室　運営支援組織へ移行
2019：運営支援組織（学生支援センター）へ移行
運営支援組織へ移行
研究センター
画室　運営支援組織へ移行　男女共同参画センター
務室　運営支援組織へ移行
ティ対策推進室　運営支援組織（情報連携統括本部）へ統合改組
生相談室（2011：留学生センターアドバイジング・カウンセリング部門へ移行）
国際企画室　運営支援組織（国際交流協力推進本部）へ移行
小型シンクロトロン光研究センター　シンクロトロン光研究センター（2010-）
基礎理論研究センター　（素粒子宇宙起源研究機構兼学内共同：2012-）
現象解析研究センター　（素粒子宇宙起源研究機構兼学内共同：2012-）
減災連携研究センター
グリーンモビリティ連携研究センター　未来社会創造機構に統合改組
細胞生理学研究センター
（学内コンソーシアムから移行）脳とこころの研究センター
（学内コンソーシアムから移行）ナショナルコンポジットセンター
（学内コンソーシアムから移行）予防早期医療創成センター
低温プラズマ科学研究センター

資料 3　名古屋大学学術憲章

2000（平成 12）年 2 月 15 日制定
2009（平成 21）年 2 月 2 日一部改訂
（※「自由闊達な学風の下，」を追加）

名古屋大学は，学問の府として，大学固有の役割とその歴史的，社会的使命を確認し，その学術活動の基本理念をここに定める。

名古屋大学は，自由闊達な学風の下，人間と社会と自然に関する研究と教育を通じて，人々の幸福に貢献することを，その使命とする。とりわけ，人間性と科学の調和的発展を目指し，人文科学，社会科学，自然科学をともに視野に入れた高度な研究と教育を実践する。このために，以下の基本目標および基本方針に基づく諸施策を実施し，基幹的総合大学としての責務を持続的に果たす。

1. 研究と教育の基本目標
　(1) 名古屋大学は，創造的な研究活動によって真理を探究し，世界屈指の知的成果を産み出す。
　(2) 名古屋大学は，自発性を重視する教育実践によって，論理的思考力と想像力に富んだ勇気ある知識人を育てる。
2. 社会的貢献の基本目標
　(1) 名古屋大学は，先端的な学術研究と，国内外で指導的役割を果たしうる人材の養成とを通じて，人類の福祉と文化の発展ならびに世界の産業に貢献する。
　(2) 名古屋大学は，その立地する地域社会の特性を生かし，多面的な学術研究活動を通じて地域の発展に貢献する。
　(3) 名古屋大学は，国際的な学術連携および留学生教育を進め，世界とりわけアジア諸国との交流に貢献する。
3. 研究教育体制の基本方針
　(1) 名古屋大学は，人文と社会と自然の諸現象を俯瞰的立場から研究し，現代の諸課題に応え，人間性に立脚した新しい価値観や知識体系を創出するための研究体制を整備し，充実させる。
　(2) 名古屋大学は，世界の知的伝統の中で培われた知的資産を正しく継承し発展させる教育体制を整備し，高度で革新的な教育活動を推進する。
　(3) 名古屋大学は，活発な情報発信と人的交流，および国内外の諸機関との連携によって学術文化の国際的拠点を形成する。
4. 大学運営の基本方針
　(1) 名古屋大学は，構成員の自律性と自発性に基づく探究を常に支援し，学問研究の自由を保障する。
　(2) 名古屋大学は，構成員が，研究と教育に関わる理念と目標および運営原則の策定や実現に，それぞれの立場から参画することを求める。
　(3) 名古屋大学は，構成員の研究活動，教育実践ならびに管理運営に関して，主体的に点検と評価を進めるとともに，他者からの批判的評価を積極的に求め，開かれた大学を目指す。

資料 4　ノーベル賞・文化勲章等受賞者一覧

ノーベル化学賞受賞者

2001 年	野依　良治	理学研究科	キラル触媒による不斉水素化反応の研究
2008 年	下村　　脩	理学部	緑色蛍光タンパク質 GFP の発見と開発

ノーベル物理学賞受賞者

2008 年	小林　　誠	理学研究科	クオークが自然界に少なくとも三世代以上ある事を予言する，対称性の破れの起源の発見
	益川　敏英	理学部	
2014 年	赤﨑　　勇	工学部	明るく省エネルギーの白色光原を可能にした高輝度の青色発光ダイオードの発明
	天野　　浩	未来材料・システム研究所	

フィールズ賞受賞者

1990 年	森　　重文	理学部	3 次元代数多様体における極小モデルの存在証明

ガードナー国際賞受賞者

2020 年	竹市　雅俊	理学研究科	多細胞生物の形成に欠かせない細胞接着分子「カドヘリン」の発見とその機能の解明

京都賞受賞者

1998 年	伊藤　　清	理学部	諸科学への広範な応用をもたらした確率微分方程式論の創始による確率解析学への多大な貢献
2009 年	赤﨑　　勇	工学部	窒化ガリウム pn 接合の先駆的実現による青色発光素子発展への貢献

日本国際賞受賞者

2005 年	竹市　雅俊	理学研究科	細胞接着の分子機構解明における基本的貢献
2019 年	岡本　佳男	工学研究科	らせん高分子の精密合成と医薬品等の実用的光学分割材料の開発への先駆的貢献

文化勲章受章者

1954 年	勝沼　精蔵	医学部・学長	血液学・航空医学
1963 年	久野　　寧	医学部	生理学
1984 年	高橋　信次	医学部	放射線医学
2000 年	野依　良治	理学研究科	反応有機化学
2007 年	中西　香爾	理学部	有機化学
2008 年	伊藤　　清	理学部	数学
	小林　　誠	理学研究科	素粒子物理学
	下村　　脩	理学部	海洋生物学
	益川　敏英	理学部	素粒子物理学
2009 年	飯島　澄男	理学部	材料科学
2011 年	赤﨑　　勇	工学部	半導体電子工学
2014 年	天野　　浩	未来材料・システム研究所	電子・電気材料工学
2021 年	岡崎　恒子	理学部	分子生物学
	森　　重文	理学部	数学

文化功労者

1954 年	勝沼　精蔵	医学部・学長	血液学・航空医学
1955 年	渋沢　元治	総長	電気工学
1962 年	柴田　雄次	理学部	無機化学
1963 年	久野　　寧	医学部	生理学
1979 年	高橋　信次	医学部	放射線医学
1990 年	平田　義正	理学部	天然物化学
	森　　重文	理学部	数学
1998 年	野依　良治	理学研究科	有機化学

1999年	中西　香爾	理学部	有機化学
2001年	岸　義人	農学部	天然物有機化学
	小林　誠	理学研究科	素粒子物理学
	益川　敏英	理学部	素粒子物理学
2002年	塩野谷祐一	経済学部	経済哲学
2003年	伊藤　清	理学部	数学
2004年	赤﨑　勇	工学部	半導体電子工学
	竹市　雅俊	理学研究科	発生生物学
2008年	下村　脩	理学部	海洋生物学
2009年	杉浦　昌弘	遺伝子実験施設	植物分子生物学・植物ゲノム科学
2010年	田中　靖郎	理学部	X線天文学・学術振興
2014年	小池　和男	経済学部	労働経済学
	天野　浩	未来材料・システム研究所	電子・電気材料工学
2015年	岡崎　恒子	理学部	分子生物学
2016年	篠崎　一雄	遺伝子実験施設	植物分子生物学
2018年	山本　尚	工学研究科	有機化学・合成化学・生体関連化学
2019年	近藤　孝男	理学研究科	時間生物学

日本学士院賞受賞者

恩賜賞

1927年第17回	柴田　雄次	理学部	金属錯塩の分光化学的研究
1941年第31回	久野　寧	医学部	人体発汗の研究
1950年第40回	坂田　昌一	理学部	二中間子理論
1951年第41回	外山　修之	工学部	油脂殊に海産動物油に関する研究
1956年第46回	志方　益三	農学部	ポーラログラフィーの研究
1960年第50回	山崎　一雄	理学部	醍醐寺五重塔の壁画
1967年第57回	吉田　耕作	理学部	近代解析の研究
1970年第60回	中村　榮孝	文学部	日鮮関係史の研究
1977年第67回	高橋　信次	医学部	X線による生体病理解剖の研究
1978年第68回	伊藤　清	理学部	確率微分方程式の研究
1990年第80回	中西　香爾	理学部	機能性天然有機化合物の構造および生体内機能発現に関する研究
1999年第89回	岸　義人	農学部	海洋天然化合物の有機化学的研究
2014年第104回	赤﨑　勇	工学部	高品質GaN系窒化物半導体単結晶の創製とp–n接合青色発光デバイスの発明

注）恩賜賞は日本学士院賞を受賞した研究のうち特に優れた者に重ねて授与される。

日本学士院賞

1926年第16回	勝沼　精蔵	医学部・学長	オキシダーゼの組織学的研究
1933年第23回＊	小口　忠太	医学部	小口氏病の研究
1940年第30回	石田　元季	愛知医科大学予科	俳文学考説
1950年第40回	名倉　重雄	医学部	所謂骨端炎の研究
1954年第44回	中山　正	理学部	環論及び表現論に関する研究
	小野　勝次	理学部	継電器式電気統計計算機の研究
1957年第47回	野田　稲吉	工学部	合成雲母に関する研究
1958年第48回	松村　博司	文学部	栄花物語の研究
	菅原　健	理学部	水による物質移動循環機構の地球化学的研究
1963年第53回	関口春次郎	工学部	鋼の溶接棒ならびに炭酸ガス酸素アーク溶接法に関する研究
1966年第56回	鵜高　重三	農学部	醗酵によるアミノ酸類の生成に関する研究
1968年第58回	宮川　正澄	医学部	無菌動物の研究
1976年第66回	山本　時男	理学部	魚類の性分化の遺伝学的・発生生理学的研究
1977年第67回	平田　義正	理学部	微量天然有機物質の研究
	香川　毓美	工学部	高分子電解質の研究（共同研究）
	永澤　満	工学部	高分子電解質の研究（共同研究）

1980 年 第 70 回	阿閉　吉男	文学部	ジンメル社会学の方法
1982 年 第 72 回	八木　國夫	医学部	フラビン酵素に関する研究
1990 年 第 80 回	森　　重文	理学部	代数多様体の分類理論の研究
1991 年 第 81 回	塩野谷祐一	経済学部	価値理念の構造—効用対権利—
	早川　幸男	理学部・学長	宇宙放射線の研究
1992 年 第 82 回	大澤　省三	理学部	例外的遺伝暗号の発見とその進化学的意義の解明
	石崎　宏矩	理学部	カイコ脳神経ペプチドに関する化学的・分子生物学的研究（共同研究）
1994 年 第 84 回	井村　　徹	工学部	金属塑性変形の超高電圧電子顕微鏡その場観察による研究（共同研究）
1995 年 第 85 回	野依　良治	理学部	不斉合成反応に関する研究
1996 年 第 86 回	竹市　雅俊	理学研究科	動物細胞の接着因子カドヘリンの発見とその接着機構に関する研究
1997 年 第 87 回	山寺　秀雄	理学部	金属錯体の分光学における山寺則の創始と配位構造の研究
2002 年 第 92 回	佐藤　彰一	文学研究科	修道院と農民—会計文書から見た中世形成期ロワール地方—
2007 年 第 97 回	山本　　尚	工学研究科	有機典型元素化合物の高配位能を活用した化学反応性と物性の開拓（共同研究）
2008 年 第 98 回	永井　美之	医学部	パラミクソウイルス病原性の分子基盤の解明と新規発現ベクターの創出
	藤吉　好則	理学部	極低温電子顕微鏡の開発による膜タンパク質の構造決定
2009 年 第 99 回	安藤　隆穂	経済学研究科	フランス自由主義の成立—公共圏の思想史—
2012 年 第 102 回	中西　　聡	経済学研究科	海の富豪の資本主義—北前船と日本の産業化—
2013 年 第 103 回	巽　　和行	物質科学国際研究センター	還元系金属酵素活性中心の生物無機化学に関する研究
2014 年 第 104 回	近藤　孝男	理学研究科	シアノバクテリア概日時計の再構成と計時機構の研究
	岡本　佳男	工学研究科	らせん高分子の精密合成，構造，機能に関する研究
2016 年 第 106 回	宮本　憲一	経済学部	戦後日本公害史論

注）＊は東宮御成婚記念賞受賞。

日本学士院エジンバラ公賞受賞者

2016 年 第 106 回	松岡　　信	生物機能開発利用研究センター	植物ホルモン・ジベレリンがもたらす種の保全確保と植物多様性ならびに食糧生産性向上に関する研究

注）部局名は名古屋大学在籍時の所属。

年　表

1990（平成2）年	6月	太陽地球環境研究所，年代測定資料研究センターを設置。
	8月	この年の3月まで理学部教授だった森重文博士が，日本人で3人目のフィールズ賞受賞。
	11月	第1回日本数学コンクールが開催される。
1991（平成3）年	4月	大学院国際開発研究科，言語文化部を設置。
1992（平成4）年	3月	名古屋大学シンポジオン（創立五十周年記念事業後援会寄附）落成式を挙行。
	4月	加藤延夫が第10代総長に就任。大学院人間情報学研究科，高温エネルギー変換研究センターを設置。
1993（平成5）年	2月	広報誌『名大トピックス』創刊（～2021年3月まで)。
	4月	大気水圏科学研究所，留学生センター，生物分子応答研究センターを設置。名古屋大学懇話会を設置。
	9月	広報プラザ（名古屋大学出版会寄附）落成式を挙行。
	10月	教養部を廃止し，情報文化学部を設置。 この年度から，学部3年生を対象とする就職ガイダンスが始まる。
1994（平成6）年	4月	4年一貫教育を開始。この年度に，事務局に研究協力課を設置。
1995（平成7）年	1月	医学部附属病院などが阪神・淡路大震災の被災者救援活動に従事。
	4月	大学院多元数理科学研究科，理工科学総合研究センターを設置。
	10月	『名古屋大学五十年史』（通史一・二）を刊行。工学研究科1号館の竣工（第一期工事）記念式を挙行。 この年，初めてキャンパスマスタープランを策定。
1996（平成8）年	4月	理学部が大学院重点化を完了。名古屋大学史資料室を設置。
	5月	事務局と学生部の事務を統合（学生部廃止)。副総長（2名）を設置。
	6月	ベンチャー・ビジネス・ラボラトリーを設置（ベンチャー・ビジネス・ラボラトリー規程施行)。東山キャンパスで暴走族等による学生への暴行・強盗事件多発。
	10月	独自の短期交換留学制度 NUPACE を本格導入。
	11月	医学部附属病院の本院（鶴舞地区）と分院（大幸地区，文部省令上は5月廃止）を統合。
	12月	大幸医療センターを設置。
1997（平成9）年	3月	多元数理科学研究科棟が完成。
	4月	大学院農学研究科を大学院生命農学研究科に改称。工学部が大学院重点化を完了。難処理人工物研究センターを設置。
	10月	医学部保健学科を設置。
	12月	人間情報学研究科棟の竣工記念式典を挙行。
1998（平成10）年	1月	「NU」マークが大学公式学章となる。国際開発研究科棟が完成(第二期工事が完了)。

	4月	大学院国際言語文化研究科，物質科学国際研究センター，情報メディア教育センター，高等教育研究センターを設置。松尾稔が第11代総長に就任。
1999（平成11）年	4月	法学部，農学部が大学院重点化を完了。農学国際教育協力研究センターを設置。第1回組織改革検討委員会を開催。
	6月	医学部附属病院新病棟の完成記念式典・祝賀会を挙行。
2000（平成12）年	2月	名古屋大学学術憲章を制定。
	4月	運営諮問会議を設置。文学部，教育学部，経済学部，医学部が大学院重点化を完了。大学院教育学研究科を大学院教育発達科学研究科に改称。博物館，年代測定総合研究センターを設置。 この年，在籍留学生1,000人を超え，全国の大学で第3位となる。
2001（平成13）年	4月	大学院環境学研究科，地球水循環研究センター，環境量子リサイクル研究センター，発達心理精神科学教育研究センター，学生相談総合センター，附属図書館研究開発室を設置。アジア法政情報交流センター（CALE）棟の落成記念式典を挙行。
	10月	研究協力支援センターを設置（10月2日に看板上掲式)。
	12月	大学院理学研究科の野依良治教授がノーベル化学賞を受賞。教養教育院を設置。
2002（平成14）年	4月	高等研究院，情報連携基盤センター，法政国際教育協力研究センター，高効率エネルギー変換研究センター，インキュベーション施設を設置。大学院医学研究科を大学院医学系研究科に改称。 国際嚶鳴館が竣工。
	5月	産学官連携推進本部を設置。
	6月	国際学術コンソーシアム（AC21）が発足（名大に本部事務局)。
	9月	災害対策室を設置。
	10月	全学同窓会（NUAL）を設立。
	12月	文系総合館の竣工記念式典を挙行。
2003（平成15）年	1月	男女共同参画室を設置。
	4月	大学院情報科学研究科を設置（情報文化学部の大学院重点化完了)，生物機能開発利用研究センターを設置。
	11月	IB電子情報館が完成（第二期工事が完了)。
	12月	名古屋市営地下鉄名城線の砂田橋駅—名古屋大学駅間が開通。名古屋大学東京フォーラムを初めて開催。環境総合館の竣工記念式典を挙行。
2004（平成16）年	3月	野依記念物質科学研究館，野依記念学術交流館等の合同竣工記念式典を挙行（竣工は2003年）
	4月	名古屋大学が国立大学法人となる（役員会，教育研究評議会，経営協議会等を設置)。平野眞一が第12代総長に就任。エコトピア科学研究機構，大学院法学研究科実務法曹養成専攻（法科大学院)，大学文書資料室を設置。
	10月	野依良治理化学研究所理事長に名大初の特別教授の称号を贈呈。 名古屋市営地下鉄名城線に名古屋大学駅—新瑞橋駅間が開通し，全国初の地下鉄環状線が完成。
	12月	理学館が完成。
2005（平成17）年	4月	エコトピア科学研究所（学内措置）を設置。

	8月	万博記念国際フォーラムを名大で開催。
	9月	ウズベキスタンのタシケント国立法科大学に名古屋大学法教育研究センターを設置。
	10月	第1回名古屋大学ホームカミングデイを開催。
	11月	名古屋大学上海事務所，ドイツのフライブルク大学に名古屋大学ビジネス訴訟研究所を設置。
	12月	名古屋大学国際化推進プランを策定（学外にも公表）。
2006（平成18）年	2月	第1回名古屋大学インターナショナルアドバイザリーボード（国際諮問委員会）を開催。
	3月	名古屋大学基金を創設。
	4月	エコトピア科学研究所が大学附置研究所となる。国際交流協力推進本部，情報連携統括本部，環境安全衛生推進本部，総合企画室等を設置。学内保育所名古屋大学こすもす保育園を開設（東山地区）。
	5月	旧第1理系食堂を改築・改修したフォレスト（名大生協寄附）の竣工記念式典を挙行。
	7月	ファミリーマート名古屋大学店がオープン。
	10月	赤﨑勇特別教授の業績を記念して，赤﨑記念研究館が竣工。研究推進室を設置。
2007（平成19）年	4月	小型シンクロトロン光研究センターを設置。
	10月	鶴舞地区の「医学部附属病院門及び外塀」が国の登録有形文化財に登録。
	12月	豊田講堂の全面改修・増築工事が完了（竣工式等の記念行事は2008年2月）。
2008（平成20）年	6月	名大祭で食中毒発生。
	7月	社会貢献人材育成本部の設置（役員会決定）。
	12月	名大卒業生の益川敏英博士（特別招へい教授），小林誠博士がノーベル物理学賞を受賞。名大で学位を取得し，助教授として在籍した下村脩博士がノーベル化学賞を受賞。
2009（平成21）年	4月	濵口道成が第13代総長に就任。情報基盤センター，ハラスメント相談センターを設置。
	7月	名大が文部科学省国際化拠点整備事業（グローバル30）の拠点に採択（事業は2010年度から，のちに「大学の国際化のためのネットワーク形成推進事業」に変更）。学内保育所名古屋大学あすなろ保育園を開設（鶴舞地区）。
	9月	学内学童保育所ポピンズアフタースクールを開所（東山地区）。
	10月	名古屋大学創立70周年（創基138周年）記念式典を挙行（10月17日）。濵口総長が名大の運営方針「濵口プラン」（名古屋大学からNagoya Universityへ）を発表。
2010（平成22）年	4月	素粒子宇宙起源研究機構を設置（2019年10月に素粒子宇宙起源研究所となる）。
	4月	東山キャンパス南部食堂の改築竣工式を挙行。
	12月	減災連携研究センターを設置（2012年1月に学内共同教育研究施設となる）。
2011（平成23）年	1月	グリーンモビリティ連携研究センターを設置（同年7月に学内共

		同教育研究施設となる)。
	3月	2008年のノーベル賞受賞を記念した,ES総合館が竣工。
	7月	豊田講堂を国の登録有形文化財として登録。
	8月	石田財団記念施設を併設する石田記念名古屋大学インターナショナルレジデンス妙見が竣工。
	11月	リサーチ・アドミニストレーション(URA)室を設置(翌年度からURA配属)。
2012(平成24)年	1月	学章を一部変更のうえ「名大マーク」と呼称,シンボルロゴとする。
	4月	大学院創薬科学研究科,防災推進本部を設置。
	10月	「トランスフォーマティブ生命分子研究所」が世界トップレベル研究拠点プログラム(WPI)に採択(研究所設置は2013年4月)。
2013(平成25)年	2月	PhD登龍門推進室を設置。
	3月	「モビリティ・イノベーション・コンプレックス拠点」が国際科学イノベーション拠点整備事業に採択。
	7月	ユニバーシアード陸上女子1万mで経済学部4年の鈴木亜由子が優勝。
	10月	「多様化・個別化社会イノベーションデザイン拠点」が,平成25年度文部科学省「革新的イノベーション創出プログラム(COI STREAM)」拠点に採択。国際交流協力推進本部を設置。
	12月	脳とこころの研究センターを設置。
2014(平成26)年	1月	学術研究・産学官連携推進本部,ナショナルコンポジットセンター(NCC)を設置。
	2月	減災館が竣工。
	4月	未来社会創造機構(名古屋COI拠点)を設置。中央図書館が,全面改修及び外壁の色を一新してリニューアルオープン。名大が採択されたスーパーグローバル大学創成支援事業始まる。
	8月	名古屋大学アジアサテライトキャンパス学院を設置。
	12月	赤﨑勇特別教授と大学院工学研究科の天野浩教授がノーベル物理学賞を受賞。
2015(平成27)年	3月	トランスフォーマティブ生命分子研究所(ITbM)の新研究棟,ナショナル・イノベーション・コンプレックス(NIC)が竣工。
	4月	松尾清一が第14代総長に就任。
	5月	名大が, UN Womenの「HeForShe」キャンペーンの「世界の10大学」に選出。
	7月	松尾総長が名大の運営指針「名古屋大学松尾イニシアティブNU MIRAI 2020」を発表。天皇皇后両陛下が名大東山地区を訪問。
	8月	創薬科学研究科棟が竣工。
	10月	未来材料・システム研究所,宇宙地球環境研究所を設置。GaN(窒化ガリウム)研究コンソーシアムが,名大など6機関を幹事機関として発足。
	11月	アジア法交流館が竣工(2016年3月に落成式典)。
2016(平成28)年	3月	「名古屋大学・東海地区大学広域ベンチャー1号投資事業有限責任組合」設立(2019年2月に2号ファンド設立)。2015年度に海外留学する名大生が1000人を突破。

	4月	運営支援組織として，教育連携基盤本部，IR本部を設置。
	7月	「名古屋大学発ベンチャー」称号授与制度を設ける。
	8月	卒業生の鈴木亜由子が陸上女子5000mでリオデジャネイロ五輪に出場。
	10月	教育学部附属中学校2年の藤井聡太が，史上最年少で将棋のプロ棋士となる。
2017（平成29）年	4月	大学院人文学研究科（大学院文学研究科，大学院国際言語文化研究科，大学院国際開発研究科の一部を再編），大学院情報学研究科・情報学部，アジア共創教育研究機構を新設。
	6月	名古屋大学・愛知県・名古屋市が共同で，あいち・なごや強靭化共創センターを設置。
	7月	男女共同参画センター，Development Office，財務戦略室を設置。
	11月	篤志家の寄附によるジェンダー・リサーチ・ライブラリ（GRL）が開館。
2018（平成30）年	3月	名大が文科省から指定国立大学法人に指定。クラウドファンディングの運用を開始。
	4月	農学国際教育研究センターを設置（農学国際教育協力研究センターを改組）。
	10月	博士課程教育推進機構を設置。
	12月	名大と岐阜大が，「東海国立大学機構」の設立（法人統合）に向けての基本合意書に調印。
2019（平成31）年	4月	本部の審議・執行体制を再編（執行会議，統括理事，教育研究評議会分科会を設置，部局長会，基幹委員会を廃止）。低温プラズマ科学研究センターを設置。
	6月	日本陸上400mハードルで，工学研究科2年の小田将矢が5位，医学部5年の真野悠太郎が6位に入賞。
	7月	附属図書館所蔵の高木家文書（交代寄合西高木家関係資料）が，名大で初めて重要文化財に指定。
	10月	国際高等研究機構を設置。
	12月	数理・データ科学教育研究センターを設置。
2020（令和2）年	3月	新型コロナウイルス感染症（COVID-19）の拡大防止のため卒業式及び学位授与式を中止。オークマ株式会社の寄附によるオークマ工作機械工学館が竣工。
	4月	東海国立大学機構が発足。初代機構長に松尾清一総長が就任。

参考文献

「東海国立大学機構大学文書資料室」は「資料室」と略記した。
ウェブサイトの閲覧日は 2021 年 11 月 15 日。

全体もしくは複数の章に関わるもの

〈刊行物〉

大﨑仁『国立大学法人の形成』(東信堂，2011 年)

田中弘允・佐藤博明・田原博人『検証 国立大学法人化と大学の責任—その制定過程と大学自立への構想—』(東信堂，2018 年)

「ちょっと名大史」(『名大トピックス』第 108 号〔2002 年 5 月〕から第 333 号〔2021 年 3 月〕まで資料室が連載，名古屋大学及び資料室のウェブサイトで全回閲覧可)

名古屋大学『学生便覧』(各年，資料室蔵)

名古屋大学学園だより編集委員会〔第 138 号以降は名古屋大学学生生活広報担当グループ〕編『学園だより』(創刊号〔1962 年 10 月〕〜第 173 号〔2018 年 3 月〕)

『名古屋大学学報』(創刊号〔1961 年 11 月〕〜第 397 号〔2006 年 3 月〕)

「名古屋大学キャンパスマスタープラン」1997，2001，2005，2010，2016（名古屋大学）

名古屋大学自己評価実施委員会編『明日を拓く名古屋大学』1（1993 年），2（1995 年），3（1997 年）

名古屋大学史編集委員会編『名古屋大学五十年史　通史二』(名古屋大学，1995 年)

————編『名古屋大学五十年史　部局史一』(名古屋大学，1989 年)

『名古屋大学（の）プロフィール』(1992 〜 2021 年版)

名古屋大学本部学生生活委員会『学生生活状況調査報告書』(1993 年刊行〔1992 年実施〕〜 2017 刊行〔2016 年実施〕，隔年，資料室蔵)

名古屋大学留学生センター編『留学生センターニュース』第 1 号（1994 年 3 月）〜第 27 号（2012 年 3 月）

————編『名古屋大学留学生センター紀要』第 1 号（2003 年 9 月）〜第 11 号（2013 年 8 月）

名大祭のパンフレット（プログラム）(1990 〜 2019 年の各年，資料室及び名大祭実行委員会蔵)

山口拓史・堀田慎一郎『名大祭—五〇年のあゆみ—』(名大史ブックレット 14，名古屋大学大学文書資料室，2011 年)

〈非刊行物〉

1990–2003 年度の「〔名古屋大学〕評議会議事録」(名古屋大学運営局蔵)

2004–2019 年度の「〔名古屋大学〕役員会関係（綴）」(名古屋大学運営局蔵)

2014–2019 年度の「〔名古屋大学〕教育研究評議会議事録」(名古屋大学運営局蔵)

第 8 章　教育・研究体制の大改革

〈刊行物〉

大西珠枝「名古屋大学における一般教育改善の歩み—カリキュラム改革を中心に—」文部省高等教育局監修『大学資料』101，1987 年 10 月

加藤延夫『続 世紀のはざまにて』上巻，下巻（2006 年）

国立大学協会教養課程に関する特別委員会編刊『教養課程組織改編に関する調査報告書』(1979 年)

名古屋大学編『教養部改革報告書　平成 5 年 3 月』(名古屋大学，1993 年)

名古屋大学医学部附属病院分院「名古屋大学医学部附属病院分院記念誌」編集委員会編『名古屋大学医学部附属病院分院記念誌』(名古屋大学医学部附属病院分院，1997 年)

名古屋大学医療技術短期大学部編刊『名古屋大学医療技術短期大学部の現状と課題』(1998 年)

名古屋大学医療技術短期大学部・名古屋大学医学部保健学科編刊『名古屋大学医療技術短期大学部閉学記念誌』(2001 年)

名古屋大学言語文化部『未来へのプロフィール　第 2 号　名古屋大学言語文化部自己評価報告書』

（1996 年）
名古屋大学言語文化部広報委員会『言語文化部だより』第 27 号（1992 年 10 月）～第 47 号（2002 年 10 月）
名古屋大学言語文化部自己評価実施委員会編『未来へのプロフィール―名古屋大学言語文化部概況報告書―』（名古屋大学言語文化部，1992 年）
名古屋大学高等教育研究センター『高等教育研究プロファイル』第 1 号（1999 年 3 月）～第 11 号（2005 年 3 月）
名古屋大学史編集委員会編『名古屋大学五十年史　部局史二』（名古屋大学，1989 年）
名古屋大学助産婦同窓会専攻科閉校記念祭実行委員会編刊『記念誌―助産学，20 世紀から 21 世紀へ―』（2001 年）
名古屋大学大学院国際開発研究科『GSID ニューズレター』（1995 年 7 月～）
名古屋大学大学院法学研究科編刊『自己点検・評価報告書　名古屋大学大学院法学研究科・法学部の現況』，2000 年版，2004 年版
名古屋大学農学部五十年史編纂委員会編『名古屋大学農学部五十年史』（名古屋大学農学部，2001 年）
名古屋大学農学部自己評価実施委員会『農学のフロントランナー』（名古屋大学農学部），1996 年版，1999 年版
名古屋大学物質科学国際研究センター『名古屋大学物質科学国際研究センターニュース　RCMS NEWS』第 1 号（1993 年 3 月）～第 6 号（2004 年 3 月）
名古屋大学文学部自己評価実施委員会『人文学の先端をめざす―名古屋大学文学部・文学研究科の現状と課題―Ⅱ』（1995 年）
名古屋大学法学部編刊『1997 法学部懇談会―名古屋大学の改革への取組み・将来構想― SCHOOL OF LAW』（1997 年）
名古屋大学法学部自己評価実施委員会『名古屋大学法学部の現況（1993 ～ 1996）』（名古屋大学法学部，1996 年）
名古屋大学理学部編刊『名古屋大学理学部六十年史』（2002 年）
吉田文『大学と教養教育―戦後日本における模索―』（岩波書店，2013 年）
理工科学総合研究センター『理工総研ニュース』第 1 号（1995 年 11 月）～第 26 号（2004 年 5 月）

〈非刊行物（いずれも資料室蔵）〉
「教養部改革第 2 次検討委員会綴」
「名古屋大学における 4 年一貫教育―教養部改革第 3 次検討委員会専門委員会検討結果報告書―」（1993 年 2 月 23 日付）
「名古屋大学大学院改革構想―大学院設備充実検討委員会報告書―」（1993 年 6 月）
「四年一貫教育関係綴 6（時間割含む）カリキュラム」
「名古屋大学環太平洋研究センター検討委員会」
「国際開発研究科設置までの検討経緯　平成元年 3 月～平成 2 年 9 月」
「国際開発研究科国際開発専攻準備委員会記録資料　1990.11.14 ～ 1991.3.26」
国際開発研究科事務室「国際開発研究科関係部局連絡会議記録平成 2 年（1990）9 月 3 日（第 1 回）～平成 3 年 7 月 2 日（第 17 回）／国際開発研究科創設委員会記録（平 3.1.22 第 1 回　3.2.19 第 2 回）」
「国際開発研究科関係部局連絡会議記録　2.9.3 ～ 2.12.18」
「国際開発研究科ワーキンググループ会議関係資料綴　1990.9.10」
「国際開発研究科ワーキンググループ会議議題　創設委員会議事概要　大学設置審議会実地調査メモ　国際開発専攻準備委員会メモ　国際協力専攻準備委員会メモ　研究科委員会　記録　関係部局連絡会議記録　保存用」
「平成 6 年度（第 1 年次）　工学研究科の整備　文部省打合せ提出資料」
「平成 7 年度（第 2 年次）　工学研究科の整備　文部省打合せ提出資料」
「平成 8・9 年度（第 3 年次・第 4 年次）　工学研究科の整備　文部省打合せ提出資料」
「平成 7 年度　多元数理科学研究科の新設　平成 7・8 年度（第 1 年次・第 2 年次）理学研究科の整備　文部省打合せ提出資料」

「平成9年度　保健学科の新設　文部省打合せ提出資料」

「平成11年度（第2年次）　医学研究科の整備　文部省打合せ提出資料」

名古屋大学農学部「大学院重点化に伴う教育・研究・運営体制の活性化の状況について」（1997年4月版，1998年5月版）。

「平成11年度（第3年次）　生命農学研究科の整備　文部省打合せ提出資料」

「平成10年度　国際言語文化研究科の新設　文部省打合せ提出資料」

「平成10年度概算要求説明資料　名古屋大学（独立研究科）国際言語文化研究科　平成9年6月名古屋大学　平成10年度概算要求説明資料　名古屋大学（独立研究科）国際言語文化研究科（補足説明資料）」

「名古屋大学創造理工科学研究センター設置計画（案）」（1994年）

「平成7年度　理工科学総合研究センターの新設　文部省打合せ資料」

「平成9年度　難処理人工物研究センターの新設　文部省打合せ提出資料」

「平成10年度　物質科学国際研究センターの新設　文部省打合せ提出資料」

「平成10年度　情報メディア教育センターの新設　文部省打合せ提出資料」

「平成10年度　高等教育研究センターの新設　文部省打合せ提出資料」

松原輝男名誉教授旧蔵教養部資料
中田実名誉教授旧蔵資料

第9章　基幹的総合大学の研究

〈刊行物〉
阿曽沼明裕・金子元久「「教官当積算校費」と「科研費」―戦後学術政策への一視角―」（『教育社会学研究』第52集，1993年6月）
今田哲「産学連携と利益相反」（玉井克也・宮田由紀夫編著『日本の産学連携』，玉川大学出版部，2007年）
大沢健夫「日本数学コンクールの挑戦」（『名古屋高等教育研究』第2号，2002年1月）
科学技術・学術審議会技術・研究基盤部会産学官連携推進委員会大学知的財産本部審査・評価小委員会『「大学知的財産本部整備事業」事後評価結果報告書』（2008年）
河合利秀論文（『名古屋大学理学部 技術報告』第2号，1991年）
国立研究開発法人科学技術振興機構研究開発戦略センター科学技術イノベーション政策ユニット『調査報告書　我が国における拠点形成事業の展開～課題と展望～』（国立研究開発法人科学技術振興機構研究開発戦略センター，2016年）
佐久間貞行「遠隔医療と画像診断」(1) ～ (3)（『健康文化』第16号〔1996年10月〕～第18号〔1997年6月〕）
『数学セミナー』編集部「21世紀COEプログラム（1）等式が生む数学の新概念　名古屋大学大学院多元数理科学研究科」（『数学セミナー』第508号，2004年1月）
名古屋大学事務局庶務課『名古屋大学研究者のプロフィール（1993–1994）』（1993年11月）
名古屋大学太陽地球環境研究所出版編集委員会編刊『名古屋大学太陽地球環境研究所 STEL Newsletter』第20号（2000年8月）
名古屋大学太陽地球環境研究所編刊『名古屋大学太陽地球環境研究所創設20周年記念誌』（2010年）
『名古屋大学アジア法政情報交流センターニューズレター（CALE NEWS）』第1号（2000年8月）～第5号（2001年9月）
『名古屋大学アジア法政国際教育協力研究センターニューズレター（CALE NEWS）』第6号（2002年4月）
名古屋大学星の会会誌『les etoiles』第25号（2010年6月）
野依良治『研究はみずみずしく―ノーベル化学賞の言葉―』（名古屋大学出版会，2002年）
藤井良一「北極域のオーロラ研究の現状」（『学術月報』第54巻第2号，2001年2月）
モナスティルスキー，マイケル（眞野元訳）『フィールズ賞で見る現代数学』（ちくま学芸文庫，2013年）

〈ウェブサイト〉
「海外渡航事務の取扱いについて（通知），文部事務次官から各国立学校長等宛て，1991 年 12 月 11 日」（2019 年 4 月 29 日閲覧）http://www.mext.go.jp/b_menu/hakusho/nc/t19911211001/t19911211001.html
「学術研究体制特別委員会基本問題小委員会議事録」（第 11 回，1998 年 12 月 11 日）http://www.mext.go.jp/b_menu/shingi/old_gijyutu/gakujyutu_index/bunkabukai/bukaiiinkai/gijiroku/1314848.htm（2019 年 4 月 29 日閲覧）
「第 4 回産業競争力会議議事要旨」https://www.kantei.go.jp/jp/singi/sangyo/990610dai4.html
独立行政法人科学技術振興機構『ERATO–25 周年記念誌』https://www.jst.go.jp/kisoken/brochure/erato25th.pdf
――――『CREST–12 周年記念誌―科学技術イノベーションを目指す CREST の挑戦―』（独立行政法人科学技術振興機構戦略的創造事業本部研究領域総合運営部基礎研究制度評価タスクフォース，2008 年）https://www.jst.go.jp/kisoken/brochure/crest12th.pdf
名古屋大学ベンチャー・ビジネス・ラボラトリーのウェブサイト http://www.vbl.nagoya-u.ac.jp/
名古屋大学未来材料・システム研究所先端技術共同研究施設のウェブサイト https://www.rfast.imass.nagoya-u.ac.jp/
名古屋大学理学部技術部シンポジウム「理学部技術部の来し方，行く末」（1999 年 8 月 31 日）報告 http://www.tech.sci.nagoya-u.ac.jp/databook/w1999/index.html#symposium
文部科学省ほか『科研費 100 年―研究者と共に百年。これから先も。―』（文部科学省，2018 年）https://www.mext.go.jp/a_menu/shinkou/hojyo/1412721.htm

第 10 章　学生生活とキャンパスの変容

〈刊行物〉
大南正瑛編著『いま，大学の臨時的定員を考える』（大学基準協会，1999 年）
工藤和宏・上別府隆男・太田浩「日本の大学国際化と留学生政策の展開」（『日韓大学国際化と留学生政策の展開　日本私立大学協会 附置私学高等教育研究所研究プロジェクト報告書 13–52』，2004 年）
佐藤龍子「いま，改めて臨時的定員政策を考える―「漸増主義」と大学大衆化―」（『静岡大学教育研究』第 3 号，2007 年 3 月）
白石勝己「留学生数の変遷と入管施策から見る留学生 10 万人計画」（『ABK 留学生メールニュース』第 61 号，2006 年 12 月）
武田里子「日本の留学生政策の歴史的推移―対外援助から地球市民形成へ―」（『日本大学大学院総合社会情報研究科紀要』第 7 号，2007 年 2 月）
名古屋大学太陽地球環境研究所編刊『名古屋大学太陽地球環境研究所年報』（1992 年度版～ 2005 年度版）
『NUPACE Prospectus 2019–2020』（NUPACE Office International Education & Exchange Centre）
林良嗣「国際学術コンソーシアム AC21―名古屋大学の世界的展開―」（『IDE 現代の高等教育』第 455 号，2003 年 12 月）
文部省高等教育局大学課（1999 年度から大学教育研究会）監修『全国大学一覧』（文教協会）1985 年度～ 2000 年度版
名古屋大学『学生募集要項』（各年，資料室蔵）
名古屋大学本部学生生活委員会『学生（経済）生活状況調査報告書』（資料室蔵）

〈非刊行物〉
「名古屋大学医学部附属病院再整備計画」（名古屋大学，1993 年，恒川和久蔵）

〈ウェブサイト〉
文部（科学）省「学校基本調査」https://www.mext.go.jp/b_menu/toukei/chousa01/kihon/1267995.htm
文部科学省「国立大学等施設緊急整備 5 か年計画」（2001 年）https://www.mext.go.jp/a_menu/shisetu/kokuritu/1298541.htm

文部科学省（2004 年度以降は独立行政法人日本学生支援機構）「留学生受け入れの概況」（1999 年度〜）https://www.studyinjapan.go.jp/ja/statistics/zaiseki/index.html

第 11 章　法人化への道

〈刊行物〉
名古屋大学学生相談総合センター『NUCSC　学生相談総合センターだより』第 1 号（2001 年 11 月）〜第 15 号（2012 年 3 月）
名古屋大学情報連携基盤センター広報専門委員会編『名古屋大学情報連携基盤センターニュース』第 1 号（2002 年 11 月）
名古屋大学情報連携基盤センター編刊『名古屋大学情報連携基盤センター　平成 14 年度自己点検・評価報告書』（2003 年）
名古屋大学全学同窓会『NUAL 名古屋大学全学同窓会 News Letter』第 1 号（2002 年 9 月）〜第 35 号（2021 年 3 月）
―――編刊『名古屋大学全学同窓会 10 周年記念誌』（2012 年）
名古屋大学組織改革検討委員会『名古屋大学の法人化に向けて』，中間報告（2002 年 10 月），検討経過報告（2003 年 10 月），最終報告（2004 年 3 月），資料室所蔵
名古屋大学大学院環境学研究科編刊『名古屋大学大学院環境学研究科創設 10 周年記念誌　環境学―地球・都市・社会―』（2011 年）
名古屋大学男女共同参画推進に関するワーキンググループ編『名古屋大学における男女共同参画報告書（2002 年度）―男女共同参画社会の実現に向けて―』（2003 年 3 月）
名古屋大学男女共同参画推進専門委員会・名古屋大学男女共同参画室編『名古屋大学における男女共同参画報告書　2003 年度』（2004 年 3 月）
名古屋大学博物館『名古屋大学博物館要覧　2000–2001』（2000 年）
名古屋大学博物館（仮称）設立準備委員会編刊『NUM Newsletter』第 1 号（1998 年 10 月）〜第 8 号（2002 年 12 月）
名古屋大学附属図書館研究開発室『LIBST Newsletter』第 1 号（2002 年 9 月）〜第 16 号（2009 年 11 月）
―――『名古屋大学附属図書館研究開発室年次報告』第 1 号（2003 年 3 月）〜第 7 号（2009 年 3 月）
「人情」の記録編集委員会編刊『人間情報学研究科の記録　1992–2003』（2003 年）
名大（名古屋大学）の将来を語る会報告書（第 1 期〔2000 年〕，第 2 期〔2001 年〕，第 3 期〔2002 年〕，第 4 期〔2003 年〕，第 5 期〔2004 年〕）

〈非刊行物（いずれも資料室蔵）〉
「名古屋大学組織改革検討委員会関係綴　平成 11 年 3 月〜平成 11 年 12 月〔第 1 回〜第 10 回〕」
「名古屋大学組織改革検討委員会関係綴　平成 12 年 1 月〜〔第 11 回〜第 24 回〕」
「組織改革検討委員会関係綴〔第 25 回〜第 35 回〕」
「組織改革検討委員会関係綴　平成 14 年 4 月〜〔第 36 回〜第 44 回〕」
「組織改革検討委員会新組織創設等構想小委員会」
「組織改革検討委員会教育研究組織創設等小委員会」
「平成 13 年度　環境学研究科　文部省打合せ資料」
「情報学研究科　文科省提出」
「平成 15 年度文部省打合せ資料　情報科学研究科
「平成 12 年度　博物館の設置　文部省打合せ資料」
「平成 12 年度　博物館の設置　文部省打合せ資料（2）」
「平成 13 年度　発達心理精神科学教育研究センター　文部省打合せ資料」
「平成 13 年度　環境量子リサイクル研究センター　文部省打合せ提出資料」
「平成 14 年度　情報連携基盤センター（1）　文部省打合せ資料」
「平成 14 年度　情報連携基盤センター（2）　文部省打合せ資料」
「学生相談総合センター設立委員会関係綴」

第 12 章　国立大学法人名古屋大学，そして東海国立大学機構へ

〈刊行物〉
天野郁夫『国立大学・法人化の行方―自立と格差のはざまで―』（東信堂，2008 年）
名古屋大学教養教育院編刊『名古屋大学における全学教育―その現状と課題―』（2004 年 3 月）
名古屋大学組織改革検討委員会『名古屋大学の法人化に向けて（最終報告）』（2003 年 3 月）
名古屋大学法学部編刊『2000　法学部懇談会―名古屋大学法学部の改革への取組み・将来構想―』（2000 年 10 月）
『名古屋大学法学部ニュース』第 19 号（2004 年 7 月）
羽田貴史・金井徹「国立大学長の選考制度に関する研究―選挙制度の定着と学長像―」（『日本教育行政学会年報』第 36 号，2010 年 10 月）
『平成 17 年度　名古屋大学法科大学院学生募集要項（法学研究科・実務法曹養成専攻）』（2004 年 7 月）
吉田文・橋本鉱市『航行をはじめた専門職大学院』（東信堂，2010 年）

〈非刊行物（いずれも名古屋大学運営局蔵）〉
「指定国立大学構想推進委員会（平成 29 年度）」
「指定国立大学構想推進委員会（平成 30 年度）」
「〔2018 年度〕東海国立大学機構設立検討に関する会議資料」分冊 1 ～ 3
「平成 31 年度（令和元年度）東海国立大学機構設立検討に関する会議資料」

〈ウェブサイト〉
一般社団法人国立大学協会「「国立大学改革」の基本的考え方について―国立大学の自主的・自律的な機能強化を目指して―」（2013 年 5 月）https://www.janu.jp/janu/voice/kyoka2/
閣議決定「〔第 2 期〕教育振興基本計画」（2013 年 6 月 14 日）https://www.mext.go.jp/a_menu/keikaku/detail/1335039.htm
国立大学の一法人複数大学制度等に関する調査検討会議「国立大学の一法人複数大学制度等について」（2019 年 1 月 31 日）https://www.mext.go.jp/b_menu/shingi/chousa/koutou/092/gaiyou/1414767.htm
国立大学法人評価委員会「国立大学法人・大学共同利用機関法人の第 1 期中期目標期間の業務の実績に関する評価の概要」（2011 年）https://www.mext.go.jp/component/a_menu/education/detail/__icsFiles/afieldfile/2011/05/24/1306345_1.pdf
――――「第 1 期中期目標期間に係る業務の実績に関する評価結果　国立大学法人名古屋大学」（2011 年）https://www.mext.go.jp/component/a_menu/education/detail/__icsFiles/afieldfile/2011/05/20/1303640_11.pdf
――――「学校教育法及び国立大学法人法の 1 部を改正する法律及び学校教育法施行規則及び国立大学法人法施行規則の 1 部を改正する省令について（通知）」（文科省高等教育局長・同研究振興局長から各国公私立大学長等宛て，2014 年 8 月 29 日）https://www.mext.go.jp/b_menu/hakusho/nc/__icsFiles/afieldfile/2014/09/10/1351814_7.pdf
――――「国立大学法人・大学共同利用機関法人の第 2 期中期目標期間の業務の実績に関する評価結果（概要）」（2017 年）https://www.mext.go.jp/a_menu/koutou/houjin/detail/__icsFiles/afieldfile/2017/06/14/1386173_01.pdf
――――「第 2 期中期目標期間に係る業務の実績に関する評価結果　国立大学法人名古屋大学」（2017 年）https://www.mext.go.jp/component/a_menu/education/detail/__icsFiles/afieldfile/2017/06/02/1386137_05.pdf
中央教育審議会大学分科会「大学のガバナンス改革の推進について（審議まとめ）」（2014 年 2 月）https://www.mext.go.jp/b_menu/shingi/chukyo/chukyo4/houkoku/1344348.htm
文部科学省「大学改革実行プラン～社会の変革のエンジンとなる大学づくり～」（2012 年 6 月）https://www.mext.go.jp/b_menu/houdou/24/06/__icsFiles/afieldfile/2012/06/05/1312798_01_3.pdf
――――「ミッションの再定義の結果」（分野別）https://www.mext.go.jp/a_menu/koutou/houjin/1418118.htm

――――「今後の国立大学の機能強化に向けての考え方」（2013 年 6 月）https://www.mext.go.jp/b_menu/shingi/gijyutu/gijyutu4/034/shiryo/__icsFiles/afieldfile/2014/09/11/1350774_04.pdf
――――「国立大学改革プラン」（2013 年 11 月）https://www.mext.go.jp/a_menu/koutou/houjin/__icsFiles/afieldfile/2019/06/17/1418116_01.pdf
――――「大学改革に向けた文部科学省の取組」（2017 年 11 月）https://www.kantei.go.jp/jp/singi/keizaisaisei/miraitoshikaigi/suishinkaigo2018/innov/dai2/siryou2-2.pdf

第 13 章　世界屈指の大学への道

〈刊行物〉

科学技術・学術審議会研究活動の不正行為に関する特別委員会「研究活動の不正行為への対応のガイドラインについて―研究活動の不正行為に関する特別委員会報告書―」（2006 年 8 月 8 日）
世界科学会議「科学と科学的知識の利用に関する世界宣言（1999 年 7 月 1 日採択）」（『学術の動向』第 5 巻第 4 号，2000 年 4 月）
辻篤子『名大ウォッチ』（名古屋大学総務部，2018 年 11 月）
名古屋大学エコトピア科学研究所編『エコトピア科学概論―持続可能な環境調和型社会実現のために―』（コロナ社，2012 年）
名古屋大学トランスフォーマティブ生命研究所『名古屋大学トランスフォーマティブ生命研究所　分子で世界を変える』（パンフレット，2018 年）
名古屋大学未来材料・システム研究所『IMaSS 名古屋大学未来材料・システム研究所』（パンフレット，2015 年）
――――『IMaSS 名古屋大学未来材料・システム研究所　2019』（パンフレット，2019 年）
日本学術会議「声明　科学者の行動規範について」（2006 年 10 月 3 日）
藤巻朗（名古屋大学学術研究・産学官連携推進本部副本部長）「名古屋大学におけるイノベーション創出に向けた取組について」（科学技術・学術審議会産業連携・地域支援部会イノベーション創出機能強化作業部会（第 7 回）配付資料）
松井恒雄「巻頭言」（『エコトピアニュース』第 11 号，2010 年）
――――「エコトピア科学研究機構がめざすもの」（『技術開発ニュース』第 112 号，中部電力，2005 年 1 月）
森典華・河野廉・武田穣「博士の多様なキャリアパス」（『化学と生物』第 51 巻第 8 号，2013 年 8 月）

〈ウェブサイト〉

オープンイノベーション機構・名古屋大学未来社会創造機構「連携型研究領域物質・エネルギーリノベーション共創コンソーシアム」のウェブサイト http://chem.material.nagoya-u.ac.jp/opera/
技術の進歩のための世界最大の技術専門家組織（IEEE）のウェブサイト（IEEE Leadership）https://www.ieee.org/about/corporate/leadership.html
国際純正応用化学連合（IUPAC）のウェブサイト（「元役員一覧」）https://iupac.org/who-we-are/our-leadership/past-officers/
世界数学連合（IMU）のウェブサイト（「IMU 実行委員会」）https://www.mathunion.org/organization/imu-executive-committee
名古屋大学宇宙地球環境研究所のウェブサイト（「組織・研究所概要」）https://www.isee.nagoya-u.ac.jp/isee/organization.html
名古屋大学エネルギー変換エレクトロニクス実験施設のウェブサイト https://www.c-tefs.imass.nagoya-u.ac.jp/
名古屋大学高等研究院のウェブサイト（「UBIAS（大学附置高等研究院連合）」）http://www.iar.nagoya-u.ac.jp/actions/719/
名古屋大学テクノロジーパートナーシップのウェブサイト https://www.nutechtransfer.org/
名古屋大学博士課程教育推進機構キャリア教育室のウェブサイト https://dec.nagoya-u.ac.jp/career/
名古屋大学・北海道大学・東北大学「連携型博士研究人材総合育成システム」のウェブサイト https://cofre.synfoster.hokudai.ac.jp/cgi-bin/index.pl
名古屋大学未来材料・システム研究所のウェブサイト（「沿革」）https://www.imass.nagoya-u.ac.jp/

about/message/
名古屋大学未来材料・システム研究所のウェブサイト（「超高圧電子顕微鏡施設」）https://www.imass.nagoya-u.ac.jp/organization/organization_cat/hvem/
名古屋大学未来社会創造機構のウェブサイト http://www.mirai.nagoya-u.ac.jp/
文部科学大臣決定「研究活動における不正行為への対応等に関するガイドライン」（2014 年 8 月 26 日）https://www.mext.go.jp/b_menu/houdou/26/08/__icsFiles/afieldfile/2014/08/26/1351568_02_1.pdf
ITbM Gallery　https://www.itbm.nagoya-u.ac.jp/itbm-gallery/

第 14 章　名古屋大学から Nagoya University へ

〈刊行物〉
『名古屋大学アジア法政情報交流センターニューズレター（CALE NEWS）』第 1 号（2000 年 8 月）～第 5 号（2001 年 9 月）
『名古屋大学アジア法政国際教育協力研究センターニューズレター（CALE NEWS）』第 6 号（2002 年 4 月）～第 43 号（2019 年 9 月）
国際学術コンソーシアム推進室編刊『AC21 通信』第 1 号～第 22 号（2007 年 3 月～ 2017 年 11 月）
名古屋大学コンソーシアム推進室『名古屋大学国際コンソーシアム通信』第 1 号（2018 年 10 月），第 2 号（2019 年 4 月）

〈非刊行物〉
名古屋大学「〔第 2 期〕中期目標の達成状況報告書」（2016 年 6 月）
――――「平成 27 事業年度に係る業務の実績及び第 2 期中期目標期間に係る業務の実績に関する報告書」（2016 年 6 月）
名古屋大学全学教育科目「名大の歴史をたどる」濵口道成総長講義資料（2009 ～ 2014 年度）

〈日本学術振興会のウェブサイト〉
グローバル 30 総括シンポジウム「国際化で大学は変わったか」（2014 年 2 月 14 日）配付資料「採択大学の取組〔詳細版〕」https://www.jsps.go.jp/j-kokusaika/follow-up/data/h26/initiatives.pdf
九州大学教育国際化推進室編刊『グローバル 30 総括シンポジウム「国際化で大学は変わったか」報告書』（2014 年 9 月）https://www.jsps.go.jp/j-kokusaika/follow-up/data/h26/global30_report.pdf
大学の国際化のためのネットワーク形成推進事業プログラム委員会「大学の国際化のためのネットワーク形成推進事業　事後評価結果の総括」（2015 年 3 月）https://www.jsps.go.jp/j-kokusaika/data/jigo_hyoka/hyoka_kekka/h21/h26_jigohyoukakekka_all.pdf
――――「大学の国際化のためのネットワーク形成推進事業　事後評価結果（名古屋大学）」（2015 年 3 月）https://www.jsps.go.jp/j-kokusaika/data/jigo_hyoka/hyoka_kekka/h21/g30_post-project_kekka04.pdf
スーパーグローバル大学創成支援プログラム委員会「スーパーグローバル大学創成支援事業　中間評価結果の総括」（2018 年 2 月 22 日）https://www.jsps.go.jp/j-sgu/data/kekka/h29_sgu_chukan_kekka soukatsu.pdf
名古屋大学「スーパーグローバル大学創成支援（タイプ A）名古屋大学　取組概要」https://www.jsps.go.jp/j-sgu/data/torikumigaiyou/h26-r2/sgu_h26-r2initiatives_a07.pdf
博士課程教育リーディングプログラム委員会「博士課程教育リーディングプログラム 平成 23 年度採択プログラム事後評価について」（2018 年 2 月）https://www.jsps.go.jp/j-hakasekatei/data/jigo_hyoka/h23/jigo_hyoka_kekkaH29.pdf
――――「博士課程教育リーディングプログラム 平成 24 年度採択プログラム事後評価について」（2019 年 2 月）https://www.jsps.go.jp/j-hakasekatei/data/jigo_hyoka/h24/jigo_hyoka_kekkaH30.pdf

〈文部科学省のウェブサイト〉
文部科学省等六省「「留学生 30 万人計画」骨子」（2008 年 7 月）https://www.mext.go.jp/a_menu/koutou/ryugaku/__icsFiles/afieldfile/2019/09/18/1420758_001.pdf
国立大学法人評価委員会「第 2 期中期目標期間に係る業務の実績に関する評価結果　国立大学法人名

古屋大学」(2017 年) https://www.mext.go.jp/component/a_menu/education/detail/__icsFiles/afieldfile/2017/06/02/1386137_05.pdf

第 15 章　連携と貢献

〈刊行物〉
名古屋大学災害対策室『名古屋大学災害対策室年次報告』(2004 年度～ 2009 年度)
名古屋大学総務部総務課(基金事務局)『名古屋大学創立 70 周年事業「名古屋大学基金」の創設』(2006 年 6 月)
名古屋大学男女共同参画推進専門委員会・名古屋大学男女共同参画室(〔2017 年度版からは男女共同参画センター〕編『名古屋大学における男女共同参画報告書』2004 年度版(2005 年 3 月)～ 2019 年度版(2020 年 3 月)
『日本工業新聞(電子版)』2019 年 1 月(「名古屋大，VB ファンド設立」)

〈ウェブサイト〉
「あいち・なごや強靭化共創センター」のウェブサイト http://www.gensai.nagoya-u.ac.jp/kyoso/
奥原主一「名大ファンドについて」(「THE INDEPENDENTS」のウェブサイト講演レポート，2016 年 7 月 13 日名古屋インデペンデンツクラブ) http://www.independents.jp/article/item001347?back=list8
「企業と大学の本格的連携が，未来を創造する　指定共同研究―「組織」対「組織」の本格的共同研究」https://www.aip.nagoya-u.ac.jp/industry/joint/shitei/index.html
財満鎭明(名古屋大学副総長)「名古屋大学クロス・アポイントメント制度　平成 28 年度制度改正の概要」(第 2 回産学官連携深化ワーキンググループ(2016 年 10 月 13 日)配付資料，文部科学省のウェブサイト) https://www.mext.go.jp/component/a_menu/science/detail/__icsFiles/afieldfile/2016/10/17/1378219_008.pdf
――――「「組織」対「組織」本格的産学官連携に向けた取組〈イノベーションプラットフォーム形成に向けた名古屋大学の挑戦〉」(「未来創造対話 in 大阪 2017」当日配布資料，2017 年 2 月 7 日) https://www.jst.go.jp/tt/mext2017/pdf/20170207_j02.pdf
「Tongali」のウェブサイト https://tongali.net/
「名古屋大学基金」のウェブサイト https://kikin.nagoya-u.ac.jp/
「名古屋大学クラウドファンディング」のウェブサイト https://readyfor.jp/lp/nagoya_univ/index.html
「名古屋大学指定共同研究制度(概要)」(産学官連携による共同研究強化のためのガイドライン付属資料 2，文部科学省のウェブサイト) https://www.mext.go.jp/component/a_menu/science/detail/__icsFiles/afieldfile/2016/12/27/1380912_04.pdf
「Beyond Next が名古屋大・他 4 大学の公認ファンド運営へ，医師起業家ファンドも設立」https://jp.techcrunch.com/2018/12/06/beyond-next-univ-fund-and-doctor-fund/

第 16 章　最近の学生生活とキャンパス

「名古屋大学東山団地地区計画」(名古屋市都市計画決定，2013 年) https://www.city.nagoya.jp/jutakutoshi/page/0000010809.html　https://www.city.nagoya.jp/jutakutoshi/cmsfiles/contents/0000010/10809/nagoyadaigakuhigasiyamadanchikeikakuzu.pdf
「〔名古屋大学〕鶴舞町地区計画」(名古屋市都市計画決定，2015 年) https://www.city.nagoya.jp/jutakutoshi/cmsfiles/contents/0000010/10864/tsurumai_ck_keikakusyo.pdf　https://www.city.nagoya.jp/jutakutoshi/cmsfiles/contents/0000010/10864/tsurumai_ck_keikakuzu.pdf

《執筆者一覧（五十音順）**》**

齋藤《さいとう》 芳子《よしこ》（高等教育研究センター助教，担当：9–1〜5，13–1〜3，15–1）

榊原《さかきばら》 千鶴《ちづる》（男女共同参画センター教授，担当：11–2，15–3）

恒川《つねかわ》 和久《かずひさ》（大学院工学研究科教授，担当：10–3，16–2）

堀田《ほった》慎一郎《しんいちろう》（東海国立大学機構大学文書資料室特任助教，担当：8–2，10–1〜2，11–1〜2，12–1，12–3，14–1〜2，15–2，16–1，あとがき）

松尾《まつお》 清一《せいいち》（総長，東海国立大学機構長，担当：終章）

吉川《よしかわ》 卓治《たくじ》（大学院教育発達科学研究科教授，担当：8–1，11–2，12–2，13–4）

名古屋大学の歴史 1871〜2019　下

2022年3月31日　初版第1刷発行

定価はカバーに
表示しています

編　者　名古屋大学

発行者　西澤泰彦

発行所　一般財団法人 名古屋大学出版会

〒464-0814　名古屋市千種区不老町1名古屋大学構内
電話(052)781-5027 / FAX(052)781-0697

印刷・製本　亜細亜印刷㈱　　ISBN978-4-8158-1064-1